高等院校产教融合创新应用系列

短视频流量密码
——运营、增值、裂变

河南打造前程科技有限公司　主编

清华大学出版社

北　京

内 容 简 介

本书从短视频运营的底层逻辑出发,结合大量的实际操作技巧及案例,从运营前的逻辑基础到账号基础设置,再到主流短视频平台的推荐算法及内容定位,由浅入深,层层递进。书中涵盖短视频拍摄、封面制作、文案及脚本写作、音乐使用、剪辑与后期、流量获取途径、推广手段、运营指标分析等,较为系统且详尽地阐述了短视频运营的实战技巧。

此外,本书还介绍了如何通过专业的数据化运营规避在短视频运营过程中易出现的各种障碍和陷阱,从而有效地提高短视频曝光量,手把手教读者从短视频建号到起号全流程的运作,帮助读者快速掌握短视频相关的运营技巧,及时收获流量红利。

本书可作为电子商务、网络营销与直播电商、新媒体等相关专业的教材,也可作为电商相关从业人员的自学参考书。

本书封面贴有清华大学出版社防伪标签,无标签者不得销售。
版权所有,侵权必究。举报:010-62782989,beqinquan@tup.tsinghua.edu.cn。

图书在版编目(CIP)数据

短视频流量密码:运营、增值、裂变/河南打造前程科技有限公司主编. — 北京:清华大学出版社,2024.2
高等院校产教融合创新应用系列
ISBN 978-7-302-65574-9

Ⅰ.①短… Ⅱ.①河… Ⅲ.①网络营销—高等学校—教材 Ⅳ.① F713.365.2

中国国家版本馆 CIP 数据核字(2024)第 019980 号

责任编辑:王 定
封面设计:周晓亮
版式设计:孔祥峰
责任校对:马遥遥
责任印制:沈 露

出版发行:清华大学出版社
网　　址:https://www.tup.com.cn,https://www.wqxuetang.com
地　　址:北京清华大学学研大厦 A 座　　邮　编:100084
社 总 机:010-83470000　　邮　购:010-62786544
投稿与读者服务:010-62776969,c-service@tup.tsinghua.edu.cu
质 量 反 馈:010-62772015,zhiliang@tup.tsinghua.edu.cn
印 装 者:三河市天利华印刷装订有限公司
经　　销:全国新华书店
开　　本:185mm×260mm　　印　张:15　　字　数:347 千字
版　　次:2024 年 3 月第 1 版　　印　次:2024 年 3 月第 1 次印刷
定　　价:89.80 元

产品编号:103218-01

前言
PREFACE

党的二十大报告提出:"加快发展数字经济,促进数字经济和实体经济深度融合,打造具有国际竞争力的数字产业集群。"数字经济的崛起与繁荣,赋予了经济社会发展的"新领域、新赛道"和"新动能、新优势",正在成为引领中国经济增长和社会发展的重要力量。

商务部、中央网信办、国家发展改革委联合发布的《"十四五"电子商务发展规划》明确指出,立足电子商务连接线上线下、衔接供需两端、对接国内国外市场的重要定位,通过数字技术和数据要素双轮驱动,提升电子商务企业核心竞争力,做大、做强、做优电子商务产业,深化电子商务在各领域融合创新发展,赋能经济社会数字化转型,推进现代流通体系建设,促进形成强大国内市场,加强电子商务国际合作,推动更高水平对外开放,不断为全面建设社会主义现代化国家提供新动能。在当前数字化和移动互联网的大环境下,"短视频+电商"成为万众瞩目的焦点,短视频为电商拓宽了线上的销售渠道,电商为短视频增添了商业化的流量入口。

商务部电子商务和信息化司发布的《中国电子商务报告(2022)》显示,2022年全国电子商务交易额达43.83万亿元,同比增长3.5%。全国网上零售额达13.79万亿元,同比增长4.0%;农村网络零售额达2.17万亿元,同比增长3.6%;跨境电商进出口总额达2.11万亿元,同比增长9.8%,占进出口总额的5.0%。电子商务服务业营收规模达6.79万亿元,同比增长6.1%。电子商务从业人数达6937.18万人,同比增长3.1%。

我国互联网技术的快速发展促使各大高职院校对电子商务专业的教学工作提出了更高的要求,深化产教融合、校企合作,加快完善职业教育与培训体系,加快职业教育治理体系,健全德技并修、工学结合的育人机制,学习"需求出发、行业主导、企业参与、第三方评估"的职业教育宏观治理机制成为时代的选择,深化职业教育体系建设势在必行。

深化现代职业教育体系建设改革,重点在于坚持以教促产、以产助教、产教融合、产学合作。树立新发展理念,完善职业教育与经济发展联动机制,以促进就业和适应产业发展需求为导向,着力打造产教系统性融合支撑高质量发展的新引擎。

为了适应社会经济与产业发展需求,配合高校电子商务的相关课程改革,有效地开展电子商务的教学,充分发挥打造前程集团技术、资源和人才优势,编写了本书。

本书充分体现了高校办学特色,符合深化产教融合、校企合作的要求,可作为电子商务相关从业人员的自学参考书,也可作为高职电子商务、网络营销与直播电商、新媒体等相关专业的教学用书。本书共10章，不仅对短视频的运营定位、账号设置、垂直细分内容领域、运营画像有深入介绍，还对爆款打造、稳上热门、文案编写、爆品分析、吸粉引流、直播、商业化等提供了有效的解决方案。

面向未来，电子商务将在持续增强我国经济发展韧性、助力构建双循环发展格局中发挥巨大的作用，而要适应这种趋势，必须着力培养电子商务相关人才。本书将助还处在摸索阶段或想从事电商行业的读者一臂之力，让短视频运营者少走弯路、错路，提升运营的成功概率，帮助读者积跬步，至千里。

本书免费提供教学课件、电子教案、教学视频、章节练习等教学资源，读者可扫描下列二维码下载学习。

教学课件

电子教案

教学视频

章节练习

编　者

2023年12月

目 录 CONTENTS

第1章 底层逻辑，运营根基····001

1.1 短视频的底层逻辑与认知··········002
- 1.1.1 火爆短视频底层逻辑····002
- 1.1.2 底层逻辑的认知············004
- 1.1.3 从底层逻辑中获得启发····004

1.2 什么样的人容易成为IP标签······005
- 1.2.1 十大准则，易创IP··········005
- 1.2.2 四大特点，稳出热门······007

1.3 爆款短视频的定位法则··········007
- 1.3.1 商业定位····················008
- 1.3.2 用户定位····················009
- 1.3.3 内容定位····················014
- 1.3.4 个人定位····················017

1.4 自我剖析，锁定擅长领域······017
- 1.4.1 剖析自己····················018
- 1.4.2 深钻细研····················020

1.5 对标账号的深度拆解··········021
- 1.5.1 对标账号的基本概念······021
- 1.5.2 对标账号的参考价值······022
- 1.5.3 对标账号的寻找技巧······022
- 1.5.4 对标账号的巧妙利用······023
- 1.5.5 对标账号拆解五维度······026

第2章 爆款基石，人设打造····028

2.1 人设打造"葵花宝典"··········029
- 2.1.1 人设打造的意义与价值····029
- 2.1.2 人设打造的前提与准备····030
- 2.1.3 人设打造的方法与技巧····030

2.2 强化人设打造爆款IP··········034
- 2.2.1 加强人设打造··············035
- 2.2.2 加强人设属性··············035
- 2.2.3 加强人设建设的好处······037

2.3 账号注册技巧··················037
- 2.3.1 手机注册····················038
- 2.3.2 旧号换新····················038
- 2.3.3 身份暂绑····················038

2.4 账号包装秘诀··················038
- 2.4.1 名称包装····················038
- 2.4.2 主页包装····················043
- 2.4.3 形象包装····················043

第3章 前期规划，稳上热门····048

3.1 了解短视频平台的推荐算法····049
- 3.1.1 主流短视频平台的推荐机制····049
- 3.1.2 短视频平台的推荐逻辑····049
- 3.1.3 短视频上热门的算法机制····052
- 3.1.4 巧妙利用算法倾斜········055

3.2 规则解读助你精准避坑········056

3.3 短视频拍摄的设备准备········057
- 3.3.1 常用的短视频拍摄设备····058
- 3.3.2 常用的短视频拍摄辅助设备····061

3.4 度过账号冷启动期的技巧······064
- 3.4.1 冷启动与冷启动期········064
- 3.4.2 快速度过冷启动期········064

第4章 流量密码，内容为王····068

4.1 巧妙选题，保持新鲜度········069

	4.1.1 选题的基本类型	069
4.1.2 选题的核心原则	070
4.1.3 选题策划的五维法	071
4.1.4 选题的素材来源	072
4.1.5 借势热点打造热门选题	073

4.2 视频内容，善用经典方法 … 079
 4.2.1 内容策划遵循五个原则 … 079
 4.2.2 策划优质内容的六种方法 … 081
 4.2.3 创作优质内容的四种套路 … 086
 4.2.4 搭建内容框架的三个要点 … 087

4.3 一用就火，标题使用秘籍 … 088
 4.3.1 一个好标题带来的重要影响 … 089
 4.3.2 提升完播率的标题命名技巧 … 089
 4.3.3 爆款文案的万能公式 … 091

4.4 独树一帜，表现形式拆解 … 093
 4.4.1 幽默搞笑类短视频 … 094
 4.4.2 吃货美食类短视频 … 094
 4.4.3 技能分享类短视频 … 097
 4.4.4 才艺展示类短视频 … 097
 4.4.5 情景短剧类短视频 … 098
 4.4.6 展示萌物类短视频 … 099
 4.4.7 交流访谈类短视频 … 099
 4.4.8 商品测评类短视频 … 101
 4.4.9 特效展示类短视频 … 101
 4.4.10 "种草"类短视频 … 103
 4.4.11 Vlog类短视频 … 103

4.5 脚本撰写，打造爆款利器 … 104
 4.5.1 脚本的定义及其作用 … 104
 4.5.2 脚本创作的三个段位 … 105
 4.5.3 脚本写作的基本逻辑 … 106
 4.5.4 撰写脚本的方法技巧 … 107

第5章 拍摄剪辑，助力大片 … 112

5.1 巧用景别，营造不同空间表现 … 113
 5.1.1 远景 … 113
 5.1.2 全景 … 114
 5.1.3 中景 … 114
 5.1.4 近景 … 115
 5.1.5 特写 … 115

5.2 角度设计，抓牢用户观看心理 … 116
 5.2.1 平拍 … 116
 5.2.2 仰拍 … 116
 5.2.3 俯拍 … 117

5.3 精美构图，凸显妙用镜头瞬间 … 118
 5.3.1 中心构图法 … 118
 5.3.2 三分构图法 … 118
 5.3.3 黄金分割构图 … 119

5.4 光位选择，巧妙营造画面氛围 … 120
 5.4.1 顺光 … 120
 5.4.2 逆光 … 120
 5.4.3 侧光 … 121
 5.4.4 顶光 … 121
 5.4.5 底光 … 121

5.5 视频剪辑，助力爆款内容诞生 … 122
 5.5.1 剪辑的基本原则 … 122
 5.5.2 剪辑的基本流程 … 123

第6章 热门攻略，妙引流量 … 130

6.1 流量池对位你的"可爱"播放量 … 131
6.2 如何快速持续上热门 … 132
 6.2.1 上热门的基本要求 … 132
 6.2.2 上热门的内容要素 … 133
 6.2.3 热门短视频的情感要素 … 135

6.3 被忽视的宝藏功能 … 135
6.4 投DOU+，撬动自然流量 … 136
 6.4.1 为什么要投DOU+ … 136
 6.4.2 什么样的短视频值得投DOU+ … 137
 6.4.3 投DOU+的注意事项 … 138
 6.4.4 投DOU+的技巧 … 138

6.5 如何判断平台限流和解决限流的方法 … 141
 6.5.1 如何判断账号被限流 … 141
 6.5.2 限流的原因和解决方法 … 142

第7章 发布妙招，俘获铁粉 ···· 145

7.1 巧妙选择短视频发布时间 ········ 146
7.1.1 适合发布短视频的时间段 ····· 146
7.1.2 发布时间的注意事项 ············ 148

7.2 上热门的发布技巧 ················ 149
7.2.1 热门话题 ···························· 149
7.2.2 位置定位 ···························· 150
7.2.3 添加标签 ···························· 150
7.2.4 借助@功能 ························ 152

7.3 做好粉丝运营 ······················· 152
7.3.1 自然涨粉 ···························· 153
7.3.2 推广涨粉 ···························· 155
7.3.3 活动涨粉 ···························· 156
7.3.4 互动涨粉 ···························· 158

第8章 流量变现，引爆商业 ···· 161

8.1 如何通过短视频进行电商变现 ··· 162
8.1.1 第三方自营电商变现 ············ 162
8.1.2 短视频平台自营变现 ············ 164
8.1.3 佣金变现 ···························· 167

8.2 如何通过短视频进行直播变现 ··· 168
8.2.1 打赏模式 ···························· 168
8.2.2 带货模式 ···························· 168
8.2.3 带货+礼物打赏双收 ············ 176

8.3 如何通过知识付费短视频变现 ··· 176
8.3.1 付费课程 ···························· 177
8.3.2 付费咨询 ···························· 177
8.3.3 私教陪跑 ···························· 177

8.4 如何通过短视频平台福利变现 ··· 177
8.4.1 官方补贴政策 ····················· 178
8.4.2 流量分成 ···························· 178
8.4.3 平台签约 ···························· 178
8.4.4 MCN签约 ·························· 179

8.5 如何通过广告变现 ················ 180
8.5.1 广告变现的方式 ·················· 180
8.5.2 短视频创作者如何接广告 ····· 183
8.5.3 广告变现的注意事项 ············ 184

8.6 如何通过私域流量变现 ·········· 185
8.6.1 线上打造封闭市场，将用户引到微信 ······························ 185
8.6.2 搭建私域流量池，和用户建立关系和信任 ··················· 186
8.6.3 形成公众号矩阵，邀请用户加入 ································· 186

第9章 数据解析，赋能运营 ···· 188

9.1 数据分析的重要性 ················ 189
9.1.1 短视频数据分析的作用 ········ 189
9.1.2 短视频数据分析的渠道 ········ 190
9.1.3 短视频数据分析的维度 ········ 191
9.1.4 短视频数据分析常用指标 ····· 192
9.1.5 短视频数据分析常用方法 ····· 194

9.2 数据分析的工具运用 ············· 195
9.2.1 短视频账号监管 ·················· 196
9.2.2 优化发布时间 ····················· 196
9.2.3 查找热门素材 ····················· 197
9.2.4 分析同行业标杆账号 ············ 200

9.3 数据思维与运营方法 ············· 201
9.3.1 挖掘细分领域潜力，洞察头部账号动向 ··················· 202
9.3.2 聚焦自身账号状态，优化数据运营计划 ··················· 203
9.3.3 增强风险判断能力，制订预算推广方案 ··················· 205
9.3.4 做好前期推广测试，提升爆款成功概率 ··················· 206
9.3.5 复盘数据 ···························· 208

第10章 案例分析，破解秘诀 ··· 211

10.1 "黑脸V"账号运营分析 ·········· 212
10.1.1 账号运营现状 ···················· 212
10.1.2 账号定位 ·························· 213
10.1.3 视频特色风格与拍摄剪辑 ··· 214
10.1.4 运营方式 ·························· 214
10.1.5 商业变现 ·························· 216

10.2 "二百者也"账号运营分析 …… 217
    10.2.1 账号运营现状 …… 217
    10.2.2 账号定位 …… 218
    10.2.3 视频特色风格与拍摄剪辑 …… 220
    10.2.4 运营方式 …… 223

10.3 "李子柒"账号运营分析 …… 224
    10.3.1 账号运营现状 …… 224
    10.3.2 账号定位 …… 225
    10.3.3 视频特色风格与拍摄剪辑 …… 226
    10.3.4 运营变现方式 …… 228

参考文献 …… 232

第1章

底层逻辑，运营根基

随着短视频的火爆发展，竞争日益激烈，短视频创作者要想从激烈的竞争中脱颖而出，就需做好多方面的准备工作。如何做好短视频账号的运营是短视频创作者首要考虑的问题，尤其账号的定位关乎账号的存亡，因此，找准定位是短视频创作的起点。本章我们将带着大家从了解短视频运营的底层逻辑出发，做好精准定位，既为后续运营蓄能，也为后续制作爆款短视频打下基础。

知识点目标：

- ☑ 熟悉短视频底层逻辑与认知
- ☑ 熟悉类目交叉的连接方法
- ☑ 熟悉设立IP标签的准则和特点

技能库目标：

- ☑ 掌握短视频账号的运营方法
- ☑ 掌握短视频账号定位的步骤和技巧
- ☑ 掌握短视频对标账号的解读技巧

1.1 短视频的底层逻辑与认知

很多做短视频的人都有这样的疑惑,为什么那些刷屏级的爆款短视频就火了呢?为什么那些看似简单且没有拍摄难度的短视频就爆了呢?是无意而为,还是有何秘诀呢?本节就来层层剖析,拆解爆款短视频背后隐藏的秘密。

1.1.1 火爆短视频底层逻辑

我们在真正做出一个优质、火爆、受欢迎的短视频内容之前,首先要了解这些短视频火爆的底层逻辑是什么。只有掌握思考底层逻辑的方法,才能洞悉那些短视频火爆背后的真谛,而不是只学习一招一式的制作方法。那么,我们在短视频平台中看到的火爆内容背后统一的底层逻辑是什么呢?对于这个问题,我们可以从马斯洛原理(图1-1)中寻找答案。

马斯洛原理

马斯洛原理,又可以理解为人性认知原理。

马斯洛原理是由美国著名心理学家——马亚伯拉罕·哈罗德·马斯洛在1943年发表的《人类动机的理论》中首创的、研究人类需求的理论。

图1-1 马斯洛原理

1. 马斯洛原理概述

马斯洛原理将人的需求等级分为五个方面(图1-2)。其实所有刷屏级、火爆级、热议级的短视频从底层逻辑来讲,都符合马斯洛原理。因此,短视频创作者在制作属于自己的优质短视频时,要扪心自问制作的内容符合马斯洛原理中的哪个需求,这一点至关重要。

图1-2 马斯洛原理的需求等级划分

(1)生理需求。生理需求指衣食住行,延展来讲,必须是活着所需的一切;还可以理解为食物、呼吸、水、睡眠、生理平衡、分泌、性。生理需求是推动人们行动最首要的动力。

（2）安全需求。安全需求指的是人身安全、健康保障、财产所有性、工作职位保障、家庭安全等和我们生活与利益密切相关的内容。

（3）社交需求。社交需求可理解为情感和归属的需求，包括亲情、友情、两性关系，情感上的需求比生理上的需求来得细致，它和一个人的生理特性、经历、教育、宗教信仰都有关系。

（4）尊重需求。尊重需求又可分为内部尊重和外部尊重。这里包括自我尊重、信心、成就、对他人尊重和被他人尊重，延伸来讲，就是自尊、承认、地位等。

（5）自我实现需求。自我实现需求是最高层次的需求，是指实现个人理想、抱负，发挥个人能力。这里包括道德、创造力、问题解决能力、接受现实能力。

2. 马斯洛原理在短视频中的应用

这五种需求像阶梯一样从低到高，按层次逐级递进，但这一次序不是完全固定的，而是可以变化的，不管是哪种类型、形式的短视频创作均应符合马斯洛原理。在短视频平台中，能够依照马斯洛原理对号入座的短视频类型如下。

（1）满足生理需求类短视频。吻合的短视频类型包括美食、吃播等。这些短视频都是以人类基本生理需求为核心而延伸出来的对美好事物的渴望。此类短视频火爆的背后都是符合生存的第一需求，也就是生理需求。

（2）满足安全需求类短视频。吻合的短视频类型包括传授职场知识、育儿心得、健康常识以及避免个人财产损失的科普传达等。这类短视频符合每个人对于自我安全的需求，不想让自己失去更多，所以内容才会受欢迎与关注。此类短视频，只要内容和制作质量比较优秀，都能比较容易地在短视频平台上吸引用户关注。

（3）满足社交需求类短视频。吻合的短视频类型包括以亲情、友情、爱情为核心的故事类短视频，以搞笑为核心的纪录类短视频，以多人互动为核心的合拍类短视频，等等。这些都是为了满足个人的社交需求，人与人的交际往来需求，思想意识的交流需求。

故事类短视频记录两个人感动的精彩点滴，或者记录一段关系的可望而不可即等，从而引发人们的共鸣。

具体来讲，纪录类短视频都是披着搞笑的外衣，讲述一段关系的内容。

合拍类短视频是让自己与他人以同一种内容呈现在一起，产生另外一种视频效果。

（4）满足尊重需求类短视频。吻合的短视频类型包括才艺展示类短视频、励志经历类短视频、名人语录类短视频等。这种需求属于双方的需求，短视频创作者需要通过这些内容证明自己，观看者也更愿意通过这些内容去激励自己，表现为让自己变得更好或让别人给予自己肯定。

才艺展示类短视频相对于普通短视频，创作的门槛更高，而励志经历类短视频、名人语录类短视频等相对更容易入手。

（5）满足自我实现需求类短视频。此类需求针对的是自我突破，包括成长类短视频、开发自我潜能类短视频和自我实现类短视频等，或者是对道德层面中真善美的至高体现。短视频内容体现在为了完成一项任务所表现出超出常人的坚持，或是自己的才艺已经达到登峰造极的境界，抑或是在公益方面的贡献让人钦佩，等等。

1.1.2 底层逻辑的认知

在短视频的内容创作中，除了要找到符合马斯洛原理中的第几层需求外，还要确定拍摄的短视频是给"谁"看的。找出目标用户的真实需求，挖掘目标用户的痛点，拍出有传递价值的视频内容，得到目标用户的认可，这样才有可能成为爆款短视频，而要达成这个目标是有技巧和方法的，其中最为常见的就是采用短视频类目或类目交叉的方法寻找内容方向，具体操作过程见表1-1。

表1-1 短视频赛道选择策略表

项目	颜值	才艺	行业领域	特色	形式	场景
短视频类目	小姐姐 小哥哥 萌娃 老外 老人 ……	技术流 绘画、萌宠 美妆、情感 特效、配音 魔术、搞笑 ……	健身、母婴 美食、萌宠 美妆、情感 亲子、影视 游戏、旅行 房产、汽车 ……	风景 方言 鸡汤 反串 知识分享 特殊体验	口播 街坊 探店 剧情 剪辑 段子 采访 脱口秀 ……	家庭、餐厅 机场、商场 街道、乡村 景区、公司 办公室 火车站
类目交叉	双类目交叉	一禅小和尚（鸡汤+动漫）、野食小哥（农业+美食）				
	多类目交叉	多余和毛毛姐（地方+反串+段子+多角色扮演）				

类目交叉类似连线，可让短视频的内容更加丰富。比如，制作健身类题材短视频，以在健身房健身的形式拍摄火不了，我们可以选择去农村、乡下等户外场景健身，可能会有意想不到的效果；制作情感类题材短视频，以面对镜头口播形式拍摄火不了，我们可以选择在某商场中边走边讲的形式，因为动态的场景比静态的场景更易吸引人；制作歌唱类题材短视频，以背景幕布的形式拍摄火不了，我们可以选择类似专业舞台的场景效果。只有寻找到与别人的不同点，才有可能制作出火爆的短视频内容。

1.1.3 从底层逻辑中获得启发

（1）任何成功短视频的创作都不是信马由缰、随便做出来的，它的成功，一定是符合了人性的底层逻辑。

（2）短视频内容创作若无思路，可以依据马斯洛原理对号入座，选取适合的元素来进行短视频创作。

（3）围绕短视频底层逻辑去创作，创作才不会跑偏或背道而驰，才能创作出能够触达用户的好作品！

"一个个体，不是说什么他都会，做什么他都可以一次就做得很完善，这是不可能的，唯有通过自我学习和精进，不断迭代自己的能力圈，加强自己的底层逻辑，才能在工作上越做越好。"只有学会底层逻辑,我们对制作优质的短视频内容才能做到心中有数、遇乱不惊。

1.2 什么样的人容易成为IP标签

短视频如此火爆是因为短视频平台让很多人放大了自己的价值,将普通变为不普通。在这样的大背景下,很多人都蠢蠢欲动,想冲进短视频这个赛道。而标签化的打造是当今生活中十分常见的现象,无论是性别、职业、样貌、文化等,都可以成为一个人的标签。如果想要打造属于自己的个人IP标签,就要找到适合自己的风格、最擅长的领域,树立个人形象,放大优点,让更多的人看到自己的价值,被自己吸引并成为粉丝,最终转化成能为自己的价值买单的客户。

1.2.1 十大准则,易创IP

做网红主播孵化可能听起来距离我们很遥远,其实走近短视频生态后,我们会发现,做短视频IP一共只有四件事——选人、选题、包装、表现力。人选对了,事儿就成了一半,所以在打造个人IP之前,我们需要了解什么样的人更容易成为IP标签。

1. 成为网络红人的强烈愿望

若是真的下定决心要做好短视频,就要认认真真地去干这件事,就要拿出一定的时间、精力和状态。《吸引力法则》一书阐述了一个重要理念,即想要做成一件事,首先要有足够强做成这件事的愿望,愿望越强烈,成功的可能性就越大,成事的愿望会指引你前进的方向。所以,在做短视频IP之前,先要问问自己"有没有强烈打造自己IP的愿望"。

2. 有能持续输出的有价值的内容

"内容的输出"很重要,"持续的内容输出"尤为重要,"有价值的内容"更为重要。要想做到在某个领域持续输出有价值的内容,最好的选择是在自己最为擅长的领域发力,继而快速在这个领域获得较高的竞争力,占得先机。这样就有足够的热情和内容持续输出。内容是否有价值是决定用户愿不愿意持续关注的关键,用户能否从中获得新的收获、是否相信短视频讲的内容、是否愿为产品买单也决定了IP能否成功,因为人们只会为有价值的东西买单。

3. 可以充满自信地表达自我

自信是最起码的要求,镜头中的你是什么样子,观众就会认为你是什么样的人。没有人会关注说话不自信的人。如果不自信,就没有办法讲好自己想要表达的内容。所以,一旦开机,状态就要调整到最佳,把最好的一面展示给观众。当状态不好时,就不要出现在镜头前。自信其实并不难,当足够相信自己所讲的内容时,就能够自然地表达,不用刻意伪装,自信自然而生。

4. 每天愿意付出足够的时间

随着短视频行业的全面爆发，无论是个人还是企业，都想搭上短视频流量的顺风车，因此越来越多的人在全职做短视频，努力引流与变现。想要快速收获成果，就需要比别人付出更多的努力。别人付出8小时，你可能要付出16小时；别人付出16小时，你可能就要付出18小时……在这个竞争激烈的行业当中，只有这样，你才能增加自己脱颖而出的概率。如果你不愿意花时间在这件事上，那么结果很可能不尽如人意。

5. 通过打造个人IP实现变现

打造个人IP的最终目标就是实现变现，很多人在提到金钱的时候就会变得难以启齿，但在没有短期或长期的利益收获时，是很难坚持下去的，直面欲望没有什么不好。所以，在此特别强调，做IP一定要设计好变现路径，粉丝再多却不付费，一切都是白费。

6. 愿意不断打磨高质量作品

把你创作的每一个视频想象成你的名片，思考当你递出名片时，你希望别人对你有怎样的印象。短视频平台是目前相对公平的平台，只要你愿意付出足够的精力，它就会给你想要的结果。不过前提条件是要学会使用正确的方法，不断地调整、打磨、策划，朝着正确的方向前进。

7. 发乎于心的帮助他人精神

用"得到不该得到的得到，一定会失去不该失去的失去"这个理念禁锢欲望，当你创作的内容是在对外发出一种能量信息时，与你同频的人收到能量信息则会为你点赞、关注、认可你、追随你，因为你的内容让他们感到有价值。他们在对你产生足够的信任时，自然愿意为你买单。你创作的内容若是为了帮助别人，以利他之心去做这件事，相应地，你收获的也会是好的结果。所以，做一切事情的本源是你的发乎于心，这也是重中之重。

8. 听取专业意见并付诸行动

平台有平台的规则，做短视频必须了解这些规则，并且听取此领域专家的意见，学会放下自己的固有理念，沉下心来。如果你的专业能力足够好，分值是5分，但是短视频营销能力（懂得平台运营的玩法和套路）是0分，总分也只有5分而已。若是能搞懂短视频平台的运营规则、掌握流量思维，你就会爆发出无限的能量。所以，把自己变成"海绵"，先拧出原有的"水"，再吸收更多新鲜的"水"，这样你获得成功的概率就会大大提高。

9. 有拍摄100条短视频的决心

做短视频，一定不能心急。如果你拍完5条短视频就想着火，是不现实的。虽然短视频平台的算法很复杂，但是它会奖励那些真正努力耕耘的人，所以先拍40条短视频再说。

如同"抓娃娃"，初始投入决定你最后能否抓到娃娃。你如果只买10个币，很难抓到娃娃，因为抓娃娃的机械爪松紧是有概率的，但如果你买100个币，抓的次数足够多，抓到的概率也就会非常高。短视频也一样，当你能够持续稳定地拍出高质量、有价值的作品时，作品上热门的概率会更大。

所以，不要想着一朝一夕就能成功，至少要有拍摄100条视频的决心。你拍摄的每条视频对自己的人设、个人IP乃至人生都是加分项，时间拉长，放平心态。

10. 能够承受火之后的舆论压力

当决定走上舞台打造个人IP的时候,你"就要把自己当成一个商品。既然是商品,有人会喜欢,也会有人不喜欢"。一定要学会放宽心态,换个角度看问题。

比如,看待"黑粉"评论的问题,可以换个角度把所有"黑"你的评价当作给你视频"加热"的数据,有"黑粉"就证明你可能要火,这是一个好的现象。坚持做"少数人的英雄",收获他们的支持,才有可能最终打造出自己的个人IP。

1.2.2 四大特点,稳出热门

随着5G(第五代移动通信技术)的普及,短视频将打开更大的市场。如何快速抓住短视频红利,是很多短视频从业者关注的焦点。那么大概什么样的人能在短视频上稳出热门呢?

1. 既有亮点,又有情绪

所谓的亮点,是指百里挑一或者万里挑一,如长得有特点、有一技之长、会某项手艺等。如果只是长得很好看,但不会提供情绪价值,也无法吸引更多的流量和粉丝。

2. 既有专业,又有情绪

这里所说的专业,是指你在某个行业、某个领域有所建树。光有专业还不够,也要有情绪。从传播学的角度来看,任何人玩短视频都不是为了让看的人很爽,而是让看的人能够把内容转发给其他人,让人有分享的欲望。这就是为什么有的人很专业,但粉丝量很少,他肚子里有货,却无法提供情绪价值,粉丝就会离他而去。

3. 做好准备,不怕吃苦

看了前两点,可能会有人发问,既没亮点,也没专业,那是不是就与短视频无缘了?没亮点、没专业、没什么兴趣爱好的人占大多数,所以大家几乎都是路人甲。这样的群体在短视频上要想成功,就需要放下芥蒂,不怕吃苦。这个很考验人性,一般人做不到。

4. 世界之大,无奇不有

在短视频平台中还有一类人也能火起来,就是奇葩类群体。这类人群只提供情绪价值,利用自身奇葩的一面博取大众关注,但这种方式不建议大家做,平台是不支持的。

1.3 爆款短视频的定位法则

定位是做短视频账号最重要的一个环节,也是短视频创作的第一步。它决定了账号未来的发展方向,以及短视频的内容布局和账号布局,也关系着账号的涨粉速度、引流效果、变现方式。从商业的角度来看,定位是为了让商品更好地形成核心竞争力。

在打造个人IP前,一定要先做好定位。只有定位清晰、准确,才能在创作短视频时做到有的放矢,对于账号后期的发展和推广也能起到事半功倍的作用。若是这个环节没做好，你的账号将没有未来，所有的努力也都是在浪费时间，同时会面临优胜劣汰的考验。那么，一个新账号到底应该怎么做定位呢？为了便于大家理解，这里总结了四式定位法，如图1-3所示。

（1）商业定位。想清楚"你的账号怎么才能带来收益，商品应该是什么"。这是做短视频账号最开始就应该明确的一点。

（2）用户定位。从商业定位倒推出自己的目标用户。通过用户定位，短视频账号可以更好地了解目标受众的需求和兴趣，从而更好地为其提供满足需求的内容。

图1-3 四式定位法

（3）内容定位。通过内容定位，短视频账号可以更好地呈现自己的特色和风格，吸引更多的受众。

（4）个人定位。为其贴上明确的标签，专注于一个领域持续发展。比如，你的目标是转化变现，则根据这个目标来确定自己的定位。

定位要精准，首先将短视频账号的定位做好，再开始做内容，就能做到有的放矢、精准吸粉，为打造爆款短视频打下基础。

1.3.1 商业定位

确定账号后期的商业模式，最重要的就是商业定位。要想做一个赚钱的账号，就要先想好自己的商业定位，即通过何种形式来完成变现。当把商业定位想清楚后，再倒推去找产品，有了产品再找流量，这样找来的就是精准流量。

商业定位其实很简单，简单来说就是三个问题：卖什么（你要卖的产品是什么）、卖给谁（你的顾客是谁）、怎么卖（通过什么形式来卖），如图1-4所示。弄清楚这三个问题，你的商业定位就非常清晰了。

图1-4 商业定位的三个问题

1.3.2 用户定位

当确定好商业定位后,就可以通过商业定位倒推出目标用户。对于短视频创作者而言,用户定位也是需要考虑的重要问题。短视频创作者需要了解用户需求,明确创作的内容是给谁看,从而使内容定位更加准确。

1. 做好用户画像

短视频平台的流量分配与用户画像有着紧密的联系,只有做好用户画像,才能拥有源源不断的推荐流量。不同类型的短视频所针对的目标受众也是不同的。例如,美食、才艺、美妆、生活、萌宠等各个垂直领域都有其特定的用户群体。要想打造爆款短视频,就需要在相应的垂直领域中描绘用户画像,通过用户画像,短视频创作者才能够更好地了解用户偏好,挖掘用户需求,从而锁定目标用户群,实现精准定位。

想要实现精准的用户定位,形成用户画像,通常需要完成以下步骤。

(1)数据分类。用户信息数据分为静态信息数据和动态信息数据两大类,见表1-2。

表1-2 用户信息数据分类

类别	属性	内容
静态信息数据	社会属性	姓名、性别、家庭状况、地址、学历、职业、婚姻状况
	商业属性	财富属性、消费等级
	心理属性	性别、价值观
动态信息数据	消费属性	消费偏好、消费习惯、消费周期、消费特征
	社交属性	兴趣爱好、圈子、互动行为

静态信息数据是构成用户画像的基本框架,展现的是用户的固有属性。这些信息一般无法穷尽,只要选取符合需求的即可。

动态信息数据是用户的网络行为数据。在选择时,要符合短视频内容的定位。

(2)确定场景。描绘用户画像时,还需将用户信息融入一定的使用场景,这样才能更具体地体会用户感受,还原真实的用户画像。我们可采用5W1H法来确定用户的使用场景,见表1-3。

表1-3 5W1H法的要素及含义

要素	含义
Who	短视频用户
When	观看短视频的时间
Where	观看短视频的地点

（续表）

要素	含义
What	观看什么样的短视频
Why	网络行为背后的动机
How	与用户的动态和静态场景结合，洞察用户使用的具体场景

（3）获取数据信息。获取数据信息，需要统计和分析大量的样本。由于用户基本信息的重合度比较高，为了提高效率，节省时间成本，短视频创作者可以通过相关的服务网站获取到竞品账号数据，进而获取用户的静态信息数据，如新抖。

新抖是一个专业的短视频数据分析平台，不仅提供抖音热门视频、抖音话题挑战赛等抖音创意素材、抖音号及MCN（多频道网络）机构排行查找，还提供全面的短视频在线数据服务、数据查询、用户画像、视频检测服务等，助力达人运营。

以抖音美妆类短视频为例，通过新抖数据网站获取用户信息数据的具体方法如下。

① 查看同类型账号信息。打开新抖数据网站，单击"抖音数据工具"，在页面左侧单击"抖音号–抖音号搜索"，进入"抖音号搜索"页面，单击右侧"账号类别"菜单中的"美妆"选项，即可查看美妆类短视频达人榜单，如图1-5所示。

图1-5 美妆类短视频达人榜单

单击榜单中某个达人（如"小鱼海棠"）的头像，即可进入该达人账号分析页面，如图1-6所示。

② 筛选类似账号。短视频创作者根据榜单中列出的"达人"名单进入达人账号分析页面后，单击"短视频作品"按钮并进行下拉，预览其具体的短视频内容（图1-7），筛选出一个或多个与自身创作风格或类型相似的短视频账号。

图1-6 达人账号分析页面

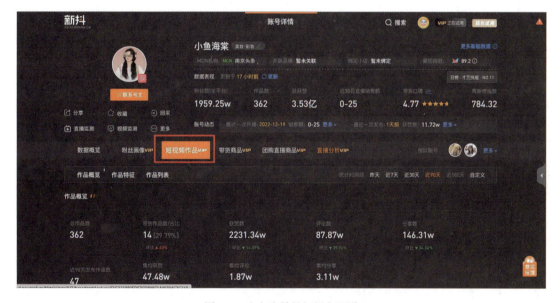

图1-7 达人账号的短视频预览

③ 单击"粉丝画像"按钮，即可查看该达人的短视频账号的粉丝画像，如性别分布、年龄分布、地域分布、城市分布等，如图1-8所示。

（4）形成用户画像。整合收集到的用户信息数据，就可以勾画出美妆类短视频账号的用户画像，具体如下。

① 性别：女性用户占比80%左右，男性用户占比较低。

② 年龄：18～23岁用户占比约25%，24～30岁用户占比约24%，31～40岁用户占比约35%，40岁以上用户占比低于10%。

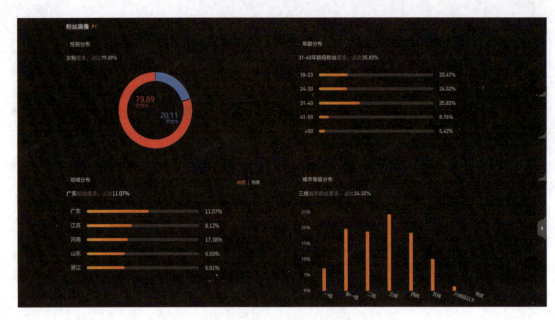

图1-8 达人账号的粉丝画像

③ 地域。广东粉丝居多，占比10.68%。
④ 活跃时间。19：00—21：00。
⑤ 兴趣偏好。粉丝更偏好随拍、时尚、剧情类视频。
⑥ 关注账号条件。画面精美，符合需求，优质内容持续输出。
⑦ 点赞及评价条件。内容的实用性强、价值性高，能够引起共鸣等。
⑧ 取消关注原因。内容质量下滑、更新慢、广告多等。

根据以上信息，短视频创作者可以初步完成短视频用户定位。在后期的实操和运营当中，可以根据具体情况做相应调整。

2. 满足用户需求

随着智能媒体技术的发展，"用户"作为以往传播环节的末端，在新的媒体生态环境中也发生了巨大的变化，他们不再满足于被动地接受信息，而是呈现出多样化的需求。短视频创作者可以根据马斯洛原理中的五层需求选择一个熟悉的用户群体，试图满足这一群体的需求。通常我们会选择的用户需求有以下几种。

（1）精神需求。每个人都有精神需求，有缓解疲劳、获得快乐、满足情感体验等需要。尤其在充满压力的工作和生活中，人们会向外界寻求解压方式，许多用户都将短视频当作休闲娱乐、打发时间的工具，用观看短视频的方式消磨碎片化时间。

（2）实用需求。很多用户希望通过观看短视频来获得"新知"和"资讯"。知识类短视频凭借着实用性、高效性、趣味性受到了广大用户的青睐。实用需求包括解决问题、避免损失、学习知识和技能、获得有用资讯等。可以看出，除了满足精神需求外，用户对短视频的实用需求也非常强烈。

（3）物质需求。物质需求表现为一种以注重商品的实际使用价值为主要特征的心理。具有这种心理的用户，在购买商品时比较注重商品的实际效用和质量，讲求经济实惠、经久耐用、使用方便等，希望能得到优惠、物超所值。

3. 挖掘用户痛点

挖掘用户痛点是了解用户需求的重要方法，发现了用户的需求，并不能给你带来成交，只有继续挖掘用户痛点，更多地解决用户痛点，才能让用户愿意交钱！因此，在进行短视频策划时，要先搜集和分析用户痛点。

（1）避开误区。大部分人在挖掘用户痛点时，很容易进入一些误区，主要有以下几种。

① 痛点太多。这会让用户觉得门槛太高，而且让人抓不住重点。因此每次只展示一个痛点，并给出一个解决方案即可。所以在挖掘用户痛点的过程中，一定要详细精准地分析，找出最常见的并且很难解决的问题，根据这个痛点做出满足用户需要的解决方案。

② 用力过猛。把反面影响说得太过刺激，反而会降低用户的购买欲望。对找到的用户痛点提出解决方案进行宣传时，切忌反面教育过度。用户如果觉得影响很大，就会选择直接放弃，因为担心自己在操作的时候出现问题，造成既花了钱，又没有把问题处理好的结果。

③ 不够紧急。一定要给用户一种紧迫感，一种不能错过的感觉。要告诉那些对需求急需的用户，只有我们才能帮你真正地解决燃眉之急，错过了我们，你会失去更多。这其实就是在营销过程中的追击压迫，让用户觉得必须出手，否则自己将会后悔。

④ 没有抓住产品中与用户关系最密切的点。抓住产品中与用户关系最密切的点，其实就是把关注的要点从用户身上转移到产品上，因为产品的最终目的是满足用户需求，那么就要去挖掘产品和用户关系最密切的点，如用户对产品的使用感受、价格敏感度、品牌喜好度等。

短视频创作者在做短视频时，要避开以上误区。

（2）挖掘技巧。我们在提出要挖掘用户痛点的时候，一定要知道痛点必须是反复出现的，一个无法完全根治的问题，如果出现的频率不够高，那就不是一个"合格"的痛点。如果找不到用户真正的痛点，那么解决方案就无法直击用户的需求。我们可以从形成痛点的要素出发，顺藤摸瓜，找到用户的痛点。痛点要素主要包括以下几点。

① 动机因素。当想要完成某件事情却迟迟达不到目的时，用户便会出现痛点。比如，女性天生爱美，希望自己在别人眼中"看起来更漂亮，身材更苗条"，但是很多女性的这一愿望却因为种种原因无法实现，久而久之，"漂亮的面容和苗条的身材"便会成为她们的痛点。因此，剖析目标用户的动机可以轻松找到他们的痛点。

② 激励因素。很多时候，没有激励便没有坚定的行动和完美的结果，久而久之，便形成了痛点。比如，肥胖人士想拥有正常人的体形，但是因为缺少激励，大多数人实现不了这一愿望，于是便产生了痛点。因此，我们可以从激励因素出发寻找用户痛点，哪些方面缺少激励，痛点往往就比较多。

③ 行为因素。当用户在某种行为上遇到了难以逾越的障碍时，其需求难以得到满足，久而久之便会出现痛点。比如，很多人都喜欢通过运动来打造好身材，但是坚持了一段时间后却发现没有什么效果，这个时候"怎么才能获得好身材"便成了他们的痛点。因此，通过剖析用户的行为因素也可以发现他们的痛点。

1.3.3 内容定位

短视频已经成为一个竞争激烈的行业，短视频创作者要想从中获胜，既要持续输出优质的内容给用户留下印象，又要定期或不定期地为短视频注入一些不同的内容，以增加新鲜感，优质的短视频内容是吸引用户关注短视频账号的核心。确定内容的定位可以分为以下三个步骤。

1. 确定内容方向

（1）注意用户思维。无论是在哪个领域，都需要注意用户思维。注意用户思维就是站在用户的角度去思考他们到底需要什么、关心什么，最能引起用户关注的话题是什么。

（2）注意话题价值。所讲的话题一定要对用户有价值，让用户看完你的短视频之后觉得有用，对他有帮助或提升，这样用户才会关注你，也才有可能为你买单。

（3）注意持续发展。很多人选好了内容定位以后，没多久就没有内容可产出了，用户刚点燃的热情瞬间熄灭。所以，一定要找到属于你自己的可持续输出的内容模式。

2. 确定内容呈现方式

在确定了内容方向后，就要确定内容的呈现方式，通常会分为三种。

（1）口播。对于新手，建议先从口播开始尝试。因为相对其他方式，口播更简单、高效。当平台流量的单日活跃用户冲顶时，一定要提升内容生产的效率，这是生产内容的核心。

对于普通主播来说，若是自身的表现力不强，可以尝试采用访谈形式。在镜头面前保持好一个姿势，让别人用采访的形式来呈现，这会带给人一种权威感。

（2）剧情。剧情是尤为费力且不讨好的一种形式，不提倡。

（3）Vlog（视频记录）。口播技巧熟练后，可以尝试拍摄Vlog，这样能够更加生动地体现你的人设，也可以把更有趣、好玩的元素添加进去。

以上三种内容呈现方式，都有各自的特点，难度也有层次划分，最重要的是要找到适合自己的方式。

3. 确定内容表现形式

短视频内容表现形式决定了短视频给人的视听效果，不同的表现形式会给用户带来不同的观看体验。在创作作品之前，需要先选择并确定符合短视频定位的表现形式。打造专业的短视频账号需要尽量在表现形式上实现统一，按照一定的章程进行制作。常见的短视频内容表现形式包括以下几种。

（1）实物出镜。实物出镜指在短视频中出现的人、物、场景都是真实的，而非虚假的事物。在短视频平台上，实物出镜是非常常用的一种内容表现形式。实物出镜形式又分为真人实物出镜和动物实物出镜两种类型。

真人实物出镜的优点在于辨识度高，一般用户数量较多，能够让短视频的内容更加立体、生动、饱满。真人实物出镜的缺点在于对演员表演素质要求高，包括表现力、亲和力、语言表达能力等；要保证所选人员与短视频人物形象的贴合度，否则会让短视频的呈现效果大打折扣。

动物实物出镜的优点在于能够快速虏获用户芳心，通过灵动可爱的行为表现，再配上有趣的背景音乐或后期配音，能够给用户带来很多欢乐。

（2）虚拟动画。为了保护个人隐私，或是为了在镜头前能够表现得更加从容，一些账号常使用虚拟动画形象代替真人实物。

在短视频行业中，如"奶龙""萌芽熊"等账号就是采用动画的形式来表现内容。此类账号的特点是动画制作难度高、耗费时间，所以通常是专业的内容生产公司来进行制作。图1-9所示为"奶龙"发布的短视频的截图，图1-10所示为"萌芽熊"发布的短视频的截图。

图1-9 "奶龙"发布的短视频的截图　　图1-10 "萌芽熊"发布的短视频的截图

除了利用纯虚拟动画形象进行内容讲述外，有的短视频账号还会用特效将个人的面部替换成虚拟头像。其优点在于滑稽可爱，能够保留个人的表情、神态。

（3）图文形式。图文形式是通过图片与文字的结合来传递信息。图文形式的短视频通常是在一张底图上加上一些文字，如图1-11所示。这种形式简单，容易操作。采用图文的表现形式，需要精心设计其中的文字内容，使其足够惊艳，否则很难吸引用户的注意，也难以给用户留下深刻的印象。

（4）剪辑配音。如果短视频画面效果较为丰富，则可以采用画面加旁白配音的视频形式，不需要人物出镜。这种形式的创作门槛低，但是对创作者的脚本撰写、素材丰富度以及视频剪辑的美感要求较高。

剪辑配音形式适用于娱乐新闻解读类、新闻资讯类、影视剪辑解说类、知识科普类等短视频。图1-12所示为新闻资讯类短视频截图，图1-13所示为影视剪辑解说类短视频截图。

短视频流量密码

图1-11 图文形式短视频截图

图1-12 新闻资讯类短视频截图

图1-13 影视剪辑解说类短视频截图

1.3.4 个人定位

个人定位,又叫作人设定位,是四式定位法的最后一步。在短视频创作领域,人设指的是给自己打造的IP角色设定人物特征和性格特点。人设不一定是短视频创作者自己的样子,也可以是演绎出来的角色特征。人设的定位关乎用户对账号的第一印象。一个鲜明的人设能够迅速加强用户的记忆,让你的短视频账号脱颖而出。

1. 打造人设

打造人设,就是能够用一句话清楚地介绍自己。例如,"我是田姥姥"账号用一句话概括人设就是调皮外孙用第一视角记录和幽默姥姥的搞笑日常。做好人设定位有以下五大基础要素。

(1)形象特点。短视频创作者结合自己的形象特征来定位,如拥有成熟稳重外貌,选择高级知识分子的人设会比选择甜美可爱的人设更合适。

(2)兴趣爱好。短视频创作者结合自己感兴趣的领域或方向来定位,否则持续的内容输出会令人十分疲惫,并且很难达到预期的效果。比如,美食达人@麻辣德子,本身就对烹饪有一定的兴趣和基础,所以他的账号要比同类型账号更贴近大众生活,更具烟火气。

(3)用户需求。短视频创作者要明确该人设能满足用户的哪些需求。例如,走情感搞笑路线的@高泽宇,他满足的就是许多女性对可爱男友的向往。

(4)市场差异。打造的人设要与同类型的账号有所区别,不能简单地跟风模仿,这样才能抓住用户痛点。比如,当大家都在一本正经地科普知识的时候,你却打造一个搞笑类科普账号,形成了显著差异,就会给用户留下深刻的印象。

(5)可持续性。人设的确定必须从长远来考虑,必须评估人设能否源源不断地输出内容,否则用户很快就会流失。

打造人设还有一个容易被忽略的原则,就是真实。人设的打造不能过于追求完美,无论是优点还是缺点都要展现出来,这样才能形成一个丰满、有血有肉、独一无二的形象。

2. 找准切入点

在新媒体时代,个人定位要找准切入点。切入点可以从有特色出发。

(1)模仿某个短视频创作者,包括运镜、语言表达、台词等,但不要全部模仿,要在其中增加一些反差感,实现在模仿中的超越。

(2)在熟悉的事物中营造陌生感。例如,短视频创作者"熬一耶",用熟悉的电影元素,添加大学宿舍的事物元素,再搭配精湛的演绎,令很多粉丝赞不绝口。

(3)不同元素碰撞,营造反差感。例如,短视频创作者"张同学",运用高级的摄影手法拍摄乡村生活,没有滤镜和美颜,仅凭借真诚、真实的农村生活场景打动用户。

1.4 自我剖析,锁定擅长领域

很多人总是觉得对自己足够了解,知道自己的优点和缺点是什么,其实很多时候,我们自认为擅长的大都是"伪擅长",因此很多人在某个领域做着做着就失去了最初的锐气。所以,我们需要深入剖析自己,找到自己擅长的领域,向用户展示出自己的特点,用强大的表现力诠释自己独特的优势。

1.4.1 剖析自己

如何剖析自己,找到所擅长的领域呢?短视频创作者可以从以下四个维度来进行考虑。

1. 自己做过最成功的事情

回顾自己过去所做过的事情,客观地审视自己,从中找到自己之前做过最成功的事情。成功意味着我们在这一方面有基础、有经验、有专业。成功过的领域就是我们所擅长的领域。

例如,抖音账号"北大花花老师"的短视频创作者就是一个很典型的"学渣"变为"学霸"的例子,她本科毕业于中国人民大学,硕士目前就读于北京大学,还是《最强大脑》选手。"花花老师"说,她刚上初一时第一次月考数学才考了58分,每天晚上写作业到凌晨一点,写不完就定个闹钟,早上六点爬起来接着写,这么努力了一个月,第二次月考竟考了55分。

在走了很多弯路之后,"花花老师"琢磨出学数学其实是要讲究科学方法的,不能一味地刷题。找到方法之后,数学很快就冲到了100分,最后高考数学考出了145分。"花花老师"也因此考上中国人民大学,后来又考上北京大学读研究生。

目前,"北大花花老师"在抖音收获了500多万个"粉丝"。"花花老师"锁定自己成功过的领域,分享自己的经验,从掌握学习方法中确定选题,通过传播科学方法养成良好习惯,赢得了众多家长朋友的喜欢。图1-14所示为"北大花花老师"账号主页及短视频截图。

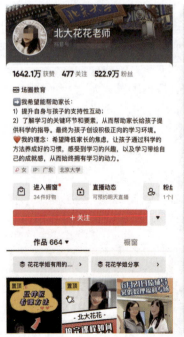

图1-14 "北大花花老师"账号主页及短视频截图

2. 自己做过被人称赞的事情

回想自己之前做过最受人关注、被人称赞最多的事情。例如，曾经大家都夸你做饭好吃，厨艺很棒；或是夸你声音好听、歌声优美……那么，做饭、唱歌就是你的特长，在进行个人抖音账号内容定位的时候，你就可以从这些特长技艺入手。

3. 自己认为最感兴趣的事情

兴趣是最好的老师，在兴趣浓厚的前提下，通常都会在相应领域有所成就。例如，若是喜欢旅游，就多发一些旅游见闻，拍一些旅游视频和旅游攻略等；若是喜欢网购，就可以分享省钱攻略或是精品店铺推荐等，帮助大家用最少的钱买到心仪的产品。

4. 自己学过的知识技能

回想自己学过的知识技能，只要自己比别人拥有更多的知识与技能，那么就可以在这些领域凸显出优势。例如，学过农业，比别人更懂种植知识；学过服装设计，比别人更懂如何穿搭。

例如，抖音账号"李永乐老师"的短视频创作者本职是一位高中数学、物理教师，他能够把金融、科技、数学、物理、心理等知识讲得清清楚楚。原本复杂的知识，在他的小黑板上变得简单易懂。李永乐老师的短视频没有各种背景音乐，只有他清晰且沉稳地讲解。他的科普知识紧跟当下热点，但又不落俗套，通过一些数学、物理公式，把知识讲清楚。李永乐老师锁定自己擅长的领域，发挥自己的专长，使自己的课生动有趣，吸引了大批学生的观看学习。他实现了他存在的真正意义，也将他的才华发挥得淋漓尽致；他乐于奉献，帮助学生走向更好的道路。图1-15所示为"李永乐老师"账号主页及短视频截图。

图1-15 "李永乐老师"账号主页及短视频截图

5. 自己做过最专注的事情

有的人可能会觉得自己没有什么特长，其实这样也没有关系，只要回想一下自己在做什么事情的时候最专注即可。一个人在内心真正喜欢做某事时，就会全神贯注、心无旁骛，甚至废寝忘食。

6. 切身体验，积累经验

如果你曾是一名肥胖者，经过有效的饮食和锻炼方法而变得身材苗条；如果你是一位"宝妈"，对育儿一般会有切身的体验……这些亲身经历都会带来丰富的经验，相比别人，这些经验就是优势，你可以把这些经验梳理出来，分享给大家。

例如，短视频账号"老外克里斯"是抖音平台上的一个搞笑类账号，视频内容主要是一名保留了中国人生活习惯的挪威人的日常生活。

克里斯是一名地地道道的挪威人，大学期间他在香港待了一年，此后便对中国文化产生了浓厚的兴趣，为此他还专门学习了一年的中文。最开始，克里斯只是在短视频平台介绍自己的国家，以及分享他与伙伴们的生活日常。直到有一次，克里斯为家人做了一顿中国炸酱面，看着家人们吃得特别香，克里斯也逐渐沉迷在做中国美食中无法自拔。因为国家之间的文化差异，克里斯一家人闹出了不少笑话，凭借着克里斯越来越炉火纯青的手艺，以及一家人之间啼笑皆非的小故事，克里斯很快在短视频平台吸粉2000多万，粉丝的数量已经达到了挪威人口的3倍（图1-16）。凭借着自己的疯狂涨粉能力，克里斯也很快引起了央视的注意，央视的新闻节目还专门对克里斯做了采访。这也算是克里斯得到了官方认证。

图1-16 "老外克里斯"账号主页及短视频截图

1.4.2 深钻细研

在剖析自己后，找到擅长的领域，意味着我们一定能做出成绩。要想在短视频账号上做好内容定位，就需要在自己擅长的领域深钻细研，做精做专。短视频创作者应在垂直细分、做出差异化和做到极致这三个方面入手（图1-17）。

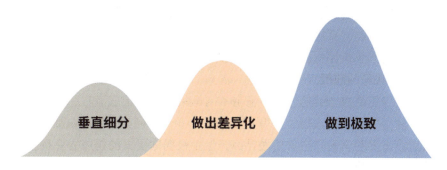

图1-17　将擅长变为专业

1. 垂直细分

将擅长的领域进行细分，用更加专业的知识或趣味性吸引用户关注。比如，你擅长美食烹饪，但是美食烹饪领域很广泛，这就需要将自己擅长的领域再进行细分，如将自己标榜为"川菜师""素菜家"等，这样对用户的吸引力更强。

2. 做出差异化

通过深入钻研自己擅长的领域，找出能够做差异化的点，利用差异性来突出自身特点和风格，在用户心中留下鲜明的印象。比如，你从事插画手绘行业，擅长人物插画的绘制，那么就可以将插画系列化，在视频或图片中展示美少女插画系列、国风插画系列、黑暗堕落风插画系列等，以此吸引用户、快速圈粉。

3. 做到极致

擅长不一定能够吸引人，而极致则一定能吸引人。行业没有贵贱之分，领域没有高低之分，只要我们将擅长的技能做到极致，便能吸引用户，打造出个人品牌。比如，雕塑师的刀工普遍不错，但是如果能将刀工练得炉火纯青，让用户看到后大呼"哇，这不可能"，那么你就能快速圈粉。

1.5　对标账号的深度拆解

想要快速成为网红主播，真的有捷径吗？如果有，那就是找到模仿（对标）对象，找到与你同领域的头部网红主播，分析别人是怎么做的。那么，什么是对标账号呢？为什么要寻找对标账号？新手制作短视频，如何找到对标账号，如何利用好对标账号呢？

1.5.1　对标账号的基本概念

1. 什么是对标账号

对标账号，就是与自己相同的领域做得好的账号。简单来说，就是你的同行里面做得比较不错的一些账号。在行业内属于顶尖水平的这部分账号，都属于你的对标账号。

我们关注对标账号的目的是研究学习这些账号的运营者的差异和特色，进行分析整理后，通过他们的优点，改进和提升我们的创作能力。

比如，对标账号的主页排版、个人介绍、头像设置、作品的特点、语言风格等，都是供我们研究的方向。

2. 关注对标账号的前提

关注对标账号的前提，就是你已经确定了创作领域！

即使你不懂得如何打造人设，也得先确定要做哪个领域。比如，你要做美食领域，或者是科普领域，就要明确地知道需要做什么，然后根据你要做的领域去寻找做得不错的对标账号，关注他们，分析他们。

1.5.2 对标账号的参考价值

对于新手来说，做一个短视频内容之前需要先选好细分赛道，明确变现模式，之后就需要找到合适的对标账号并进行拆解，这是非常重要的，相当于向前辈汲取经验的必要步骤，能够帮助我们更快上手。

1. 向优秀的同行学习

我们需要看一看优秀的同行是怎么做的，认真分析他们的爆款短视频，拆解爆款短视频的选题、素材、话术、镜头等，然后审视自己是否可以做到，因为不是所有的类型或拍摄都适合自己。

2. 了解用户的喜好

我们可以通过爆款短视频了解用户的喜好。如果一个短视频的点赞量很高，就说明这个话题大家都很感兴趣。同时，不要忘记打开评论区，看一看这些爆款作品下面网友的评论，这往往会带给你意外的收获。那些点赞量最高的评论，可能就是你下一个作品的灵感来源。

如果有一天你拍出了一条50万+的点赞作品，为了能够连续出爆款，可以去看看私信、评论，从中找到新的灵感，了解用户和短视频平台的喜好，然后投其所好。

3. 搜集爆款话题和素材

通常情况下，火过的话题大概还会火，因为用户已经通过点赞选出了最有可能火的话题，已经把最好的话题选出来呈现在了你的面前。这些火爆的素材也是让你成为网红的捷径。

因此，多看看对标账号，把爆红的作品素材记录下来，然后吸收并转化为自己的素材。

另外，学习完同领域的优秀主播之后，当刷到其他领域的优秀主播时，也要特别留意，如果对方的形式可以借鉴，也一定要记录下来。向不同行业的优秀主播学习，借鉴其他行业的成功经验，也许会有"弯道超车"的可能性。

1.5.3 对标账号的寻找技巧

了解了寻找对标账号的必要性后，我们就来谈一谈该如何精准地寻找到对标账号。

1. 细分赛道

当确定了行业领域后，我们就要精准地找到对标账号进行拆解。比如，你要做摄影，是不是就找关于摄影的头部账号作为对标账号呢？其实不然，而是要再进一步细分赛道，因为摄影领域包含人像摄影、风光摄影、动植物摄影等。若是你选择做人像摄影，那又可细分为手机人像摄影、单反人像摄影或胶片人像摄影等。通过细分赛道，确定你是做手机人像摄影的内容，就需要找手机人像摄影的账号作为你的对标账号，而不是随便找一个摄影账号作为你的对标账号。

2. 用好搜索功能

不管是在哪个短视频平台，搜索想要了解的领域关键词，因为官方推荐机制，排名靠前的基本都是领域的头部主播或作品。视频排在前面的一般都是点赞量较高的，用户排在前面的一般是粉丝量较高的，虽然有些账号的昵称并不带有设定的搜索词，但是，关注此类账号多了，官方就会自动给你推荐这类作品，所以利用好搜索功能，能帮你找到想要找的对标账号或作品。

3. 借助第三方工具

借助第三方工具也能实现高效的搜索，不过第三方工具大多是需要付费的，如果预算充足，也可以考虑这种方式，这能够提高成功率。

如果想做知识主播，这里为大家提供一个好方法——下载学浪App，查看排行榜。学浪是大力教育旗下的综合学习平台，覆盖抖音、今日头条、西瓜视频等多平台海量优质用户，为知识传播者提供线上招生、课程交付、用户运营等一站式解决方案，以全面生态助力知识传播者高效发展。通过学浪App的排行榜，可以快速了解你所在领域变现好的账号都有哪些，直接向最好的学习即可。

免费的第三方工具推荐"轻抖"小程序。它是用来帮助创作者更好地在抖音创作，带货变现的。"轻抖"就像是一个抖音工具箱，里面有各种工具，如数据分析、同领域的优质账号的分析，提供爆款商品方便用来变现，还有海量的素材库等。

4. 看平台官方数据

平台官方数据是一个最全面、宏观、权威的参数依据，通过数据可以对某个领域发展情况做出综合判断。目前的短视频平台的变现数据还不够完善，相信在不久的将来，各大平台关于此块的数据建立会更加完善。

1.5.4 对标账号的巧妙利用

我们在打造短视频账号的时候，不要盲目去做账号、做内容，这样往往达不到理想的效果，最好的方法是要学会找对标账号、利用好对标账号。那么我们到底该怎样利用好对标账号呢？

1. 关注快速崛起的账号

找对标账号都说要找粉丝量最高的，如已经有500万~1000万粉丝的。因为粉丝量高代表着粉丝多，可以增加抖音号的权重与排名，权重越高排名越好，抖音发布的短视频就更容易上热门，而上了热门也就能吸引更多的流量和更多的粉丝。所以通常我们会选择找粉丝量较高的账号来参考学习他们的短视频内容及拍摄手法等。

但是，笔者并不推荐这种方法。因为齐白石曾说"学我者生，似我者死"，意思就是向他学习的人可能会成功，但是只知道一味地模仿而不懂得创新的一定会失败。所以，模仿这样的账号内容不易起号，而是应该找最近快速崛起的账号作为对标账号，可以利用第三方工具"轻抖"小程序进行查找，操作如下。

（1）"轻抖"小程序。打开手机微信，搜索"轻抖"小程序，进入程序界面。

（2）达人榜。在"轻抖"首页中点击"达人榜"，如图1-18所示。

（3）新晋十万粉榜。在"轻抖/达人榜单"中点击"新晋十万粉榜"，如图1-19所示。此榜显示的为最近比较容易火、容易起来的账号类型，也就是哪些赛道比较火。

（4）潜力榜。如果你已经选好赛道领域，是做美食的，则可在"轻抖/达人榜单"中点击"潜力榜"，在"全部分类"中选择"美食"分类，如图1-20所示。此榜显示的为最近新晋崛起的账号，从前200个账号中剔除与你细分领域不相关的，将留下的账号做拆解分析。

图1-18 "新抖"首页

图1-19 新晋十万粉榜

图1-20 潜力榜

2. 关注点赞量最高的账号

一般来说，关注20个以上对标账号即可，实际上，你可以直接关注到账号上限。比如，快手官方允许你关注5000个账号，你就把所在同领域的排名前5000的账号全关注了。因为排名不到5000的，机会很小，所以，研究这5000人就足够了。

分析这些视频账号火爆的原因，找到自己同样能做到的，甚至可以做得更好的点，然后行动起来，在实践中学习，用结果来检验对错。

3. 找到适合自己的拍摄方式

很多从事短视频行业的创作者并不是摄影摄像专业出身，刚开始不管是经验、技术都会有所欠缺。重要的是通过不断地练习、不断地坚持、不断地调整后，总能找到一个可以拍得更好的方式。

4. 进行"像素级的模仿"拍摄

说到"像素级的模仿"会让人产生一个想法：这不就是抄袭吗？我们首先要清楚一点，任何人在进入一个新的领域时，都要经过一段时间的学习和模仿，这样才能慢慢地成熟起来。所以，不要顾虑，找到适合自己的好视频并进行模仿。因为，所有伟大的创新都来自模仿。所以，对于普通人来说，一定是要先模仿再超越。

找到你所在领域粉丝量最高的几位主播，看看他们的视频形式是怎样的，找出你可以学习、借鉴或者提升的地方。比如，"文玺童趣"账号就是家长带着孩子做简单的益智亲子游戏，在孩子成长的道路上用心去陪伴。这个形式是可以模仿的，你也可以带着孩子做各种游戏，远离手机和电视，每天想着花样陪孩子玩中学、学中玩，通过深入浅出的方式呈现出来，如图1-21所示。

图1-21 "文玺童趣"账号主页及短视频截图

但要记得，"像素级的模仿"是你提升的过程，不要把这些模仿的作品直接发表出去。因为现在各大平台都有原创保护功能，要适当做些改变或加入新的元素，不要图轻松，否则会搬起石头砸自己的脚。

1.5.5 对标账号拆解五维度

找到与你同领域的对标账号后,就要从不同的角度对账号进行分析和拆解,具体可以通过五个维度进行,如图1-22所示。

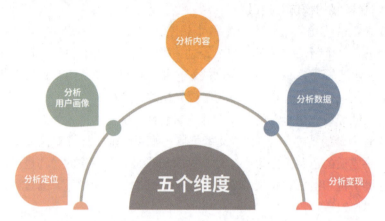

图1-22　对标账号拆解五维度

(1)分析定位。人员的设计、关键词、视频内容方向、产品在垂直领域的定位。

(2)分析用户画像。年龄、性别、地区、偏好、活跃时间段等。

(3)分析内容。账号的昵称、介绍、背景图和主题选择方向、标题、专题结构等。

(4)分析数据。粉丝、点赞、收藏和评论数、发布时间等。

(5)分析变现。推广、直播、私域、店铺等。

本章总结

1. 成功的短视频创作不仅要符合人性的底层逻辑,还要围绕视频底层逻辑去创作。

2. 具有意志坚定、充满自信、愿意付出、虚心请教、抗压能力强等精神的人更容易塑造自己的IP,而具有亮点、有专业、不怕吃苦或拥有奇葩一面的人更容易在短视频平台中挣钱。

3. 打造爆款短视频既要清楚账号定位(包括商业定位、用户定位、内容定位、个人定位等),又要充分发挥自己的优势,更要深度解析对标账号,这样才能在短视频领域越做越好。

项目练习

1. 项目目标

通过具体案例,了解短视频账号的运营策略,并为运营自己的短视频账号打下基础。

2. 项目内容

选择2~3个短视频账号，完成以下任务。

（1）分析短视频账号符合马斯洛原理中第几层需求。

（2）分析短视频账号的商业定位形式。

（3）利用用户画像分析账号的用户人群。

（4）分析账号的内容方向、内容呈现形式以及表现形式。

（5）分析短视频账号的个人IP定位。

（6）结合本章知识，为自己的短视频账号做定位。

3. 项目要求

（1）调查的短视频账号粉丝数量在100万左右。

（2）查找的数据或资料应为最新信息。

第 2 章

爆款基石，人设打造

　　人们常常说要找准定位，并借助短视频平台打造个人品牌，成为一名"网红"，这是不少人运营短视频账号的目的。IP运营是短视频创作者综合能力的体现，人设的打造可以让短视频创作者形成具有辨识度和"出圈"价值的"人设"标签，从而为短视频账号带来强大的变现能力，并能助力账号形成多元化的内容生态布局。

知识点目标：

- ☑ 了解短视频IP的价值
- ☑ 掌握短视频IP打造的常用技术
- ☑ 掌握短视频人设强化的技巧

技能库目标：

- ☑ 掌握短视频IP打造的常用技术
- ☑ 掌握短视频账号的注册技巧
- ☑ 掌握短视频账号的包装秘诀

2.1 人设打造"葵花宝典"

无论是企业、个人,抑或是虚拟人物,都需要有人格化的属性在其中,本节我们将了解如何打造超级IP、打造自己独有的人设等相关知识。

2.1.1 人设打造的意义与价值

IP是短视频创作者综合能力的体现,人设的打造与运营是指根据账号的属性、特点,打造鲜明的人设或独特的形象。放大短视频IP有吸引粉丝的势能价值,可以突破流量天花板,进行效率更高的变现活动。

1. 人设打造的意义

短视频平台天然具备社交属性。比如,抖音推出的一个产品——"多闪",被称为社交短视频App。社交是人与人之间的沟通,并不是人与物的沟通。所以,既然抖音必须做到人与人的沟通、有社交属性,那么你的账号若是做到了人格化的IP打造,就有可能真正避免同质化竞争,从而建立自己的社交圈层,在垂直化的细分领域就有可能成为有一定粉丝的头部账号。

2. 人设打造的价值

短视频打造人设的价值有以下四类(图2-1)。

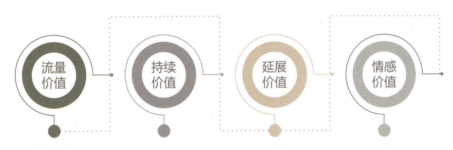

图2-1 短视频IP的价值

(1)流量价值。流量价值是指短视频作品吸引粉丝、引发传播的价值。IP往往自带传播属性和流量属性,从而拥有巨大的流量价值,帮助短视频账号快速积累粉丝,引起广泛关注。

(2)持续价值。持续价值是指能够将短视频的创作过程流水线化,最终依靠持续而稳定的输出赢过那些随意化表达的短视频创作者。

(3)延展价值。延展价值是指突破原有的内容形式,进入其他领域的能力。人设的打造可以帮助短视频账号构建起更加多元和立体的IP生态,从而使账号实现传播范围、变现能力等多方面的突破。

(4)情感价值。情感价值是指从用户角度出发对IP价值的阐释。打造短视频IP就是要通过内容塑造一个人格化IP形象,从而让它与用户产生深层次的情感连接。唯有满足个体的需求、擅长表达情绪的内容，短视频IP才能"撩拨"人心。

2.1.2 人设打造的前提与准备

在讲解如何打造符合企业和用户需求的人格化IP形象之前，先来了解什么是"人设崩塌"。

人设崩塌是指某人预设好的、一直经营着的对外形象因为种种原因而被人发现与现实情况不符。人设崩塌的前提是要有一个社会大众能够广泛接受的人设，而人设就是通过各种信息传播渠道刻意塑造设计出来的，针对个体的信息得出的一个关于他最核心、最重要和最有价值的"形象标签"。而事实情况是有人为操控的空间，我们看到的很多明星的人设也都是被经纪公司塑造出来的，网红主播也是如此。

1. 人设打造前的自我认知

找到适合自己的人设之前，首先要问自己三个问题，即能做什么、喜欢做什么和与众不同的地方。

（1）能做什么。首先问一问自己能够做什么，分享什么，以及擅长什么。找到答案，或是把生活中的随想与灵感记录下来，找出你会而别人不会的或是你比别人更优秀的地方，一一罗列出来。

（2）喜欢做什么。打造自己的人设，并不是一朝一夕就能完成的，最重要的就是坚持，而兴趣才是持之以恒的关键。只有真正找到自己喜欢的事情，才可能持续。我们要抓住平台红利，跨越时间周期，这就需要我们一直保持热情并持续不断地坚持。

（3）与众不同的地方。与众不同，就是你建立人设的方向，这也是最难的。我们可以在制作短视频的过程中不断摸索、不断试错，最后找出答案，也可以通过粉丝的反馈、留言、评论或者私信找到答案。

2. 人设打造前的三个方面

（1）关键词。它是当别人想到你的时候，脑海里会出现的一个形容词。比如，对说话达人秀节目《奇葩说》中的艾力，很多人在脑海里会蹦出两个词——直男、正能量。

（2）做自己。打造个人IP是一个非常漫长的过程。如果不做自己，时间久了可能会抑郁。对于网红主播来说，能给用户提供价值才是最重要的，同时要找到自己让大家喜欢的点。例如，短视频账号"澳洲老油条"，很多人喜欢他说英文的声音，喜欢他用英文讲温暖人心的小故事。找到自己身上最容易被别人喜欢且让自己舒服的那个点，去放大，长期坚持，构建和维护这个人设，随着时间的推移，你就会看到想要的效果。

（3）定变现。打造的人设，还可以以未来变现为目标，然后倒推。比如，你的目标就是未来想推荐产品，那么就可以尝试做一些测评的视频。确定变现产品后去倒推出目标用户，再去倒推目标用户痛点，从而拍摄出针对目标用户的内容，这样不容易走弯路。

2.1.3 人设打造的方法与技巧

我们应该如何搭建符合企业和用户需求的人格化IP形象呢？可以通过以下三种形式来实现。

1. 设定人格身份

这里把抖音中出现较多、较好的人格身份做了归纳总结，如图2-2所示。

图2-2　四种类型的人格账号身份

（1）专家型。专家型是指短视频账号中向用户传递出的角色，更像是一个专家或是专业顾问。例如，何炅被称为"何老师"，是因为他在主持领域不仅是一位主持人，而且已经成为一个专家。

我们要打造的账号角色就是站在专家的角度去输出可以授之以渔的内容。比如，在家装领域，如果你的输出内容就是讲解如何家装避坑，那么你就属于"家装顾问与专家"型的人格打造。定位好身份就是为了让用户觉得你输出的内容与你的人设相吻合。

（2）陪伴型。陪伴型人设就是把自己打造成没有距离感、非常亲切的朋友、同学、邻家等。例如，你除了将自己打造成专业的家装顾问，也可以把自己打造成邻家设计师，可以扮演让人喜欢的、具有亲和力的朋友或邻居这样的身份。

（3）服务型。服务型人设就是为用户提供温馨的服务、贴心的提示，用温柔贴心的方式去传递信息和内容，这样的人设能够让人产生亲和力。换句话说就是自下而上地用仰视的身份去看客户，客户就是上帝。比如，在美食类领域，很多人打造的是教师型人设，教你怎么做饭。

有的产品并不需要特别专业的内容呈现，而是要一种感觉，要的是用户足够感觉到对他的认真、贴心、尊重和重视。因此，可以根据要变现的产品推的内容，确定你的身份定位。

（4）榜样型。榜样型人设就是把自己打造成偶像、红人、高富帅等。比如，很多成功的微商入驻短视频平台后就是扮演成功人士传递正能量、做公益慈善的人物形象。KOL（Key Opinion Leader，关键意见领袖），如"崔磊说创业"本来应该是专家顾问型走创业路线，但是他在此身份上加权变成话语领袖。但凡社会上有热门、热点事件，他都会发表一下自己的观点，借势吸引流量，增加曝光度。

现实生活中的人本身就不止一种人格，一般都是多重人格。在短视频的人设打造上也不能只做单一人格，所以一定要是真实的、复杂的、多元的、有多重性格的鲜活的人。所以，这里建议大家在打造人设时组合两种人格，如图2-3所示。"最有颜值最帅的外语老师"，它的人格身份塑造属于专家型中的老师和榜样型中的偶像，两个标签组合后的独有性和差异化就体现出来了。打造自己的人设也是如此，所创造的内容就需要围绕你所打造的两个标签身份来进行创作，如语言、感觉、行为、动作、表情、服装等都要符合人设。

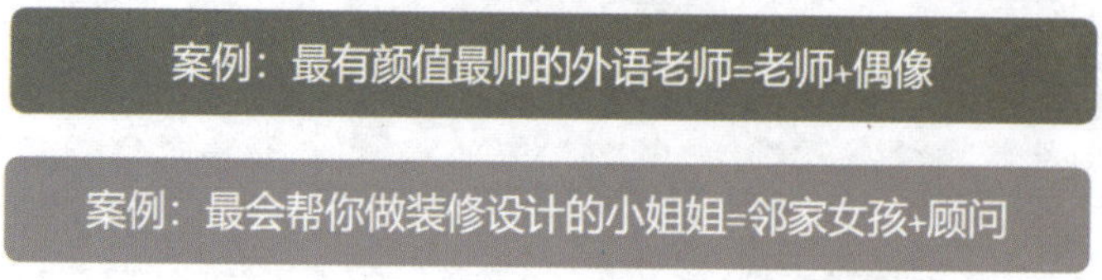

案例：最有颜值最帅的外语老师=老师+偶像

案例：最会帮你做装修设计的小姐姐=邻家女孩+顾问

图2-3 双人格账号身份的打造

2. 关联企业变现标签

我们制作短视频运营，就可以把自己看作一家企业。个人的人格要与企业的品牌、价值观、产品相关联。就如同请偶像为企业打广告，虽然偶像自带流量很大，但如果广告商找错了偶像，那么花再多的钱销量也不会增长。若是找到合适的、价值观相符合的，那么偶像的代言就能帮助快速提升企业的销量。

人设的打造可以说既是企业的代言人，也是企业与消费者之间的沟通者。

3. 打造差异化人格标签

打造差异化人格标签是必要的，利用差异性来突出自身特点和风格，在用户心中留下鲜明的印象。所以，我们可以运用三步法找到差异化人格标签。

（1）确定个人IP类型。人格IP不代表都是人，物体拟人化后也可以是人。比如，天猫、京东狗、三只松鼠这些品牌的形象就运用了拟人化，人们早已经把它们当成了人物。所有账号都要赋予标签，如人格、形象、感觉等，但是它的承载形式并不一定是真人。那么人物IP具体有哪些类型呢？如图2-4所示。

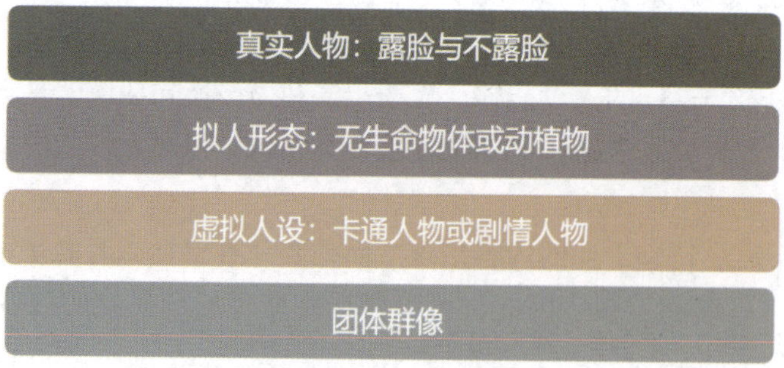

真实人物：露脸与不露脸

拟人形态：无生命物体或动植物

虚拟人设：卡通人物或剧情人物

团体群像

图2-4 确定个人IP类型

① 真实人物，其又区分为露脸与不露脸。比如，"暴走漫画"中的人物表情，以日常生活故事、笑话段子为主题，通过简单的手绘表情构成简单漫画，并没有真人出现。

② 拟人形态，就是无生命物体或动植物。比如，给"萌宠"配音，这就赋予了宠物虚拟的人格。这类形态较少，如果想创新，可以尝试选此赛道。

③ 虚拟人设，就是卡通人物或剧情人物。比如，脚丫社区中的"曾老师"这些人物并不是真实存在的，而是虚拟出来的，并且没有真人出镜。

④ 团体群像。比如，MCN机构打造的一个叫作"不齐舞团"的大号，是以团体的真人路线的形象呈现的。

（2）确定三观内核。需要确定的三观分别为世界观、人生观和价值观，如图2-5所示。

图2-5　确定三观内核

① 世界观，需匹配企业文化、企业核心价值观。

② 人生观，指打造的人物所传递的一种人生状态，如偏佛系、偏丧系、偏燃系等，或是你在某一个时段是偏佛系的，然后又变回燃系状态。人的性格本来就是多元的，但建议一开始的时候不要多变。所以，在没有成为几十万粉丝大号之前，在没有走通所谓的引流变现之前，还处于涨粉阶段的时候，内容风格要专一，定位要专一，人设也要专一。

③ 价值观，包含消费态度、生活态度、学习态度、娱乐态度、情感态度、家庭态度等多种维度。重点关注消费态度，因为最终的目的是实现变现。消费态度呈现有物美价廉、不买便宜的只买贵的、勤俭节约、开心就买等。人设打造传递出什么样的价值观，就会吸引与之观点相同的用户。

（3）三级定位法。

① 所属大行业。

② 所属行业的垂直细分领域。

比如，"索菲亚"是做全屋定制的，可以定位为"全屋定制的家装小帮手"帮助用户解决家装行业的各种坑和问题，属于家装行业中的专家型，最擅长的就是全屋定制。

③ 差异化人格标签。可以从性格、语言、昵称、场景等维度来打造差异化。

从性格出发，包含开朗、活泼、内向、奇葩和佛系等，虽然人设可以适当包装，但本质上还是在做自己，人也不可能当一辈子演员，但也要站在全平台的角度去客观分析独特的差异化，可以通过稀缺、独特、创意三个方面去找寻差异化性格，如图2-6所示。对照以上三个方面并套用在自己身上，在过程中找到平衡点。有的人虽然并不擅长这些，

图2-6　寻找差异化性格的三个方面

但通过努力研究，做出来的短视频账号就是独一无二的。但有的人觉得自己不擅长，就选择放弃，做出来的短视频账号在平台遍地都是，无独特的人设风格，那么就很少有人去关注。

从语言出发，包含口音、语气、语调、口头禅等。另外，还可以从肢体语言出发，可以是标志性的动作、表情、穿着、道具、才艺特长等。不仅仅是在短视频平台，所有的个人化IP都是以此来打造的，如迈克尔·杰克逊的帽子、太空步、亮片衣服都是具有标志性的肢体语言。

从才艺特长出发，若是你自身恰好就具备与身边大多数人不一样的优势和特长，那么一定要把你的特长极致地发挥出来。比如，账号定位为美食领域，但是人物又非常会唱歌，就可以边做饭边唱歌的形式呈现，这样就拉开了差异。

从称呼出发，包含昵称、粉丝叫法、绰号等。如图2-7所示，"挑爷评美食"视频创作者是抖音最真实的美食点评家，目前已经拥有100多万的粉丝关注量，总共在抖音上发布了700多个关于美食的短视频作品，总共获得了1400多万点赞量，非常受大众的喜爱，大家又称他为"杠精哥""挑爷"。这都跟他的主题有关，他就是差异化地打造了人设，与其他美食主播不同，他是真正站在用户的角度，帮助用户去发现好的美食。当美食主播都已经遍地都是的时候，他的粉丝量在两个月里增长到80万，成为一匹黑马。

从场景出发，这里指的是高频场景，包括生活、工作、家里、户外。人设的打造还需要"接地气"，不能做得虚假，像电视剧一样。当人设标签已经确定后，就需要想一下打造的人设如果放在消费者、潜在用户高频的场景里面会是怎样的表现。简单来说，就是把人设鲜活化、立体化。

打造的人设在不同场景会有不同的服装、语言、语气、性格等表现。白天在职场中扮演的是好员工，晚上回到家中扮演的是好父亲、好儿子或是好丈夫。这些标签换

图2-7 抖音账号"挑爷评美食"

了场景说法就有所不同，这时要设置不同的场景，而且是高频的场景。

这里提醒大家，人性是复杂的，所以每个人的标签是多元的，且最好有反差感，这样才能产生化学反应，让人记忆犹新，如严肃但活泼、帅气但魔性、正义但搞笑等。

2.2 强化人设打造爆款IP

如何设计属于你的人设？如何精准地定位？方法再多，归根结底还是要自己去思考，在实践中调整。人设就是别人眼中的你，这需要你找到一个平衡点，如这个人设你很自洽，粉丝也很喜欢。遵从你自己的内心，去做一个你自己喜欢的个人IP。

2.2.1 加强人设打造

找到最真实、最能体现自己魅力的人设之后，还需进行加强。

1. 形象

抖音、快手等短视频平台本质上都是娱乐平台，当下的娱乐主流还是"看脸"，个人IP最重要的东西是形象。形象气质对作品在短视频平台上的传播影响还是较大的，如果你的形象好，就要把你好看的一面展示出来；如果你没有出众的外貌，就要保持干净整洁，展现出你专业的一面。如果你想让粉丝了解你、关注你，那么你的形象首先要能吸引他们为你停留，这就是第一印象的重要性。

2. 场景

场景塑造得好会起到锦上添花的作用，可以强化你的人设。场景是每个人都可以随意改变的，在这件事情上，你完全可以发挥自己的主观能动性，当然，拍摄的场景要符合你的身份。

3. 内容

对于个人IP来说，不断输出优质的内容，就是一遍又一遍加强你的人设的过程。若能够做到让别人提到一个品类就能想到你，那么你的人设塑造就成功了。比如，提到相声人们就会想到郭德纲等。这些都是靠内容长期积累而强化了自己的人设。

4. 记忆点

打造人设要努力找出你身上的记忆点，找到与众不同的地方。所以想要让别人记住你，首先要找出你的视觉锤，如蔡康永身上的小鸟。

2.2.2 加强人设属性

短视频平台上的爆款IP虽然风格迥异，运营手段也各有不同，但其所具备的基本属性都差不多。运营者要明确这些爆款IP的基本属性，加强属性建设，在打造人设时才能更具有针对性，如图2-8所示。

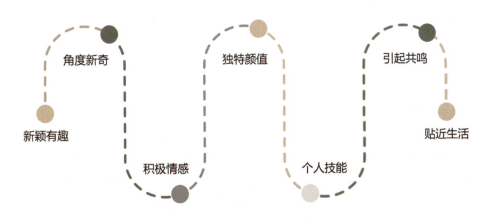

图2-8 爆款IP所具备的基本属性

1. 新颖有趣

短视频平台大多数都具备"潮流""有趣"这样的关键词。新颖有趣并不等于搞笑，该属性强调的是作品的原创性以及创作的作品是否带有较强的个人风格和独特的创意。现阶段，具有该属性的爆款IP是最容易打造的，这也是打造人设IP的第一道门槛。例如，主打治愈动画的"萌芽熊"账号就具备新颖有趣这一基本属性。

2. 角度新奇

角度新奇与新颖有趣有些相似，但从本质上来讲，它们是两个概念。站在用户的角度来看，新颖有趣的短视频作品会给用户带来愉悦、治愈等情绪，而角度新奇的短视频作品则更容易激发用户的好奇心，这意味着用户黏性会有所增强。比如，"三分钟推理"账号选择悬疑或无厘头的风格，成功引起了用户的兴趣，使用户主动追踪后续剧情。

3. 积极情感

想要打造出爆款IP，就要尽量做正能量、充满积极情感的内容。原因是短视频平台比较推崇带有积极色彩的作品，带有消极色彩的内容可以存在，但很难成为爆款。用户虽会存在负面情绪，但并不意味着愿意每天观看大量带有负能量的短视频，他们更希望借助短视频的内容来缓解压力，放松心情。比如，"萌芽熊"账号能够成为千万级账号并且拥有那么多的忠实粉丝，就是因为"萌芽熊"打造的可爱形象和暖心剧情能够满足用户的情感需求。

4. 独特颜值

独特颜值并不代表高颜值，毕竟短视频平台上从不缺少帅哥美女。颜值主播出镜的短视频成为热门的很多，但是成为爆款IP的却很少。只有加强人设辨识度才有机会在高颜值的人群中脱颖而出。比如，KOL"带古拉K"就凭借着甜美的笑容给用户留下了深刻的印象。

5. 个人技能

个人技能也可以简单理解为你所具备的才艺特长。若是没有拿得出手的技能特长，则基本与打造爆款IP无缘了。所以，个人技能属性的加强更有利于强化人设，打造爆款IP。当然，并不是只有钢琴十级这样的高级技能才符合。比如，MCN打造的"不齐舞团"的舞蹈技术算不上专业，却拥有非常高的人气。

6. 引起共鸣

能够引起用户的共鸣是打造爆款IP的重要属性。若运营者想获得更多的忠实粉丝来强化人设，打造爆款IP，则可以选择走情感化的路线。如果运营者只输出心灵鸡汤类的内容，而没有独特观点，那么这样的短视频连上热门都很难，更不要说打造爆款IP了。

7. 贴近生活

抖音的口号是"记录美好生活"。若是短视频创作者想走稳妥的路线，就要让短视频内容以及所打造的人设更加贴近生活。比如，"麻辣德子"账号走的就是接地气的烹饪路线。视频内容中没有非常考究的打光、布景，也没有吸引人的爆款BGM（背景音乐），更没有高级厨具和技术亮点，淳朴自然的写实风格让不少观众眼前一亮，真诚礼貌的态度让观众对他印象深刻，成功拉近了自己与用户之间的距离。截至2023年8月，该账号粉丝已超过3600万人。

2.2.3 加强人设建设的好处

加强人设建设，能够给运营者带来很多好处，如图2-9所示。

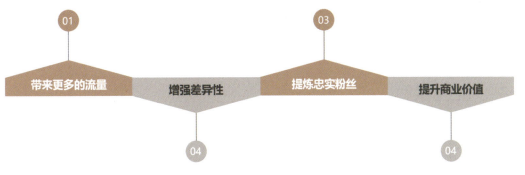

图2-9 打造IP带来的好处

1. 带来更多的流量

短视频创作者打造一个成功的人设，无疑将给账号带来更高的热度。优质的人设本身就具有某种光环，只要辅以适当的推广，就会给账号带来庞大的流量。

2. 增强差异性

打造出人设的账号比普通账号更有优势。IP能够帮助短视频创作者拉近账号与目标用户之间的距离，使账号的形象更加生动，也更容易被用户记住。因为随着短视频平台的发展，IP已经变得越来越多样化，普通用户并没有足够的耐心去一一了解，只会记住最具有特色的那些IP。

3. 提炼忠实粉丝

短视频创作者肯定不希望自己的粉丝是"僵尸粉"，有人设打造的账号粉丝黏性较高，忠实粉丝所占的比例也会较大，粉丝的综合价值也极高。因为IP意味着账号的人设化特征更突出，而用户也会更加喜欢那些有人情味的账号。

4. 提升商业价值

IP并不是一次性道具，真正的IP拥有强大的生命力，创作者借助它不仅可以输出优质的内容，还可以衍生出一系列的周边产品。这些产品可以给创作者带来更多的盈利机会，提升账号的商业价值。

2.3 账号注册技巧

你在决定要做一名短视频的主播，并且已经初步考虑了人设的打造后，接下来就要开始注册账号了。养号这项工作并不是在账号注册完成后才开始的，而是从注册环节就要留意了。你在准备注册账号时，需要注意以下几点。

2.3.1 手机注册

一定记得要用手机号注册。账号的注册不仅限于手机号，还可以用微信号、QQ号等，但微信号、QQ号的注册方法并不推荐，因为很容易被盗号，所以一定要用手机号注册，这样平台才会觉得你是一个有"户口"的账号，是一个真人账号，是一个有价值的账号。

2.3.2 旧号换新

旧号换新实际主要是判定在已有账号的基础上，有没有必要再注册一个新账号。如果你已经有一个账号，但那时候只是随便玩玩的话，建议你注册一个新账号。因为平台需要新的用户，如果你平时的账号只是用来发发日常，平台就会判定你不是一个有价值的用户。视频的内容都是胡乱拍的，平台的算法就会认为：你的账号是低质量的，缺乏有价值的内容。

2.3.3 身份暂绑

在注册账号这个环节，官方强调要先绑定身份证，但在实际的操作过程中发现，运营者并不是只用一个账号来运营所有的平台，而是需要不断地尝试和调整才能慢慢摸索出适合自己的方式。所以，在前期测试流量的阶段，建议不要着急把自己的身份证第一时间进行绑定，等确定自己的主账号之后再绑定身份证。

如果已经将身份证绑定，后期想要换号就很难把之前的身份证解绑，这时，我们可以把原来那个账号申请注销，再绑定到新的账号。

2.4 账号包装秘诀

账号注册好之后，就要开始进行前期的包装了。尽管短视频内容是核心，但创作者也不能忽视短视频账号的包装。好的包装不仅可以最大限度地突出账号的独特性和价值感，精准地吸引更多的用户第一时间关注你，而且在很大程度上影响着点赞数、转发数和评论数等用户行为数据。那么，短视频创作者应该怎样包装账号呢？

2.4.1 名称包装

名字的好坏是一个IP能否成功的关键。对于短视频主播来说，取名字是非常关键的一步，需要契合自己的人设。账号名称一定要简单直接地凸显账号的特色和价值感。优质的账号名称可以使用户快速了解短视频提供的内容，提高短视频传播效率。短视频创作者要想拟定一个优质的账号名称，可以采用以下思路。

1. 取名四原则

（1）简单易记，易于传播。在短视频平台有一个天然的社交属性，名字越通俗、越简单、越好记、越直接，效果越好。这不仅便于用户理解记忆，还为账号后期的推广和品牌植入打下了基础。

做得较好的、商业价值非常高的账号，名字都非常简单好记，如"樊登读书""凯叔讲故事""大白外教英语"等。就"大白外教英语"而言，名字叫大白、身份是外教、教的是英语。所以，"大白外教英语"既可以成为一个品牌名，也可以成为一个账号名称。

（2）定位具体，密切关联。定位具体是指账号名称要与所规划的短视频内容密切相关，通过账号的名称告诉用户账号的内容或形象等信息，要让用户清楚账号的定位以及发布的内容方向。切记不要一味地追求个性，使得名称与发布的内容没有任何关联，这会导致用户无法通过账号名称看明白账号的内容和方向，将严重影响短视频的吸粉引流。

如果短视频账号定位于某个垂直领域，账号名称中最好包含该垂直领域的某些关键词。例如，短视频创作者想要打造一个"美食教学类"账号，账号名称中就要带有"美食""教程"等关键词，如"孙小厨教做菜""吕小厨爱美食""蒋蒋厨房美食"等。

（3）避免重名，尽量唯一。在新媒体时代，人们对于信息洪流已经产生了一定的免疫力，要想强化他人的记忆点，账号名称不仅要简单直接，还要有独特的创意、吸引力，并尽量唯一。

例如，"老王"这个名字就不是特别好，因为没有唯一性，无法很好地区分。所以短视频创作者要为自己找一个唯一的、有辨识度的名字。另外，要打造网络品牌的话，还要全网一致，不要在快手号上叫一个名字，抖音号上又叫另外一个名字。

（4）突出人设，价值体现。现在大家都喜欢有个性的人，喜欢与众不同的、有特色的人。所以，通过账号名称，要让用户从中了解短视频创作者是做什么的，在传播哪些价值信息，能带给他们什么知识、哪些见解，对其思想观念有什么影响。不管是在文化上、物质上还是在精神上，这都属于价值体现。

比如，"隔壁老王"虽然很好记，但是人们并不能通过这个名称知道你是做什么的，人设不突出，传递的价值更没办法体现。而换成"王老师讲流量"就不同了，首先突出了"老师"这个人设，其次让人一听名字就知道这个老师是做什么的，能获得什么样的价值。

2. 命名方法

短视频创作者拟定账号名称时，可以采用以下方法。

（1）以真名命名。这种方法适合本身就是"网红"、名人等的创作者，自己名字就自带流量，没有必要用别的名字，如图2-10所示。

（2）职业关键词+名称。这种方法是比较常见的，方便用户快速识别你的身份，给你打上一个标签。陌生用户一看就知道你是谁，你是做什么的，定位也非常清晰，也能体现出账号的内容方向，如图2-11所示。

图2-10 以真名命名的账号

图2-11 以"职业关键词+名称"命名的账号

（3）地域关键词+名称。带有地域特征的账号名称很常见，可以通过地理位置的差异性与相关用户产生情感共鸣，给用户留下深刻印象。这种方法一般比较适合本地的账号或者异国账号，我们常见的本地美食探店类的账号大多也是采用这种方法命名，如图2-12所示。

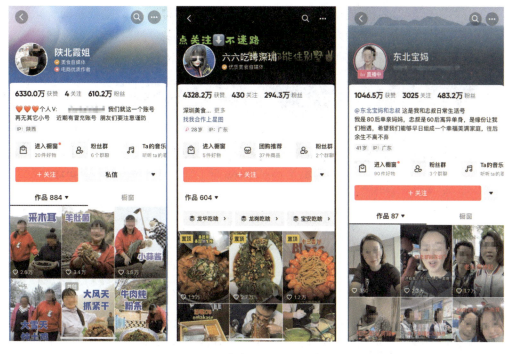

图2-12 以"地域关键词+名称"命名的账号

（4）内容关键词+名称。这种方法的好处在于，用户看到你的名字就知道你是做什么的，便于用户快速确定是否要关注你，有利于陌生用户的关注和转化，如图2-13所示。

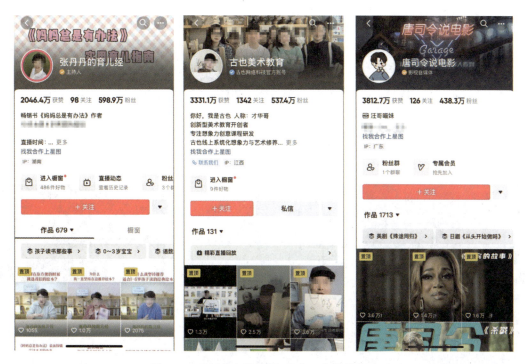

图2-13 以"内容关键词+名称"命名的账号

（5）兴趣关键词+名称。比如，爱读书的××，爱搞怪的××，爱分享的××，以兴趣来区分人群，以群体为影响力，与自己的标签结合，是很多社群喜欢用的命名方法，如图2-14所示。

图2-14 以"兴趣关键词+名称"命名的账号

（6）以品牌命名。如果短视频以企业为主题进行运营，就可以用企业名称简称或品牌名称命名，这种方法通常用于知名品牌。若是小品牌或是没有识别度的品牌或企业，建议加上产品名字或品类名字，忌用企业全称，如图2-15所示。

（7）以媒体、组织机构命名。如果短视频运营属于行政/事业单位、媒体、社会组织等机构，可以直接以组织名称或简称命名，如图2-16所示。

（8）以数字命名。用此方法命名不仅能够吸引用户的注意，还能强调数字所表示的概念，如图2-17所示。

图2-15 以"品牌"命名的账号　　图2-16 以"媒体"命名的账号　　图2-17 以"数字"命名的账号

3. 注意事项

在设置账号名称时,还需要注意以下事项。

(1)忌名字过长。设置短视频账号名称时,以3~5个字为宜,最多不要超过7个字。避免因为名字过长而显示不全,也不方便记忆。

(2)忌用生僻字。用户看到生僻字都不认识,也不会读,更不要说去记忆和传播了。

(3)忌加特殊符号。有些创作者喜欢在账号名称里加入特殊符号,可能是因其爱好,也有可能是想使账号更加个性化。但这样做往往事与愿违,会带来"乱"的印象,也表达不出自己的主业。

(4)忌"非主流"。虽然现在是一个追求个性化的时代,但还是要着眼于具体行业和情况,尤其是当短视频创作者想要去打造一个品牌时,非主流更是不可取的。

2.4.2 主页包装

如何包装你的主页,让别人看到你的主页就想关注你?短视频创作者要记住三个字——价值感。当别人看到你的主页时,要么觉得你好看,要么觉得你有趣,要么觉得你有用,他才会有兴趣关注你,所以第一印象非常重要。对于想要打造个人IP的人来说,肯定希望自己对用户来说是有价值的,所以在主页就要凸显出你的价值。

主页上的简介就是用户决定是否关注账号的关键因素之一,能否把你介绍清楚,能否体现出你的价值,能否提升你的主页转粉率,这很关键。主页包装一般有以下四种类型。

(1)表明身份。这里可以把你最好的经历写上去,很多主播由于比较害羞,觉得这有点"王婆卖瓜"的意思。千万不要这么想!就是要让观众觉得你是个牛人,是个专家,是某领域厉害的人,由此树立你的权威性。例如,"网红校长"的主页简介为"101名师工厂创始人""旗下知识主播变现过亿"。

(2)表明领域。例如,"阿纯是质量测评家"的主页简介为"5年专业护肤品测评"。

(3)表明理念和态度。例如,"一条小团团"的主页简介为"尽我所能给大家带来快乐"。

其实,主页简介就是一个"秀肌肉"的过程,大家一定要把自己的实力展示出来,一般围绕"我是谁?""我是干什么的?""我能提供什么价值?"这三个方面来写自己的主页简介,让用户快速认识你。

(4)留下联系方式。联系方式可以是微信号、手机号、邮箱等。这种账号简介一般与上述账号简介类型同时出现,主要目的是将用户引流到自己的私域流量池。为了不违背平台的规则,在进行引流的时候,要对所用词语进行慎重考量。

2.4.3 形象包装

在信息爆炸的短视频平台上,人们都没有太多的耐心。很多短视频创作者为了吸引更多的人关注,都喜欢在豪宅、豪车里拍视频博眼球,这就是个人形象的包装。当你确定自己的人设之后,你的衣着、性格以及整个视频背景等都是包装当中非常重要的环节。

1. 头像设置

短视频账号的头像就如同标志一样，是用户辨识账号的重要途径之一。短视频创作者在设置账号头像时要遵循三个原则，如图2-18所示。

图2-18　设置账号头像的三个原则

选择账号头像的方法主要有以下几种。

（1）真人头像。真人头像可以让用户在未进入账号主页之前就能直观地看到人物形象，头像若是气质和颜值较高，抑或是风格独特，就很容易吸引用户点击进入账号主页；如果短视频内容不错，就很容易获得用户关注。例如，短视频账号"潘姥姥""疯狂小杨哥"，如图2-19所示。

图2-19　真人头像

（2）卡通角色头像。如果不想使用真人头像，短视频创作者可以选择一个与自己账号内容相符、气质相投的卡通形象做头像。例如，短视频账号"小头像加工厂""白杨和桔子"，如图2-20所示。

（3）图文图标头像。使用图文图标做头像利于强化品牌形象，可以明确展示出短视频的内容方向。例如，短视频账号"秋叶""华为"，如图2-21所示。

（4）动画角色头像。用动画角色做账号头像，有利于打造动画人物IP，强化短视频内容中的角色形象。例如，短视频账号"熊菲熊""奶龙"，如图2-22所示。

图2-20 卡通角色头像

图2-21 图文图标头像

图2-22 动画角色头像

（5）账号角色头像。使用账号角色做头像时，建议背景使用纯色，这样更能突出文字，更直观地呈现账号，起到强化IP想象的作用，如短视频账号"电影探长"和"蚂蚁摄影"的头像（图2-23）。

图2-23 账号角色头像

2. 封面设置

还有一个大家经常会忽视的点，就是个人主页的头图，即头像上方的背景图，也称为封面。封面显示区域最大，是展示形象的最佳窗口。封面和头像一样，短视频创作者将封面设计好，不仅可以加深用户对账号的印象，还可以增强用户的信任度。封面的设置，可以参考以下三个方面。

（1）人物出镜。用账号人物出镜的照片做封面，可以辅助加强短视频账号的IP形象，如图2-24所示的"大劳R"账号的封面。

（2）导流信息。在账号封面中呈现导流信息有助于激发用户的关注行为，如图2-25所示的"简笔画"账号的封面就展示了"感谢你的关注"的字样，直接引导用户关注账号。

（3）补充简介。在封面中对账号简介内容进行进一步的说明，能起到强化定位、突出形象的作用，如图2-26所示的"年糕妈妈"账号的封面。

图2-24 "大劳R"账号的封面

图2-25 "简笔画"账号的封面

图2-26 "年糕妈妈"账号的封面

本章总结

1. 人格化的IP打造，可以真正避免同质化竞争，建立自己的社交圈层，并且能够带来流量以及持续、延展等价值。在打造人设前不仅要对自我进行认知，还要从关键词、做自己、定变现三个方面定位。抓住人设打造的方法和技巧能够让你的人格化IP形象更符合企业和用户需求。

2. 加强人设化IP的打造不仅可以为短视频创作者带来更多的流量，还能强化差异性，提炼铁杆粉丝和提高商业价值。所以，找到自己最真实、最能体现自己魅力的人设之后，从形象、场景、内容和记忆点等方面进一步加强。

3. 在注册账号环节就要留意养号这项工作，通过账号注册的技巧和账号包装的秘诀可以为短视频账号设计清晰的记忆点，提升粉丝黏性。

项目练习

1. 实训目标
根据账号内容、定位，打造自己短视频账号的IP。

2. 实训内容
（1）确定自己的基本"人设"。

（2）构建独特的人格化IP形象。

（3）结合本章知识，注册属于自己的短视频账号并优化账号的名称、简介、视觉形象和风格等。

3. 实训要求

（1）根据账号定位和内容确立自己的人设，并据此持续产出内容。

（2）观察一个头部账号，分析其在IP打造过程中的特点、方法、基本风格，并进行学习和实践。

第3章

前期规划，稳上热门

我们在了解了短视频的底层逻辑、短视频的精准定位方法、如何打造爆款人设IP以及账号注册技巧和包装方法后，就要考虑如何让创作出的短视频内容得到最大限度的推广，推广也是有策略和方法的。正式拍摄短视频之前，我们必须了解短视频平台的算法推荐，合理利用算法，可以帮助短视频创作者增加视频的曝光，避开陷阱。在具体实践中，短视频创作者需要站在更高的角度，根据短视频运营的总体目标综合运用各种推广策略。

知识点目标：

- ☑ 了解各大主流短视频平台的推荐机制
- ☑ 掌握短视频平台推荐算法的基本特征
- ☑ 掌握短视频上热门的核心数据指标
- ☑ 了解短视频平台禁忌及规则

技能库目标：

- ☑ 掌握常用的短视频拍摄设备和辅助工具
- ☑ 掌握度过账号冷启动期的方法和技巧

3.1　了解短视频平台的推荐算法

在短视频运营的初期，大部分账号都处于冷启动的阶段（无粉丝、无内容）。为了让短视频内容顺利获得平台更多的推荐，首先需要通过符合推荐逻辑的方法来做推广，增加短视频的曝光度。不同的平台有不同的推荐逻辑，而开展短视频推广运营的前提是熟知主流短视频平台的推荐及机制。

3.1.1　主流短视频平台的推荐机制

各大主流短视频平台都根据自身的推荐逻辑对短视频进行流量分配，在此基础上会根据完播率、点赞率、评价率、关注率等判断短视频的内容质量。主流短视频平台的推荐机制既有相似点，也有不同点，见表3-1。

表3-1　主流短视频平台的推荐机制

短视频平台	推荐方式	具体介绍
抖音/西瓜	冷启动+叠加推荐	以内容导向为基准。根据完播率、点赞率、评价率、关注率等判断短视频的内容质量；优质内容会被再次推荐，进入更高级的流量池，层层递进
快手	社交+兴趣	以用户社交与兴趣为基准分发内容。将内容优先推荐给"关注你的人""可能认识的人""有N位好友共同关注"等用户，并根据播放量等各项数据再次分发内容
小红书	兴趣+板块	以兴趣为主，以板块为辅。根据用户的兴趣、观看习惯等推送内容；为用户提供不同的板块，以供用户选择观看相关内容
微信视频号	社交+兴趣	以用户社交与兴趣为基准分发内容。将用户微信好友中产生点赞及互动行为的内容推送给用户，并根据用户兴趣、热门话题、地理位置等分发内容
哔哩哔哩	内容+用户	利用内容与用户双重标签推荐。根据内容标签、用户观看的习惯、历史浏览、关注和订阅等进行推荐

以上是主流短视频平台的推荐机制，在进行推广运营之前，短视频创作者需要熟知不同平台的流量算法，有的放矢地进行短视频的推广。

3.1.2　短视频平台的推荐逻辑

对短视频创作者来说，熟悉并掌握短视频平台的推荐逻辑是很有必要的，这有利于创作者在较短时间内看到成果——不断上涨的播放量、不断增加的粉丝量等。

1. 推荐逻辑的基本特征

短视频平台的推荐逻辑主要有五大基本特征，如图3-1所示。

图3-1 短视频平台推荐逻辑的五大基本特征

（1）双重审核。双重审核指短视频在发布之前需要经过两道审核：一道是系统审核，另一道是人工审核。短视频的发展速度极快，许多竞争对手都在牢牢盯着它，所以短视频平台也必须维护好内容生态。

① 系统审核。系统审核的主要作用就是进行基础的过滤。当你发布了一条视频后，平台会去检测你发布的这条视频，将那些带有违规内容的短视频拦截下来。若平台显示"正在审核"，这就是被系统检测出来，发布的视频可能存有违规词或不利于传播的画面。短视频违规内容如图3-2所示。

② 人工审核。系统审核短视频的效率虽然高，但准确程度还是比不上人工审核。人工审核需要承担复审的职责，既要对系统审核出来被标注为违规内容的短视频进行二次检测，也要对那些没有被系统标注出来但存在违规风险的短视频进行相应的处理。

（2）画面消重。若是没有通过双重审核，视频就不会被推荐。若是通过了双重审核，视频就会进入下一个检测环节，平台会做"画面消重"。

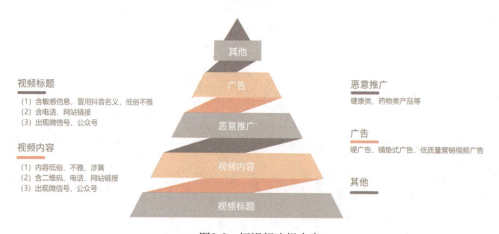

图3-2 短视频违规内容

消重机制的作用是消除内容重复的短视频，包括创作者搬运过来的、与其他人的作品具有极高相似度的短视频。因为重复的内容会浪费平台的流量，而"画面消重"可以有效地防止盗版视频的传播。短视频平台对原创作品的保护力度非常大，这也是能够吸引众多优质短视频创作者的原因，因此平台建立有效的消重机制来保护原创作品以及创作者。因此，如果想要让你的作品获得系统推荐，以获得较高的播放量，那么发布原创内容才是更好的选择。

如果画面消重通过了，你的视频就会被正式地推荐给你的粉丝，以及对这个视频感兴趣的用户。结合以上视频审核标准，如果拍摄的视频是以前讲过的话题，也要把它当成一个全新的视频，认认真真地去拍。因为看到该视频的人未必都是你的粉丝，90%可能都是对这类视频感兴趣的人，如果你的内容足够好，就会吸引一些新的用户。

（3）流量池。如果短视频通过双重审核和画面消重，就会得到系统发的第一个礼包——约300名用户的流量池。不要忽视这个流量池的重要性，很多知名KOL就是在初始流量的帮助下才拥有了如今的影响力。流量池相当于一个分水岭，只有有能力抓住机会的人才能借助它从诸多新人中脱颖而出。

（4）层层递进。经过初始流量池后，平台会根据你的视频数据（包括点赞率、关注率、转发率等）决定是否推荐给更多的人。平台会判定这些指标，只要你的数据足够好，就会将其推向更多的用户，也就是进入下一个流量池，进行裂变式推广。

能够凭借短视频的质量引来更多的新流量，那么系统赠送的流量池也会随之扩大。这种层层递推的模式没有上限，短视频创作者创作出来的视频内容质量越高，获得的奖励也就越丰富，这也是对短视频创作者的一种激励方式。

（5）时间效应。举个例子来说明：当你上传了几条短视频后，某段时间内没有什么热度，各项数据也没有上涨的趋势。但是突然某一天，原本反应平平的短视频却突然获得推荐，播放量、点赞量等飞速上升，这就是时间效应。

短视频创作者并不能掌握时间效应，因为短视频是否会突然火爆具有较强的不可预测性。短视频创作者可以关注时间效应，但不应该在这方面投入过多精力。

根据短视频平台的推荐逻辑的特征，我们可以得出一个结论，即"优质的内容会被广大用户看到"，也就是优质内容至上的推荐逻辑。

2. 影响推荐的主要因素

短视频在平台上发布后，就会进入审核阶段。通过审核后，平台会根据视频的内容和标题，给这条视频打上标签并匹配相关用户，并将视频推送给这部分用户。在这个过程中，影响平台对短视频内容进行推荐的五大主要因素，如图3-3所示。

图3-3 影响平台对短视频内容进行推荐的五大主要因素

（1）账号定位。若是短视频账号定位清晰，拥有特定的类别标签，那么平台会将账号所发布的内容自动推荐给喜欢这个标签的用户。若是短视频账号定位不清晰，含有多个标签，那么平台就会根据标签权重做相应的推荐。建议短视频创作者根据目标用户的兴趣爱好做垂直性强的内容，这样会更容易被平台推荐给目标用户。

（2）内容质量。平台鼓励短视频创作者产出优质的内容，因为优质的内容，即便短视频账号处于初始阶段也容易获得较多的推荐。

（3）内容包装。平台账号的内容包装包含头像、短视频内容的封面、视频中搭配的BGM等。虽然这并不是最主要的内容，但若是这些包装设计精美，符合内容定位，短视频也会获得平台的更多推荐。

（4）画面清晰度。画面清晰度直接影响着用户的观看体验，更好的内容质量加上更加清晰的画面质量，更容易获得平台的推荐。

（5）更新频率。内容的更新会获取用户阅读习惯，久而久之，用户就会记住你的IP，当用户有了碎片化的时间后，会想到来观看你的内容更新，就会形成一批稳定的粉丝。所以稳定、高频率更新的账号，更容易获得平台的推荐。

3.1.3 短视频上热门的算法机制

短视频上热门，除了短视频的基本要素要达标之外，还要在系统判断是不是热门的数据要素上下功夫，平台会从六个维度进行分析，分别是完播率、点赞率、评价率、关注率、转发率、复播率，如图3-4所示。

图3-4 视频内容反馈的六个维度

1. 完播率

在以上这些评定标准当中，完播率所占的比重是最高的，完播率就是所有的用户观看视频的完整度比例的一个平均值。

可以说，在视频不违反平台规则、正常推荐的前提下，看完短视频的用户数量越多，视频的完播率越高，视频的点赞量、评论量和播放量也会随之相应地提高，完播率直接决定这个视频能否进入新的流量池。所以，对于新手来说，提高视频的完播率非常重要，具体方法如下（图3-5）。

图3-5 提高完播率的方法

（1）控制时长。时长短的视频，作品完播率更高，也更容易上热门。随着短视频的发展，用户对短视频也越来越挑剔，对于那些过于拖沓且时长长的作品，他们不愿意花费时间驻足，更不会给予反馈；而对于时长短的作品，用户不知不觉就完成了播放，若内容精细，复播率会得到极大提升。

但并不是时长越短越好，抖音系统有一个"潜规则"：不满8秒的视频没有权重。一般情况下，视频时长最好控制在两个区间，即10～20秒或8～15秒，这两个区间的视频完播率是最高的。

（2）黄金三秒。黄金三秒就是让视频的前三秒变得足够精彩，在三秒内抛主题、留悬念,让用户一开始就对你的内容有所期待,尽量将故事的矛盾冲突点放在前面。问题前置、结果前置,再一步步展开。

(3)封面精致。封面类似一个产品的封面。我们到超市买产品,货架上琳琅满目,一大堆东西,如果我们一开始并没有既定的目标,自然就会被那些封面吸引人的产品吸引住。

(4)文案诱人。用引人遐思的文案去引导大家看下去,去一探究竟。人都有猎奇心理,一个问题和令人好奇的文案摆在这里,大家才有可能将视频看完。

(5)内容优质。引导大家看下去后,还要做到内容优质,一波三折,环环相扣,或者有看点、有特点、有亮点,段子的话有包袱,故事的话精彩不断,甚至有悬疑点。

(6)引发共鸣。无论是视频内容还是标题,一定要让用户跟你的内容产生共鸣,认同你的内容,这样才能有更多的人来看你的视频。

2. 点赞率

点赞率是指一条短视频获得的点赞数量与播放数量的比率。优质短视频的点赞率约3%。因此,一条短视频在持续曝光的过程中,当点赞率接近或高于3%时,会被评为优质短视频,获得更多的推荐量。提高点赞率的方法如下(图3-6)。

(1)创作优质作品。这一项至关重要,因为优质的内容会得到更多机会。

(2)激发用户认同。用户在觉得你说的是对的时,才会为你点赞。

图3-6 提高点赞率的方法

(3)利用人性感情。人性中的情感有很多,如快乐、悲伤、温暖、愤怒、共鸣、包容、爱心等,而我们就是要抓住人性中的这些情感并做好,吸引大量的粉丝来关注。

(4)借助热点。紧跟潮流,如当下发生了什么事件,围绕这个事件来制作视频的内容,只要你有好的视频内容,平台就不会吝啬让你上热门。但是,借助热点也要看当下这个热点适不适合蹭,要学会判断。

3. 评价率

评价率是指一个短视频的评论量与总播放量的比率。评价率能够达到0.5%数值较为不错,提高评价率能够有效提升短视频的播放量。提高评价率的方法(图3-7)如下。

图3-7 提高评价率的方法

(1)引发共鸣。这里的共鸣包括正向和反向两层含义。正向共鸣就是认同你,用户觉得你的内容很有道理、很有用;反向共鸣就是不认同你,一般反向共鸣容易出现很多争议,引起粉丝的评论,这样也能增加播放量,但要注意反向共鸣不要出现违规内容或者负能量的内容。

(2)制造争议。利用杠精群体喜欢找茬的特点,在视频或者文案中设置评论点,引起争议。通过在视频中制造争议来吸引用户评论,以延长用户在视频前停留的时间,从而提高视频完播率;或者利用一些道具制造令人意想不到的点,引发用户评论或者二次观看。

（3）矛盾冲突。每个爆款短视频底下都会有一条令人眼前一亮的神评论,包装好评论区可以吸引用户反复观看视频,视频发出后,让其他人帮忙评论,引导用户围绕这个话题展开更多互动。

还可以在视频文案中设置有争议的观点,制造矛盾冲突,吸引用户参与辩论、互动,如在文案或者道具上写错别字等。有时候,有趣的互动也能引人驻足围观,看评论区的时间,视频不知不觉就完成了播放。

4. 关注率

单条视频带来的新增粉丝率,同样是冲击更大流量池的关键数据。新关注粉丝越多,关注率越高。保持视频发布频次和创意生产,打造有趣又有用的内容,是提高关注率的关键。提高关注率的方法（图3-8）如下。

图3-8　提高关注率的方法

（1）垂直。要想提高视频的关注率,就要将主页内容做到绝对垂直且保证优质内容。粉丝一般喜欢一个作品,只会点赞。加关注的起因是,发现作者的主页内容相对垂直,对未来新视频有期待。如果不关注,可能作者推出新作品就看不到了。

（2）优质。你的短视频不够优质,是不会得到用户关注的,因为谁都不喜欢看粗制滥造的作品。

（3）期待。粉丝关注你,是觉得你的主页作品够垂直,你的每一个作品够优质,是他喜欢的。那么,他就会期待你在今后推出更多类似的作品。为了方便以后找你,干脆关注你。也就是说,垂直和优质是期待的基础。不够垂直和不够优质,粉丝就不会对你有所期待,也就没必要关注了。

（4）研究。你的作品对有同样喜好的人来说有研究价值。就拿短视频运营来说,如果你的作品讲述的都是如何做短视频的教程,而推荐来的用户也喜欢这一条,他发现你的作品讲解清楚,就会关注你,为的是以后自己做的时候,做案例用。

5. 转发率

转发率对于还在初级流量池流传的视频影响并不大,但想要突破流量层级,转发率是很关键的指标。短视频创作者可在视频中引导用户转发给相应的人,提高短视频的转发率。

短视频创作者可以选择制作一些知识、技术输出的视频,或者搞笑视频。用户愿意和亲友分享,所以就会自觉转发。提高转发率的方法如图3-9所示。

6. 复播率

复播率指的是你的作品发布后,被用户重复观看（二次以上,含二次）的人次数与阅读（播放）量之间的百分比。比如,复播率10%,就是说你的作品有100人次的阅读（播放）量,其中有10人次是重复观看的。这也说明这个作品得到了这部分人的喜爱。

3.1.4 巧妙利用算法倾斜

在这里，我们要提到一个概念——算法倾斜。通过一个例子来理解这个概念：我们将自己代入学生的角色，如果你的成绩好或人际交往能力强，抑或是你的某项技能突出且优秀，就会获得教师和同学的更多关注。教师和同学的关注就相当于短视频平台的推荐。对于短视频创作者来说，平台的推荐是非常重要的，因为平台推荐往往伴随着巨大的流量，但因短视频创作者自身能力不足，就很难等到流量池的二次推荐。短视频创作者要想成为平台算法倾斜的对象，就要摸透其偏好、套路，其主要关注以下几个要素（图3-10）。

图3-9 提高转发率的方法　　　图3-10 获得算法倾斜的要素

1. 短视频质量

短视频质量始终都应该是短视频创作者最重视的。谋求长远发展的创作者一定要把大部分的时间和精力用于提高短视频的质量，通过投机取巧的方式确实可以得到一定的流量，但效果并不长久，还会面临很多风险。借助平台算法的某些规则获得推荐是一种技巧，但还是应该把重心放在视频内容上。

2. 短视频关键词

短视频创作者可以在文案或标题中带上关键词，并掌握具体的应用方式，这样也能获得平台算法倾斜。选择短视频关键词时需要注意的事项如图3-11所示。

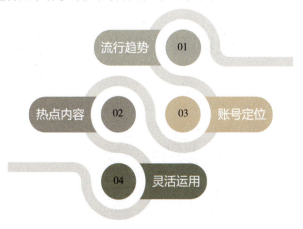

图3-11 选择短视频关键词的注意事项

（1）流行趋势。短视频创作者要具备敏锐的潮流意识，了解当下的流行趋势，进而捕捉流行趋势，从中挑选出具备潜力的关键词，对于上热门有更大的空间。

（2）热点内容。热点内容与流行趋势既有相似之处，也有所区别。短视频创作者要关注社会热点，但不要触碰那些比较敏感的话题。

（3）账号定位。关键词选择的范围一定要围绕着自身的账号定位，否则选择的范围就会变大，选出来的关键词也很可能无法提升短视频的热度。

（4）灵活运用。并不是所有的流行趋势都值得追赶，也不是所有的热门内容都可以拿来就用，选择不合适的热门关键词虽然可以获得一定的流量，但也会带来更大的风险，如账号会被降权、粉丝会流失等。因此，在借助关键词获得平台推荐时，一定要灵活运用。

3. 主题热度

短视频创作者应尽量选择一些热门、用户搜索频率较高的主题。主题就是短视频内容的重点，再配合相应的关键词，这样才更有可能获得算法倾斜。

4. 话题标签

短视频平台会举办一些话题活动或挑战赛，形式多样且举办频率也较高。短视频创作者不要忽视这些话题的作用，特别是官方提供的话题，因为它们往往自带热度。短视频创作者在选择话题的时候，要考虑到话题与短视频内容的匹配度，还要考虑所选话题的价值，那些参与者寥寥无几的话题并不值得参与（图3-12）。

图3-12　选择话题标签的注意事项

3.2　规则解读助你精准避坑

短视频已成为人们生活和工作中的必备品，它可以快速地传递信息、吸引眼球，提高用户的参与度。所有的短视频内容都不能单独存在，而是依附某个平台，以运营规则呈现给不同的用户。了解了用户的需求，我们就知道该做什么样的短视频内容；清楚了平台的规则，我们就能让自己的短视频更快地传递给用户。

短视频创作者在发布一条短视频之后，总是觉得自己被限流了。如果你有这种感觉，有两种可能：一种是你没有被限流，只是你的短视频内容不够优质，没有得到用户的喜欢；另一种就是你真的被限流了，被限流的原因很可能是触犯了平台的一些禁忌。

短视频平台的管理规范越来越完善，新手可能一不小心就会触及平台的某项规则，从而导致被限流，甚至被封号，所以想要进军短视频平台，玩转短视频，对平台运营的一些禁忌和注意事项就一定要知道。短视频平台的禁忌主要有以下几点。

（1）禁止发布含有色情、暴力、反动等违反社会公序良俗的内容。这是肯定会引起社会公愤和谴责的行为。你要发布的短视频如果涉及这些内容，就需要三思而后行了。

（2）禁止发布抄袭、侵权的内容。在短视频创作中，很容易受到他人创意的启发，但是如果未经授权直接复制和使用，就会导致知识产权纠纷。因此，创作者在发布短视频时，务必保证所有素材的合法性并标注出处。

（3）禁止发布含有政治敏感的内容。虽然表达自己的政治立场是每个人的权利，但是政治不正确的言论将引起不必要的麻烦甚至风险。

（4）禁止发布不真实的内容。当用户发现所看到的内容不真实或者有剪辑痕迹时，他们会严重怀疑视频的真实性，从而导致自己的信用受到损害。

（5）不要发布诋毁他人、歧视他人、侵犯他人隐私等违反职业道德的内容。这不仅会伤害被攻击者的自尊心，还会对自己的形象造成不良影响。

（6）禁止发布硬性广告视频。对于任何一个平台而言，能够给他们提供价值的作品才是一个好作品。虽然能理解新手小白迫切想通过平台实现变现的想法，但如果一上来就发布硬性广告视频，这对账号本身权重是有一定影响的，而且可能会被限流，影响后续推荐。

（7）切忌频繁修改账号。短视频创作者频繁修改简介、昵称、签名和头像等信息，就容易被短视频平台认为是非正常操作，可能会导致被封号。

（8）禁止添加广告和联系方式。短视频创作者在账号信息中直接添加广告或者联系方式，会被平台审核出并给予一定的警告。

（9）不养账号，直接发布视频。所谓养账号，是指模拟正常用户的浏览、点赞、关注账号等一系列行为，完善自己的个人资料。通常我们建议新手养账号7～14天，再进行视频发布。太过心急，不养账号就直接发布视频，这对平台来说是极为不友好的。

（10）禁止刷数据。如今平台的检测机制已经很完善，新手如果在账号刚注册不稳定的情况下，就采取刷粉丝、刷点赞和评论数据等作弊行为，很容易就会被平台判定为异常操作，从而封号。

（11）经常重复性删除视频。某些新手在发布了多个作品后，觉得某些视频的播放量或者点赞量太低，于是就想删除这些作品，这其实都是不可取的。大量地删除以往的作品，容易被平台判定为异常操作，而且被删除的作品的点赞数量会取消。对此，短视频创作者可以选择适当性地隐藏。

3.3　短视频拍摄的设备准备

短视频是通过镜头语言表达内容，让用户一目了然。制作短视频前期必须学会挑选合适的工具，这也是一名短视频创作者的必修课。拍摄设备的选择对于短视频的拍摄质量有着直接的影响，下面为大家介绍常用的短视频拍摄设备和辅助设备。

3.3.1 常用的短视频拍摄设备

目前，常用的短视频拍摄设备有智能手机、微单相机、单反相机、运动相机及航拍无人机等。在选择设备时，不同阶段的短视频创作者可根据自身的情况、器材功能以及拍摄的视频题材等选择合适的设备。

1. 基础设备

拍摄短视频时，拥有好的设备固然重要，但设备也只是工具而已，不建议前期投入过多的金钱在设备上面，特别是普通的上班族。而是应该更加重视短视频的内容，让用户觉得你的作品有价值，这才是最重要的。

随着科学技术的发展、智能化的普及以及手机摄像头技术的更新，手机的摄像头已经从原来的单摄发展成三摄、四摄甚至五摄，手机的拍摄性能也越来越强大，智能化手机（图3-13）已经具备了非常强大的功能，甚至可以使短视频制作一步到位。

图3-13　智能化手机

对于初步入门的短视频创作者来说，前期直接用手机拍摄就好，这是个能够节约成本和时间的优质拍摄设备。等操作熟练后，再升级去玩单反相机或者其他高阶设备。

2. 进阶设备

等到熟悉短视频的操作后，就可以对设备进行升级。进阶之后的设备并不复杂，可以选择微单相机或单反相机。

（1）微单相机。微单相机在拍摄视频方面的优点有三个：①质量轻、体积小、易携带（体积是单反相机的三分之一）；②不惧抖动，增加了机身防抖功能，拍摄时更加稳定；③可以像单反相机一样更换镜头，并提供和单反相机同样的画质。

拍摄短视频所用的微单相机和拍摄静态图片所用的微单相机还是有一点不同，拍摄视频的微单相机首先要满足拥有拍摄视频的超高分辨率，再一个就是拥有强大的对焦系统，以便于在拍摄视频中实现追焦。接下来我们就来看看推荐的这三款微单相机，如图3-14所示。

（a）佳能M6 Mark Ⅱ　　　（b）索尼ZV-E10　　　（c）索尼A6400

图3-14　微单相机的推荐

① 佳能M6 Mark Ⅱ。这款微单相机拥有超高的有效像素值，像素值达到了3250万，还可以拍摄出无裁剪4K分辨率的超高清视频。

② 索尼ZV-E10。它是一款短视频拍摄微单相机，擅长拍摄短视频。它具有轻量小巧的特点，在拍摄短视频时使用非常方便，并且它也支持4K分辨率视频的拍摄，还自带了自拍美颜功能，对于拍摄人像视频，它就是一个神器。

③ 索尼A6400。它是一款针对视频拍摄优化的产品，画面清晰，可以拍摄4K分辨率的视频，并且在对焦上采用的是4D对焦系统，还可以做到自动实时追焦，满足短视频拍摄的需求；同时，它的镜头规格十分丰富，可以拍摄更多样的画面类型。

（2）单反相机。单反相机不仅仅是用于摄影，视频的拍摄功能也非常强大。与微单相比，单反镜头更长，里面的感光晶体比微单反也要大得多，这也就意味着单反有更高的像素、更广的动态范围以及更好的感光能力。单反相机的优点在于画质高且功能强大，拍摄画面更加细腻且更具观赏性，但体积较大，携带不方便（图3-15）。

图3-15　佳能单反相机

3. 高阶设备

随着短视频创作者的不断成熟和发展，其对拍摄的要求也会越来越高，各种相机产品也不断地改进创新，这时就可以选择高阶设备，根据不同脚本选择更具创意性的内容呈现。

（1）运动相机。运动相机是一种便捷式的小型防尘、防震、防水相机。通常适合在运动中使用，一般用来自拍，或者用于普通相机难以完成的高难度、具有危险性动作的拍摄，其作用主要是在徒步、登山、攀岩、骑行、潜水等运动环境下实现拍摄功能。运动相机的优点是拍摄质量较好，便捷，拍摄出来的画面视野更广，并且配件非常丰富，如自行车架、头盔底座、遥控手表等，解决了很多在户外场景中无法常规拍摄的问题（图3-16）。

图3-16 运动相机及其配件

（2）航拍无人机。航拍无人机（图3-17）主要用于从高空俯拍广阔的场景，可让人们从一个新的角度来观察周围的世界。航拍无人机的拍摄可以应用到以下领域中。

图3-17 航拍无人机

① 活动航拍。活动进行中时的照片和视频都可以通过无人机拍到不一样的视角，获得全新的画面效果，提高活动的可观性，让其更具吸引力。

② 企业/厂区宣传。无人机拍摄的画面，能够让人更直观地感受到所拍地点的规模。航拍画面大气彷徨，尤其是在介绍一个企业的背景时，这样的画面赏心悦目，与地面拍摄相比，更具视觉冲击力。

③ 婚礼航拍。无人机航拍是近年来婚礼市场的大热门，航拍的效果总能给人电影般梦幻的感觉。婚礼采用航拍，其拍摄角度更广，如可以将整个婚车车队完整地拍下来，在婚礼现场也能将每个角落都拍摄进来，这是普通摄影、跟拍无法做到的。

④ 楼盘拍摄。近年来，"空中看房"模式被房企及购房者热捧。越来越多的地产商通过航拍来向购房者展示自己的项目楼盘，而不少意向买房的购房者，对于航拍楼盘项目这种新的看房模式也非常满意。可见，航拍楼盘、空中看房是一种不错的楼盘营销方式，对于地产商以及购房者都有好处，并且逐渐受到更多地产商的追捧。

⑤ 景点航拍。无人机拍摄的景点画面能够更直观地感受到所拍景区的规模。航拍画面全局覆盖，尤其在景区上空，人类视角是无法达到的，它与地面拍摄相比，更有视觉冲击力，更能体现出景区不一样的风景。

我们所接触到的大量图片和视频从视角上讲都是平面化的，虽然表现手法多样，但在这个图片泛滥的时代，其角度缺乏新意，容易让人产生视觉疲劳。而无人机航拍的图片和视频，其视点高、视角新颖独特、冲击力强、表现力强、动感强、节奏快，尤其航拍对大环境大区域的直观表现是非常独特的，可以给人留下非常深刻的印象。可以说，航拍是一种以高科技手段为基础的、全新的艺术表现手法，是技术美和艺术美的完美结合。

3.3.2 常用的短视频拍摄辅助设备

要想拍摄出具有专业水准的短视频作品，还需要利用一些辅助设备来实现。常用的短视频拍摄辅助设备包括稳定设备、录音设备和补光设备等。

1. 稳定设备

画面稳定是拍摄短视频的最基本要求，晃动幅度较大的画面容易让观看者产生眩晕感和不适感，而且极其影响呈现效果。稳定设备主要有三脚架、手持稳定器、滑轨等。

（1）三脚架。三脚架是用来稳定相机的一种支撑架，它由可伸缩的支架和云台等组成，如图3-18所示。在拍摄时将手机或单反相机固定到三脚架上，不仅可以保证画面稳定，防止抖动，还可以更加精准地构图、严格控制景深等。

除了常规的伸缩型三脚架外，市面上还有很多颇具创意的便捷携带型支架，如八爪鱼支架等。其特点是小巧便捷、方便携带，支架腿可以随意弯曲，缠绕在物体上进行拍摄，如图3-19所示。

图3-18 三脚架

（2）手持稳定器。手持稳定器的作用是辅助摄像设备移动，在拍摄动态视频时，借助手持稳定器能够保持画面的平稳丝滑。手持稳定器不仅可以防止手持拍摄带来的画面抖动，还具有精准的目标跟踪拍摄功能，支持运动延时、全景拍摄和延时拍摄等，能够满足短视频创作者对拍摄的较高要求。

手持稳定器的类型主要有两种：一种是手机稳定器，如图3-20所示；另一种是相机稳定器，如图3-21所示。

图3-19 八爪鱼支架

图3-20 手机稳定器

图3-21 相机稳定器

（3）滑轨。滑轨常常与三脚架配合使用（图3-22），使用滑轨可以拍摄左右或者前后移动的运镜效果。滑轨可分为电动滑轨和手动滑轨两种。其中，电动滑轨可以实现更加匀速、稳定的视频画面效果，还可以通过App来设置运动轨迹。

2. 录音设备

声音是短视频的重要组成部分。若使用不专业的设备进行录音会导致音质嘈杂，难以保证声音质量，后期处理起来也比较麻烦。短视频创作者如果想提高收音的质量，可以使用无线麦或者枪式麦等。

图3-22 滑轨

（1）无线麦。无线麦（小蜜蜂）包含一个发射器和一个或两个接收器（图3-23），特别适合户外使用。因为没有了线材的束缚，拾音距离范围更广，目前市场上的很多种无线麦都能实现远距离收音，拾音范围大多数都在50～100米，并且无线麦的信号传输分为两种：2.4G信号传输（可以提供更好的传输质量，使信号更加稳定，减少传输过程中的中断和抖动）和UHF（Ultra High Frequency，简称UHF，通常指特高频无线电波）信号传输。

（2）枪式麦。枪式麦外观小巧（图3-24），大部分都是直接插在相机的热靴上，外加一条音频线就可以实现即插即用。轻便的体积让枪式麦活跃在很多比较常见的场景当中，但枪式麦的收音距离取决于声音的大小，如果按正常收音计算，收音范围就在2米左右。所以枪式麦比较适合近距离拍摄或者采访等环境。

图3-23 无线麦　　　　　　图3-24 枪式麦

3. 补光设备

补光设备的主要作用是在缺乏光线的情况下拍摄时提供辅助光线，以得到合理的画面素材，提高画面的亮度和清晰度。无论室内拍摄还是室外拍摄，要想视频画面呈现良好的光影环境，补光设备是必不可少的。补光设备主要有以下几种。

（1）闪光灯。一般来说，被摄物体需要光线，并且距离比较近，可以尝试用闪光灯。常用到的闪光灯有热靴灯和影室灯等。

热靴灯是我们经常使用的人造光源之一，可以直接插在相机顶上的热靴接座上，如图3-25所示。热靴灯的特点：体积小巧，灵活便携，可用于快速跟拍，使用成本相对较低,而且可以接外置电源,续航能力也非常强;具有TTL(镜头曝光)、自动测光、焦距调节的功能。

影室灯主要用于室内拍摄,必须插电源使用。常见的影室灯就是单灯头影室灯,如图3-26所示。

(2)LED补光灯。LED补光灯大致可以分为便捷式、手持式和影视专业式三种,如图3-27所示。相对于闪光灯而言,LED补光灯的亮度要弱一些,但亮度较为稳定。一些高端的LED补光灯还可以实现色温调整。

图3-25 热靴灯

图3-26 单灯头影室灯

(a)便捷式LED补光灯

(b)手持式LED补光灯

(c)影视专业式LED补光灯

图3-27 不同类型的LED补光灯

(3)柔光箱。将柔光箱套在摄影灯上,可以柔化生硬的光线,使光质变得更加柔和,并能有效消除画面中的光斑和阴影,如图3-28所示。

(4)反光板。反光板是拍摄中的补光设备,常常被用来改善光线,使平淡的画面变得更加饱满,更好地突出主体,常见的有金银双面可折叠的反光板,如图3-29所示。反光板可以复制主要光源,将摄影灯或太阳光的光线反射到拍摄对象上,通常用于与被摄主题保持较远距离或日光微弱等情况。

(5)反光伞。反光伞通常是配合闪光灯使用的,它可以把闪光灯闪出的硬光变成柔和的漫射光,起到柔化光线的作用。反光伞的作用类似于柔光箱,但比柔光箱更加便于携带。反光伞如图3-30所示。

图3-28 不同形态的柔光箱

图3-29 反光板

图3-30 反光伞

3.4 度过账号冷启动期的技巧

短视频创作者在运营一个全新的账号时，一定会度过一段灰暗时期，毕竟万事开头难，起号是很多短视频创作者遇到的最大难关。拍摄短视频就如同创业一样，从0到1是最难的，但有了1后，从1到10就是水到渠成的事儿了。

3.4.1 冷启动与冷启动期

冷启动指的是在一个新的社交媒体平台上，账号在没有任何预设人群的情况下，如何吸引和获取关注者的过程。在这个情况下，账号缺乏足够的用户参与度、品牌知名度和口碑等方面的支持，因此需要特别的策略来促进账号的曝光。

对于新的账号，冷启动往往是比较具有挑战性的阶段。通常情况下，在发布前十几条视频的时候，视频的浏览量、点赞率都不会很高，基本处于自娱自乐的状态，几乎没有粉丝能看到你的作品。这段无比艰难的起号阶段，称为冷启动期。

3.4.2 快速度过冷启动期

很多短视频创作者在冷启动期就放弃了，因为缺乏用户参与度，账号的推广和扩散效果非常有限。做短视频很多时候真的不只是能力的较量，更多的是心力的较量。这就是为什么你觉得那些不如你的人不但火了，还赚到了钱。因为除了做这个，他没有其他更好的选择，所以坚持得比你久。

在冷启动期我们需要采取一些有效的策略来吸引更多的用户关注和参与，这些策略主要有以下方面。

1. 优化账号资料和内容

账号资料和内容应该简洁、清晰，易于理解，同时要与目标受众的兴趣和需求相符合。比如，账号昵称的唯一性；若是未来要做私域流量，可以将账号与长期使用的微信号或QQ号绑定。

2. 用优质内容吸引用户

发布优质内容可以吸引更多的用户，建立账号的声誉和知名度。发布优质内容包括生动有趣的视频或精美的图片等，同时要保证视频画面的美观度及清晰度。

3. 保持短视频内容产量

在冷启动期最重要的就是保证内容量产。账号需要稳定、持久地更新内容。坚持发内容，是获得流量的基础，也是短视频平台会扶持的创作者方向；隔三岔五地更新一条，很容易流失粉丝，也会降低用户体验的连续性，毁掉自己的冷启动计划。

4. 统一内容表现形式

短视频账号的内容表现形式要确保统一。比如，你的视频封面风格、字幕字样及颜色、标题样式、视频尺寸都需要统一。当这四个内容统一后，粉丝点进你的主页会觉得你是一个专业的内容创作者，可能就会从这个角度关注你。

5. 参与平台话题和社群

积极参与其他用户创建的话题、社群或活动，与其他用户互动，增加账号的曝光率和用户参与度。

6. 借助平台工具和功能

利用各种社交媒体平台提供的工具和功能，如Hashtags（主题标签）、活动、直播等来提高账号的曝光率和用户参与度。

7. 购买平台的推广服务

可以适当地购买一些推广服务，利用其他社交媒体平台上的活动、广告或合作关系等推广账号，提高账号的曝光率。

比如，抖音平台可以购买DOU+，但不能盲目购买，而是选择你认为很满意并且能够吸引粉丝的作品去买DOU+。购买100元的DOU+能帮助你推广给5000名用户，在推广期结束之后，平台会反馈给你详细的信息数据：点赞率、对此条短视频感兴趣的男女比例以及用户年龄段等。这些数据很重要，要认真地观看和分析。

平台的流量逻辑非常简单，做平台的目的就是盈利，所以谁给平台挣钱，平台给谁流量。愿意在平台上花钱的人，一定是平台最想留住的用户。而随着短视频内容越来越内卷，相同质量的好内容，若是你愿意花钱做平台推广，那效果就会加成。购买推广服务也是为了测试你的内容好不好，让大众去评价，才能得到真实而客观的反馈。

8. 巧妙利用老号带新号

老号带新号这种现象在微博时期非常流行，各个主播相互转发，实现粉丝互动，而且微博官方特别鼓励这种互动，因为主播互动越频繁，粉丝就越活跃。下面为大家介绍在不同短视频平台中新号的具体操作方法。

（1）常用新号的操作方法。比如，你注册了一个新号，可以在一些流量大的账号下面留言，让主播和他的粉丝来关注你，或者去回答主播提出的问题。若是你回答得专业，就会让看到你回答的用户转而连你一起关注，这就是经典的老号带新号的方法。

（2）抖音小号的操作方法。传统的老号带新号方法在抖音平台上并不实用。比如，即使是老号发了新号的相关内容，或是在评论区@你，涨粉效果仍旧不明显。这是因为抖音是"去中心化"的平台，内容采用了分发机制，导致即使是老号，他的粉丝看到他发送的视频概率也可能很低，或许连1/10都不到。那么，抖音新号要如何"蹭"老号的流量呢？具体操作方法如下，如图3-31所示。

① 去所在领域的大V视频下面留言。此方法是一个非常精准而高效的涨粉技巧，但需要花费足够的心思，在给大V留言时一定要留专业性的评价，评价一定要有独到见解且有价值，而不只是无意义地"抬杠"或者"浇水"，如某个知识领域主播有讲错的细节或者有些概念还没讲清楚，你可以去评论区指出来，从而体现你的独特思维和专业性，当你的评论被点赞较多成为热评时，会大概率吸引一些粉丝关注你，从而圈住不少粉丝。

② 去所在领域的大V直播间合理蹭粉。在起号初期，确定好目标客户群体后，去大V直播间付费连麦吸粉是一个不错的选择，但一定要提前练习好台词，越熟练越好。你的发言要条理清晰，让大家觉得你的思维逻辑清晰，你表现得越好，直播间的转粉率也就会越高。

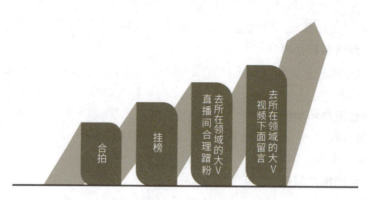

图3-31 抖音小号蹭大号流量操作方法

③ 挂榜。挂榜是通过直播间打赏的形式，按金额由高到低排到打赏榜的前几名。如果你要挂榜的对象是人气很高的主播，那么打赏的门槛要更高一些。比如，在很火爆的罗永浩的直播间，要花8万~10万元才有可能成为榜首。如果是知识主播或者其他小众领域的主播，他们也都是所在领域的佼佼者，但由于所处行业在短视频平台上并非主流，所以在他们直播间挂榜可能花10元钱就能成为榜首。

所以，挂榜就要去你所在这个领域的头部直播间，混个脸熟，这样涨粉会很快。另外，在同一个领域的达人直播间里涨来的粉丝，基本都是精准粉丝。

④ 合拍。做短视频的初期阶段，要学会冷启动，学会借力。先去看看你所在领域的头部主播，学习他们的打法，顺便多给他们点点赞，混个脸熟，也许就能成为他们的朋友，说不定哪天你就可以和他们合拍视频了。要是能到合拍的阶段，你得让对方觉得你有价值，因为人与人之间的合作本身就是等价交换的。

以上说的是抖音平台中小号蹭大号流量的四种方法。其实快手也是一样的，直播间挂榜就是快手的传统。很多大号都是靠前期去和更大的号做高质量的互动，然后让粉丝涨起来的。因为消费者都是同样的人群，所以他们能够相互导流。快手的冷启动期更长，在粉丝量达到1000人之前会运营得非常痛苦，这时多去直播间互动、点赞、挂榜，效果是最好的。

本章总结

1. 短视频运营初期，要想获得更多推荐、增加视频曝光度，就需要熟知主流短视频平台的推荐机制，短视频平台推荐算法的基本特征（包括双重审核、画面消重、进入初级流量池、层层递推等），影响短视频推荐的五大主要因素（包括内容质量、账号定位、内容包装、画质清晰和更新频率），以及平台判断短视频能否上热门的六大要素（包括完播率、点赞率、评价率、关注率、转发率、复播率）。

2. 要想成为短视频平台算法倾斜的对象，主要关注四个要素：短视频质量、短视频关键词、主题热度和话题标签。

3. 短视频的平台管理越完善，短视频创作者应清楚平台规则（如不能含有负能、硬性广告、抄袭、侵权、侵犯他人隐私等内容），让自己的短视频更快地传递给用户。

4. 拍摄短视频常用的设备有智能手机、微单相机、单反相机、运动相机及航拍无人机等。常用的辅助设备有稳定设备、录音设备、补光设备等。

5. 快速度过冷启动期的方法除了优化账号资料和内容外，还要保证有优质的内容，保持内容产量，统一表现形式等。

项目练习

1. 项目目标
通过具体案例，了解一个短视频平台的推荐算法及平台规则，为运营自己的短视频度过冷启动期打下基础。

2. 项目内容
（1）确定自己的短视频运营平台。
（2）总结平台的推荐机制和推荐逻辑。
（3）分析所选平台的算法倾斜和规则。
（4）结合本章的知识点，选择适合自己的拍摄设备，并总结让自己的短视频账号快速度度过冷启动期的方法流程。

3. 项目要求
（1）规划短视频账号的运营平台，为以后形成良好的创作习惯打下基础。
（2）对标新晋短视频账号，学习账号冷启动期及初期发布的短视频特点。

第4章

流量密码，内容为王

　　决定短视频账号运营成败的关键因素之一就是短视频内容的策划，"内容为王"。短视频创作者要想让自己创作的短视频作品冲出重围，需要策划新颖的选题，收集丰富的素材，创作优质的内容，发布"火爆"的标题和文案，充分发挥创造力和想象力，将短视频内容运营工作贯穿始终。

　　竞争激烈的短视频时长已经从增量时代走向存量时代。短视频创作者要想真正"虏获"用户，依然需要坚持"内容为王"的理念。内容运营是短视频运营的核心，只有做好内容运营，激发用户的共鸣，才能抓住用户，打造出传播力更远更久的短视频作品。

知识点目标：

- ☑ 掌握短视频选题的基本类型、核心原则和素材来源
- ☑ 掌握打造优质短视频内容的套路方法
- ☑ 了解短视频更易出爆款的表现形式
- ☑ 了解短视频脚本的作用及类型

技能库目标：

- ☑ 掌握利用"五维法"为短视频策划选题
- ☑ 掌握借势热点打造热门选题的技巧
- ☑ 掌握提升完播率的标题命名技巧
- ☑ 掌握爆款短视频文案的万能公式运用

4.1 巧妙选题，保持新鲜度

创作"爆款"短视频的关键是巧妙选择主题（选题）。选题是创作者对短视频内容的基本设想和构思，一个好的选题是吸引用户关注、引发用户共鸣、增强用户黏性的重要因素。选题要以用户偏好为基础，在保持主题新鲜度的前提下，为用户提供有价值、有趣味的信息，这对短视频的后续创作十分重要。

4.1.1 选题的基本类型

短视频选题通常可以分为常规选题、热点选题和系列选题三类，如图4-1所示。不同选题类型会对短视频产生不同的作用。

01 常规选题
依据短视频账号定位策划的选题，主要作用是强化人设，形成自己的个性化特色

02 热点选题
根据流行的话题、玩法等产生的选题，具有一定的偶然性，可短时间内吸引流量

03 系列选题
创作者策划出的一系列有关联性的选题，其作用在于增强用户黏性

图4-1 选题的基本类型

1. 常规选题

短视频账号的选题大部分都是常规选题，它占到视频内容的60%以上，让用户和潜在消费者能看懂我们是干什么的。为了保证常规选题的来源，短视频创作者要依靠日常积累耕耘，搭建自己的素材库，可随时记录日常生活、工作、学习、娱乐时的场景、技能、状态等，还可以观看与自身账号定位相似账号内的短视频，从中寻找灵感。

常规选题可以吸引满足等级需求的目标用户，让用户觉得短视频创作者具有一定的专业性和权威性，从而产生信任感并持续关注。

2. 热点选题

热点一般都是大众当下比较关心或感兴趣的话题。短视频创作者可以通过抖音、今日头条、微博等新媒体平台随时追踪关注热点事件，从中选出与自身账号定位相符合的热点事件进行策划，还可以随时收集各种热门资源，如音乐、音效、表情等，将时事热点的流量引流到短视频上。

因为这类选题对时效性的要求比较高，所以热点刚开始时就发布会带来可观的流量，甚至可以让账号"一夜爆火"。热点虽好，但也不要盲目乱"蹭"，需要考虑热点与账号的结合性、相关性，这样才能脱颖而出。图4-2所示为根据抖音热榜

图4-2 时事热点短视频截图

TOP1:"东北特产不止蔓越莓"这一时事热点创作的短视频。

3. 系列选题

系列选题就好比电视台的栏目、杂志的专栏等,指的是在垂直领域内策划的一系列成套的内容。系列选题的主题、形式、风格、发布时间都比较固定,它是通过一系列的短视频内容,不断丰富话题、挖掘话题的深度,增加用户黏性,让用户对制作出的短视频产生期待感。所以系列选题需要长时间的沉淀和打磨,质和量都要有所保证。图4-3所示为创作者讲解分析海里最大的十种巨型生物的系列选题的短视频截图。

图4-3　系列选题短视频截图

4.1.2　选题的核心原则

短视频创作者不论创作哪一个垂直领域的内容,都应该遵循以下几个原则。

1. 以用户为导向,确保垂直度

用户就是流量,一定要注重用户体验。短视频选题要有用户思维,短视频的内容不可脱离用户需求,这样才能不断地获得流量。短视频创作者需要清楚账号的用户群体,了解用户的基本画像,结合用户的兴趣爱好、消费场景、需求痛点等确定选题。

此外,选题要和短视频账号的定位有关联度、垂直度,绝不能左右摇摆,否则会由于垂直度不够而导致用户不精准。因此,只有保证内容的垂直性,长期输出有价值的内容,才能更好地塑造IP形象,吸引精准的用户群体,提升自己在垂直领域的影响力,也更容易获得短视频平台的"头部流量"。

2. 内容有创意,注重价值输出

目前,短视频的各个赛道竞争异常激烈,头部账号占据了大量的流量。由于各项赛道的饱和,短视频唯有在选题上找出一个独特的切入视角,选题内容新颖有创意、独树一帜,才能从大量同质化短视频中脱颖而出。但这种创意有时很难模仿,所以要多从创意思路和创意技巧方面学习。每个短视频创作者创作选题的角度和侧重点都各不相同,所以创意并没有统一的标准和框架。

此外,短视频的内容要有价值,输出的内容要对粉丝有价值,能满足粉丝的需求,解决粉丝的痛点,这样才能使粉丝有传播的欲望,触发点赞、评论、转发等行为,从而实现

内容的裂变传播。

3. 追时事热点，远离敏感词汇

短视频创作者要善于捕捉并及时跟进热点，要提升新闻事件的敏感度，这样就可以在短时间内为短视频获得大量的流量曝光，快速增加短视频的播放量，吸引用户关注。但要避免盲目蹭热点，很多热点、热门的内容会涉及一些新闻时事、政治政策等类内容，这些内容热点一直是个敏感话题，能避开就尽可能避开，观点内容尺度把握不好，很容易陷入旋涡，操作不当不但不会带来流量，甚至可能会带来违规封禁封号的风险。

短视频平台都有一些敏感词汇的限制，所以短视频创作者要多去关注各平台的动态，了解平台官方发布的相关管理规范；也可以通过"句易网"或"易撰网"进行初步的选题内容敏感词汇筛选，以防因为触发敏感词而导致违规。

4. 增加互动性，把握选题节奏

短视频创作者策划选题时，应尽量选择互动性强的选题，因为短视频中的内容要以用户需求为导向，要围绕用户来架构内容，所以选择互动性较强的选题能提高视频的推荐量。尤其是热点话题，受众关注度高、参与性强，会被短视频平台大力推荐，从而增加播放量。

短视频账号要想持续健康地发展，把握好选题的节奏是必要的。选题策略并非确定后就不再改变。因为环境是不断在变化的，用户对内容的看法和需求自然也会随之变化。短视频创作者要时刻关注环境和舆论的变化，根据用户的反馈，及时调整选题策略，还要把握好选题的节奏，保持目标用户对账号的价值认可。

5. 考虑可行性，树立正向价值观

短视频平台上有很多账号幕后都有强大的内容生产和运营团队，这样的账号所做的选题会耗费大量的人力、物力和财力，但并不是每个账号都能享受到这样的待遇。尤其是新手短视频创作者在选择主题的时候，要考虑到主题的可行性、拍摄成本、剪辑难度等因素，尽量选择能够在现行条件下完成的主题。

4.1.3 选题策划的五维法

很多短视频创作者在策划选题时没有思路，不知道从哪里下手，可以依照选题的五个维度，即"人、具、粮、法、环"（表4-1），选出有新意的主题。

表4-1 选题策划的五维法

维度	具体说明
人	指人物。短视频中的人物有两层含义：一是出镜的人物，二是用户群体。从"人物"维度考虑：拍摄的人物是谁，扮演什么角色，是什么身份，有什么性格特点或行为特点，未来的用户群体是怎样的，什么样的角色表现符合用户期待，等等
具	指角色使用的日常工具和设备，或者具有特别意义的工具和设备。例如，短视频的主角是一名大学生，他平时会用到文具、课本、书包等，这些都属于角色日常的工具和设备；同时，他有一个特别的水杯，这就是具有特别意义的工具

（续表）

维度	具体说明
粮	指食物或精神食粮，即符合主角所属群体特点及主角个性特点的文化精神方面的事物。例如，主角是一名大学生，这里不仅要考虑大学生群体喜欢什么书、什么课程或什么影视作品等，还要考虑主角的个人偏好。要分析目标群体，了解其需求，从中找到适合的选题
法	指处理问题和实现目标的方式方法。在短视频选题策划中，需要考虑出镜人物作为某个群体的一员，会面对哪些普遍的问题，根据其性格又会如何处理这些问题。比如，出镜人物是性格开朗、乐观且勇敢、有主见的大学生，可以展现其如何与老师、同学、家长相处，结合其性格有什么独特性、可借鉴的为人处世方法等
环	指场景。短视频创作者通过短视频表达一个主题，不同的剧情需要不同的场景，不同的场景会引发用户不同的情绪。需要根据拍摄主题选择能够满足出镜人物行事作风、促进剧情产生、符合拍摄要求的场景

围绕以上五个维度进行梳理，可以将选题细分出更多层级的选题，形成选题树，方便短视频创作者从多方位确定选题。通过组织选题树中的两个或三个元素，就可以快速产生一个选题。例如，图4-4所示的选题树，可以产生"大学生旅游如何选择同伴""旅游前要准备好的物品清单""旅行周末出游计划"等选题。

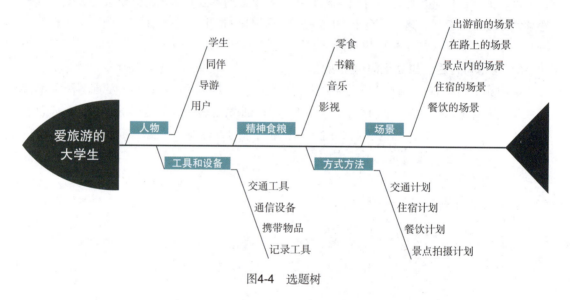

图4-4 选题树

4.1.4 选题的素材来源

短视频创作者想要持续地输出优质内容，就必须拥有丰富的素材储备。选题的素材来源主要有以下几种。

1. 日常生活经历

艺术来源于生活，生活处处都可成为选题。短视频创作者要养成日常积累选题的习惯，通过日常的生活经历，以及每天阅读的书籍和文章等，将有价值的选题纳入储备库，从而训练自己发现选题的嗅觉。

有一些挖掘日常生活经历的短视频账号，这类短视频账号发布的作品充满生活气息，能让用户观看后联想到生活中的自己，更好地打动用户。例如，"刘英杰"每天发吃饭视频，18天粉丝超22万人，意外走红，如图4-5所示。

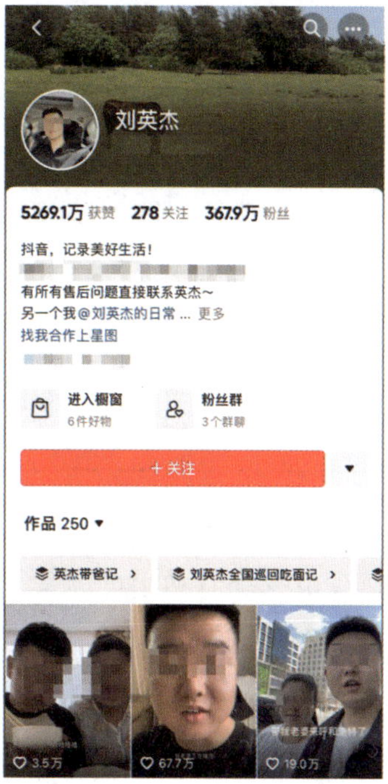

2. 收集用户反馈

收集用户反馈是短视频选题的重要来源之一。短视频创作者可以从用户在评论区留下的评论、发送的私信、投稿中寻找有价值的选题，或者使用不同的搜索引擎搜索关键词，将有效信息进行提取、整理、分析和总结。这样就可以有效借助群体智慧，增强短视频的互动性，丰富短视频的内容。

有一些短视频创作者在视频中以"有粉丝私信求助，请大家帮忙支着儿"这样的句式开篇，从而引申出自己的观点、看法等。例如，某摄影主播以收到粉丝私信请求讲解拍摄高、瘦、美的人物照片为由创作的短视频。

图4-5 "刘英杰"账号主页

3. 分析爆款选题

短视频创作者可以研究对标账号的选题，并进行整合与分析，从中获得灵感和思路，拓宽选题的范围。通过进入相关网站（如新抖）获取关注的对标账号的数据，短视频创作者可以预先察觉用户喜欢与不喜欢的内容，从而避开创作陷阱。

短视频创作者需要关注对标账号最近发布的短视频内容，将其作为选取素材的参考依据，太过久远的作品内容基本数量接近饱和，即使采用，意义也不大。关注的意义是为了找到创作方向，不能照搬照抄。

4. 借助热点选题

各媒体平台上的时事热点是短视频创作者获取优质选题的重要渠道之一。短视频创作者要有感知热点、追踪热点的敏锐度，让短视频热度凭借热点话题迅速发酵与升温。

4.1.5 借势热点打造热门选题

在短视频的创作中，创作者除了要有创意之外，还要学会"蹭"热点。热点事件自带流量属性，短视频创作者要想让作品被更多的用户看到，性价比最高的方法就是借势热点策划和制作内容。短视频创作者需要找到一个合适的切入点，做出一些创新，使作品获得较大的关注度。

1. 清楚热点类型

一般情况下，互联网把热点分为常规热点和突发热点两大类，具体见表4-2。

表4-2 热点的类型、释义与特点

热点类型	释义	特点
常规热点	指可预见热点。大众熟知的信息，如法定节假日、热播影视剧、大型赛事活动等	备受大众关注； 发生的时间、持续的时长较稳定； 可提前策划，减轻创作压力； 同质化内容较多，考验创意性
突发热点	指无法预见的、突发的事件或活动，如突发自然灾害或一些社会事件	突然爆发，只有第一时间创作并发布，才能借势而上； 流量较大，短视频的切入点要独特、新颖

2. 挖掘热点选题

灵感会有枯竭的时候，选题素材也是如此。要想拥有充足的热点资源，就要建立热点选题素材库，使其成为强大的后备资源。短视频创作者可以从各大社交媒体平台中搜索热点，或者关注热门话题的火爆评论，这是挖掘热点资源的重要来源。

（1）微博热搜。微博是中国最大的社交媒体平台，用户量很大。微博热搜是用户对微博当下热点最及时的整理和归纳，我们可以在微博热搜或热议话题中查看整个微博中活跃度最高的话题。

在微博首页，点击下方导航栏中的"发现"按钮，如图4-6所示；在"发现"页面点击"更多热搜"，即可进入"微博热搜"页面，查看热搜榜，如图4-7所示。在"发现"页面点击"热议"可查看微博热议话题，如图4-8所示。

图4-6 微博首页

图4-7 "微博热搜"页面

（2）抖音热榜。抖音是深受用户喜爱的短视频平台，用户通过"抖音热榜"可查询每日最火内容。

在抖音首页，点击右上角的"放大镜"图标，即可进入"抖音热榜"页面查看近期比较热门的内容，以及各个内容当前的热度，如图4-9所示。

图4-8 微博"热议话题"页面　　　　图4-9 "抖音热榜"页面

（3）百度热搜。百度是全国最大的中文搜索引擎，每天在线使用人数可达上亿。百度热搜是以数亿网民的搜索数据为基础，将关键词进行归纳分类而形成的榜单。在百度首页的搜索栏中输入"百度热搜"即可进入"百度热搜"页面，如图4-10所示。

图4-10 "百度热搜"页面

（4）资讯聚合类平台。资讯聚合类平台所有的内容都是由创作者发布的，平台会根据标签把内容推送到用户面前，如今日头条网站的"推荐"和"热点"板块，如图4-11所示。

3. 对热点进行分析

追热点已成新媒体平台创作者的必备技能之一，但追热点之前需要三思！不应该为了追热点将所有热点一股脑植入到作品当中，因为热点每时每刻都在发生，此起彼伏，应接不暇，所以要对热点进行分析，判断热点是否值得使用，是否符合自己的账号定位，等等。这些问题，我们从用以下四个方面对热点展开分析，如图4-12所示。

图4-11　今日头条热点板块

图4-12　热点分析的四个方面

（1）事件属性。如果对于一个事件的属性没有正确的认识，不但会费时费力，而且会有副作用。事件属性一般包括话题性和传播性，如图4-13所示。

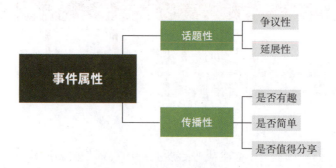

图4-13　热点分析之事件属性

① 话题性。话题性强不强，要看用户与该热点的相关程度和可参与程度是否够，以及事件的后续能否被人们所期待。有争议、可延展的事件可以引起人们更久的关注。

a. 争议性。若事件一开始就事实清晰、观点分明、立场统一，该热点很难持续太久；若各方众说纷纭，僵持不下，那么事件本身就会像"鲶鱼效应"一样，保持比较强的生命力，该热点就可以持续很长时间。

b. 延展性。延展性指一个话题有没有展开成更多话题的可能。以小见大、回复过去、类比等都是延展话题的常见方式。

② 传播性。

a. 是否有趣。一个事件能否传播开，往往取决于它是否有趣。例如，"世界那么大，我想去看看"的辞职信，就是件非常有趣的事情。

b. 是否简单。人类在长期生存发展中会产生很多认知方法，其中一种就是简化思维，也叫作标签化。一个人在无法完全了解到一个问题或者事物的时候，就会进行简化，而简化的产品在传播中有很好的传播效率和速度。

c. 是否值得分享。当用户看到一篇文章的时候，会有各种心理因素促使他们想要转发、分享。比如，自我标签建立、自我观点表达、情感表达、帮助别人、话题来源、利益刺激、知识学习等。

（2）影响力。一个事件的影响力，往往体现在两个方面，即话题热度和相关度，如图4-14所示。

① 话题热度。不同的热点也有热度高低之分，一般来说，我们会选择热度高的内容，可通过新闻网站、百度热搜、微博热搜等来帮助分析。

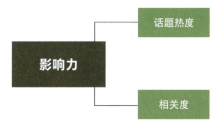

图4-14 热点分析之影响力

② 相关度。这里的相关度是指热点与短视频账号定位的关联程度。热点与短视频的内容格调相契合，会引来大量的流量，同时加深用户对短视频人设的印象，有利于短视频账号的长期运营。

（3）时效性。时效性是指事件热度会持续多久。例如，莱昂纳多开微博，热度只会持续几天；而与节日有关的热度，往往提前一周就开始预热，节日过后热度会迅速衰减；而"华为手机发布"这类事件，甚至一两个月都不会过时。我们应当对一件事的"持续时间"有正确的预期，避免刚发布短视频就出现热点过时的情况，这样不仅会浪费大量精力，还无法获得流量。那么如何简单地判断一件事的热度是否会有比较长的持续时间呢？一般来说，热度持续时间较长的事件，往往有以下特征（图4-15）。

图4-15 持续时间较长事件特征

① 时效性弱。时效性弱是指事件受时间发展的影响较小。比如，一些节日，如清明节、儿童节等，一旦节日过了，人们便不再提起了。

② 有持续发酵可能。比如陈清泉提出的电动汽车研究核心和总指导思想，将汽车技术、电机技术、电力驱动技术、电力电子技术和现代控制理论有机地结合起来，使现代电力汽车学这一新兴交叉学科从理论到实践形成了一个完整的体系。

③ 话题性强。话题性强就是要给人们以讨论的余地。说到话题时效性，就不得不提"时间地图"。"时间地图"是将一些可预测的事件，如锤子手机10月18日发布，或者一些节日，像日历一样排布，做成表格，这样就可以做到热点来临的时候有所准备，做得更加精致。

（4）回报率。做任何事都要考虑投入产出比，在追热点的运营过程中，投入产出比往往体现在成本、收益和风险方面，如图4-16所示。

① 成本。短视频创作者在追热点时会投入时间成本、物料成本和机会成本。因为把资源投入某一个热点上，一定会占用其他事情的资源，所以要考虑产生的机会成本是否在自己可承受范围之内。

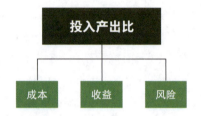

图4-16　投入产出比的体现点

② 收益。收益分为显性收益和隐性收益两种。显性收益指内容的播放量、点赞率、转发率等可直观看到的数据，隐性收益则指影响力、知名度和美誉度等。

③ 风险。热点也存在风险，因为很多热点事件在最开始真相模糊，若是短视频创作者阐述的观点没有针对立场，很容易产生负面影响。因此，在追热点时一定要理智，要选择正向的热点。

4. 判断热点可追性

现在我们已经明白了追热点时需要考虑到的问题，那么，如何判断一个热点到底值不值得追呢？下面就以"感动中国人物"热点为案例，帮大家分析如何判断一个热点是否有可追性，见表4-3。

表4-3　热点可追性赋值表

要不要追"感动中国人物"热点							
事件属性		影响力		时效性	回报率		
话题性	传播性	热度	相关度	时效性	成本	收益	风险
4	4	4	3	5	3	3	2

从1到5，对以上几个层面进行赋值，数字越大，代表对你越有利。

从事件属性角度分析，话题性为4，代表我认为"感动中国人物"话题性较高；传播性为4，代表我认为追此热点在新媒体圈子中会有比较高的传播力。

从影响力角度分析，热度为4，代表我认为"感动中国人物"算是一个比较高热度的话题；相关度为3，代表此热点和账号的相关度与结合度一般。

从时效性角度分析，时效性为5，代表我认为这件事可以火一段时间。

从回报率角度分析，成本为3，代表我认为这件事成本不高；收益为3，代表它还是可以带来一定的收益的；风险为2，代表我认为这件事风险较低，不过还是得注意措辞之类的细节。

通过表4-3可以发现，此热点的传播力比较强，其他因素都在中等偏上，因此，这个热点值得一追。

5. 短视频整体策划

借助热点策划短视频内容时，需要做好以下几项工作。

（1）找准热点的切入角度。借助热点制造话题的本质就是借势营销，借"势"时首先要做好找准热点的切入点。从热点中独特、新颖的基点出发，找到既能匹配账号定位，又能契合用户需求的关键点来切入。

（2）对短视频进行整体策划。找准切入点后，就要构建短视频框架，策划展现形式。比如，是搞笑段子、访谈访问还是植入剧情等，这些都需要综合考虑，整体策划。

（3）第一时间发布作品。因为热点是具有时效性的，所以要保证在较短的时间内完成短视频创作并第一时间发布作品，抓住借助热点吸引流量的最佳时机。

4.2 视频内容，善用经典方法

很多爆款短视频看似随意一拍就火爆全网，除了些许的运气因素之外，更重要的原因是在选题、制作和运营上下了很大的功夫，尤其是在视频内容策划、精准定位的基础上打造出高质量的内容，是吸引用户关注短视频账号的核心因素，短视频成为爆款的可能性也会因此大幅度提高。

4.2.1 内容策划遵循五个原则

在短视频的创作过程中，创作者需要遵循一定的原则。这样打造出的优质内容才能满足用户的观看需求。短视频内容策划需要遵循的五个原则如图4-17所示。

图4-17 短视频内容策划需要遵循的五个原则

1. 原创

当今的短视频平台非常注重内容的原创度，不管是短视频内容还是图文内容。短视频平台中的短视频数量庞大，并不是所有的短视频创作者都具有原创能力，很多是争相模仿的内容，同质化现象严重，导致用户经常刷到重复的题材和类似的内容，让用户非常反感。为了改善这一现象，短视频平台大力鼓励原创，打击搬运行为，这种规范化管理会限制非原创内容，给原创内容分配更多流量。可见，短视频创作者必须大力提高短视频内容的原创力。

2. 有创意

随着短视频的爆火，短视频内容逐渐趋向同质化，用户开始产生审美疲劳。因此在短视频中加入创意元素，使作品内容区别于其他作品，给用户带来新鲜感，就成为短视频创作者重点考虑的事情。

例如，抖音账号"卫龙"在刚入驻抖音时发布有关辣条产品的短视频，内容普通且无标题，反响自然平平无奇。后来发布的短视频常常把辣条与各种各样的生活场景联系在一起，标题也富有新意，如"论一个辣条公司员工的自我修养""在公司吃零食，我们都是这样的！"等内容轻松有趣，富有创意，并陆续产出了很多爆款短视频，为账号获得了约80万名用户关注，如图4-18所示。

图4-18 "卫龙"的创意短视频截图

3. 快节奏

短视频用户观看时间越长，对短视频就越挑剔，对内容的节奏要求也就越高。如果不能在3秒内引起用户的兴趣，就可能会被用户"划走"；即使3秒内抓住用户的注意力了，如果后面的内容让用户感觉啰唆且没有收获，用户会跳过中间环节直接看结尾，也可能出现中间"划走"的情况。因此，在短视频内容创作阶段，创作者要尽可能剪掉多余的内容，让内容节奏加快，在几十秒内呈现重点内容。

4. 参与感

短视频创作者发布的作品若能让用户参与进来，可以最大限度地满足用户的互动欲望,提升用户对账号的认知度和好感。因为有参与感才有体验,有体验才有情感上的接近,才能更好地强化用户与短视频账号之间的情感连接。

5. 有情感共鸣

短视频内容能戳中用户的情感痛点,引发共鸣,用户一般会为短视频点赞、评论或者转发,甚至会主动进入账号主页查看更多短视频内容。一般情况下,有亲属关系、婚姻关系、亲子关系、朋友关系等情感关系的优质内容,常常能触发用户深思,让用户产生快乐等情绪,引发用户的共鸣,获得用户的主动点赞、评论或转发。

4.2.2 策划优质内容的六种方法

短视频创作者要想持续输出优质的短视频内容,不是靠灵感而是靠方法,有以下六种方法可帮助短视频创作者建立规范化的内容生产流水线,策划出优质的短视频。

1. 借鉴法

短视频创作新手由于创意有限,还不具备原创的能力,可以用借鉴法来积累自己的创作经验。借鉴法简单来说就是从其他地方把认为不错的内容借鉴过来作为视频素材进行二次创作,不能直接照搬照抄他人的内容,而是需要对内容进行深加工和个性化创意,赋予其自身特色,让所借鉴的创意和形式真正为自己所用。对所借鉴的短视频内容进行创新加工时,可以采用以下三种方法,如图4-19所示。

图4-19 采用借鉴法创新的三种方法

(1)创新呈现形式。创新呈现形式是指改变借鉴内容的呈现形式。例如,如果借鉴的内容是纯文字,那么在进行视频展现时,可以把纯文字的内容转换为人物台词、方言、说唱等,通过人物表演的方式来呈现。

(2)创新内容。创新内容是指对借鉴的内容进行加工改造。例如,借鉴的内容是讲解同一个道理,就可以用讲剧情故事的形式来呈现,这样比单纯地讲道理更能引起用户的情感共鸣。如果借鉴的是剧情故事,就可以改变故事结局,因为出乎意料的情节反转更能激发用户的好奇心,引发互动评论,得到持续关注。

(3)创新框架结构。创新框架结构是指拆解原来的内容框架,将其重新组合并赋予单独的主题价值。例如,借鉴的内容有一个大的框架,在实际制作过程中将大的框架分成几个小板块,并且对其进行详细的解释,添加独立、完整的观点。把每个小板块当作一个切入点,让其成为相对独立的短视频内容。

以制作短视频的方法为例,可以把这种方法再具体细分为视频拍摄方法、视频剪辑方法、音频添加方法等。相比于借鉴内容的笼统化,细分之后的短视频内容往往更具有吸引力。

2. 模仿法

模仿是创新的基础。在短视频平台中，常态化的现象就是一旦某个题材的短视频爆火之后，就会有很多人竞相模仿，分享整个题材带来的热度，这就是模仿法。短视频创作者在尚未形成自己的风格前要学会模仿，通过模仿甚至可以创作出比原短视频更具创意的作品，从而快速找到内容创意方向、实现快速引流的有效方法。模仿法可分为以下两种形式，如图4-20所示。

图4-20 模仿法的两种形式

（1）随机模仿。随机模仿是指短视频创作者发现哪条短视频比较火爆，就选择参考该条短视频进行同类型短视频的拍摄。例如，"挖呀挖"这首童谣的简单和重复让成年人不需要大脑加工就能形成自动化反应，让人感觉更轻松，此类短视频在抖音上快速蹿红，因此有不少短视频创作者开始模仿创作此类短视频，如图4-21所示。

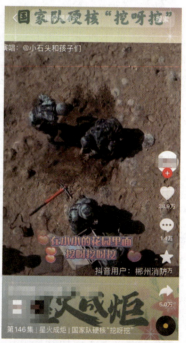

图4-21 "挖呀挖"短视频截图

（2）系统模仿。系统模仿是指短视频创作者寻找一个与自己账号定位相似的账号，对其进行长期的跟踪与模仿。创作者要对账号中短视频的选题方向、拍摄手法、运营策略等进行分析，然后将其运用到自己的短视频中进行模仿拍摄。在模仿时，短视频内可以加入一些新的创意，让短视频形成自己的风格。例如，抖音账号"玲爷"获得点赞数量达3亿次，其账号运营风格就是拍摄一些高难度的动作合集，创立话题"#挑战玲爷"，引得众多明星达人争先挑战，一个月涨粉500万，粉丝总数突破千万，成功成为网红头部达人，如图4-22所示。其他短视频创作者纷纷研究模仿。

图4-22 抖音账号"玲爷"短视频截图

3. 扩展法

扩展法是指运用发散思维，由一个中心向外扩散、不断延展内容的方法。扩展法可以分为以下三个层次，如图4-23所示。

图4-23 扩展法的三个层次

（1）人物扩展。首先要进行人物扩展。我们可以通过拓展，将核心关键词写在中间位置，将与核心关键词相关的联想写在周围的格子内。例如，以"儿童教育"为核心，那么短视频创作者就可以以6~12岁的孩子为核心，进行人物扩展，列举出以孩子为核心的8组扩展关系，如图4-24所示。

（2）场景扩展。人物扩展关系罗列好之后，还需要围绕人物扩展关系进行场景扩展，这样角色之间的冲突关系就可以在每个场景里都体现出来。此方法能够持续不断地扩展出符合现实场景的多种内容创作思路。例如，对"孩子与父母"这组关系进行场景扩展，如图4-25所示。

图4-24 6~12岁孩子的人物扩展关系

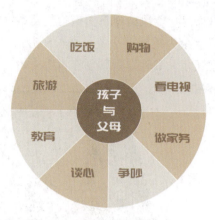
图4-25 "孩子与父母"的场景扩展

（3）事件扩展。有了人物和场景后，还需构思事件，进行事件扩展。例如，选取"孩子与父母"这组关系和"做家务"这个场景，可以扩展出N个事件，如孩子帮父母洗碗、父母教孩子做家务等。有了具体的事件以后，就可以根据事件编写出对话内容和动作展现，作为情景剧进行演绎。

4. 反转法

所谓反转法，就是情节由一种情境转换为相反情境，人物身份或命运向相反方向转变的故事结构方式，也就是我们看到的剧情结尾制造的戏剧性"神转折"，它常被用于叙事，特别是单线叙事中。

采用反转法的关键点就是要找到合适的参照物。参照物要具有鲜明的特点外，电商类短视频还要有与商品的特点完全相反的事物来衬托，形成对比和反差，制造强烈的冲突，以实现"神转折"，这样既形成了戏剧化效果，又容易使用户观看时代入自我，产生奇妙的心理体验。短视频常用的反转法有以下四种，如图4-26所示。

图4-26 短视频常用的反转法

（1）制造假象，设置盲点。反转剧情就是揭示真相的过程，所以前期需要铺垫和制造假象，形成错误的思维定式，通过各种伏笔一步步地发现真相，待明确给出判断信息后，就会导致结果与观众的心理预期形成巨大的反差，从而实现反转。

（2）身份、形象的反转。此类手法被运用在多种类型的短视频中。例如，抖音账号"楚淇"，主人公就是利用高超的化妆技巧制造出一个个强烈的反差对比画面，如图4-27所示。

（3）搞笑短剧中的剧情反转。搞笑短剧中的剧情反转也是经常被用到的一种手法。设置让人啼笑皆非的结局，可以增强戏剧性，放大喜剧效果，提升用户观看视频的娱乐体验感。例如，抖音账号"他是子豪"的短视频，让原本以为已经到此为止的故事突然出现意想不到的转折,如图4-28所示。

图4-27 抖音账号"楚淇"短视频截图

图4-28 抖音账号"他是子豪"短视频截图

(4)高级手法。高级手法是指对其他要素的反转。例如,博弈双方的实力反转、利用观众思维定式反转、反转中的反转等。制造让人摸不透的视频开头,加上意料之外的反转结尾,往往会让人感到惊喜,产生意想不到的效果。

5. 嵌套法

嵌套法就是在故事中套故事、在场景中套场景，使视频内容更加丰富有趣，信息更大。嵌套法的应用方法如图4-29所示。

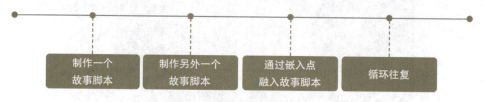

图4-29 嵌套法的应用方法

短视频创作者需要制作两个不同的故事脚本，通过嵌入点把第二个脚本嵌入第一个脚本。短视频创作者在生活中要注意观察，积累短视频创作素材。例如，在媒体平台中看到有趣但偏短的素材，不足以拍成一个完整的短视频，就可以运用嵌套法把素材嵌入已有的故事，让视频内容更丰富有趣、信息量更大，表达更具戏剧性，更能引发用户的观看兴趣。

6. 五步创意法

五步创意法就是运用五个步骤来完成创意内容，具体如图4-30所示。

图4-30 五步创意法

（1）收集原始资料。原始资料可以分为一般资料和特定资料两种。其中，一般资料是指人们日常生活中所见所闻的、令人感兴趣的事儿，特定资料是与主题有关的各种资料。短视频创作者要收集丰富的原始资料，从中获得有效的、理想的创意。

（2）内心消化。内心消化是指短视频创作者对所收集的资料进行思考和检查，进行理解性的吸收。

（3）放松自己。此阶段，短视频创作者可以顺其自然，将问题置于潜意识之中。

（4）产生创意。创意往往是在竭尽全力，经过一段停止搜寻的休息与放松后出现的。

（5）修正创意。刚开始的构思并不完善和成熟，所以需要经过加工或改造才能符合现实情况。

4.2.3 创作优质内容的四种套路

归纳起来，常见的热门短视频大多使用以下四种经典套路。

1. 情景再现

情景再现是指短视频创作者通过戏剧化的情节来演绎现实生活中常见的某一事件。情景再现生活中的经典事件，非常容易引发用户共鸣，得到用户认同，获得高点赞量。更重要的是短视频的创意来源于生活，有源源不断的灵感"补给"，所以创作者不必担心灵感枯竭。因此，情景再现是短视频创作者进行内容创作的首选。

例如，抖音账号"多余和毛毛姐"的短视频内容几乎都是来源于生活中的代表性事件。其中有一期以"对于插队的朋友你会劝阻吗"为主题的短视频，情景再现了生活中令人讨厌的插队现象，引起了用户的共鸣，赢得了热烈的讨论。

2. 事物对比

人们喜欢将相似的两件事物放在一起进行对比，并且乐于看到两者之间的不同，这类视频屡见不鲜。

例如，抖音账号"维维啊"曾有一期以"独生子女VS兄弟姐妹"为主题的短视频，获得了近100万点赞量，像此类型的话题还有"婚前情侣VS婚后夫妻""别人男朋友VS我的男朋友"等，这些短视频都是通过对比类似的事物来放大两者之间的不同，从而产生可探讨的话题。

3. 客观创新

短视频内容有主体和客体之分，主体是指核心内容，客体是指表达形式。若主体不发生变化，只改变客体会让短视频呈现不一样的效果，如同一画面搭配不同的音乐，就会给人完全不同的感觉。

例如，美食类短视频用普通的旋律做配乐，可以称为合格的短视频；若是用动画片《花园宝宝》中的经典台词"晚安，玛卡巴卡"来做配乐，就能区别于同类美食短视频，找到了创新点。

4. 图文讲述

图文类短视频是以图片和文字的形式生成的短视频。此类短视频更注重内容的创意。首先，第一张图片的内容要能够引发用户兴趣；其次，字数不宜太多，做到短小精悍；最后，图片的数量尽量保持在5张左右，最多不超过9张。这样做的目的就是能第一时间吸引用户眼球，主题言简意赅，将直接影响短视频的播放量。

例如，抖音有一条只用了一张图片就达到了点赞量破百万的短视频，创作者仅是放大了图片中的某个细节，然后搭配了语音旁白："我以为我的头发上是一朵花瓣，然后我放大来看了看，哦！原来是我自己的耳朵。"就这样一条不带任何制作技巧的短视频吸引了很多用户的观看，这充分说明就算表现形式比较简单，用户依然注重内容的创意。

以上列举了短视频内容创作的四种经典套路，许多优质的短视频内容创作都离不开这些方法。短视频创作者要懂得发现生活中的美好、乐趣，牢记"艺术来源于生活"。

4.2.4 搭建内容框架的三个要点

短视频中常用的逻辑是先抛出一个问题或观点，再对问题或观点进行解析，并辅以案例证明。短视频的时长虽短，但是内容都有完整逻辑。要想创作出这样的完整逻辑，关键就在于内容框架的搭建，而搭建内容框架需要遵循以下三个要点（图4-31）。

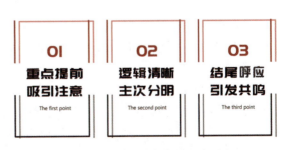

图4-31 搭建内容框架的三个要点

1. 重点提前，吸引注意

如今，人们的生活节奏越来越快，只有能令用户产生好奇感或有了解欲望的短视频内容才能吸引他们的注意。为了让用户能在极短的时间内感受到一条短视频的观看价值，就需要将短视频的内容重点提前，吸引用户产生继续观看的欲望。

一般情况下，一条15秒的短视频要把握住"黄金三秒"，尽量在视频的前3秒设置亮点；而时长在3分钟及3分钟以上的短视频，也需要在视频的前10秒抛出有趣的观点，吸引用户的注意力。

短视频创作者可以在短视频开头利用文字或配音的形式抛出重点，如"你不在家时，你家的狗都在干什么？"可以在几秒内快速勾起用户的好奇心，同时需学会抓住用户痛点，提出能够激起用户探索欲或引发共鸣的话题。

2. 逻辑清晰，主次分明

短视频虽然简短，但也需要通过一定的逻辑去呈现观点或讲述事情。短视频创作者需要对主题有非常清晰的认知，通过运用合理的表现手法或剪辑技巧将内容完整而利落地呈现出来，因为有逻辑的内容，能让用户更准确地接收到短视频创作者想要传达的信息。

例如，"翔翔大作战"在创作的视频开头就抛出了自己对某首歌曲的喜欢；然后将重要的歌词段落播放出来并进行揭秘讲解；最后用发现的创作方式来试唱歌曲，证明自己观点的正确性。

3. 结尾呼应，引发共鸣

有传播力的短视频不仅要开头有亮点、逻辑结构顺畅，还需要一个能为短视频锦上添花的结尾。一条好的短视频不仅要求内容本身足够精彩，更重要的是让用户看完后能引发他们的思考和共鸣，激发用户表达自己的观看和看法。因此，在短视频结尾处可以加上一些引导用户分享感受的话语。

例如，我们在短视频的结尾可以问一问观众关于这一期短视频主题的想法，或者更支持哪一种看法；还可以问一问观众在生活中是否遇到过类似的问题、又是如何处理的。另外，可以在结尾留下奖励，吸引观众评论。

4.3 一用就火，标题使用秘籍

绝大多数的短视频创作者在刚开始的时候都为单个视频很难超过500的播放量而烦恼，很大原因在于标题起得不好。找到好的选题和素材后，短视频创作者就需要认真研究如何把选题用更加吸引人的方式表达出来。

现在人们的注意力正在被各种信息明争暗夺，短视频的竞争更是白热化，所以标题对于短视频的传播也越来越重要。短视频创作新手只要真正学会并掌握标题的方法和技巧就能事半功倍，只要内容稍稍提升，流量瞬间就能拉起来。

4.3.1 一个好标题带来的重要影响

好的标题能触发人的好奇心，引发用户继续看下去的欲望。利用标题吸引用户进来之后，还要有好的内容，不能让用户失望，否则就成了"标题党"，会引起用户反感。所以，好的标题既要能引发好奇，又要不让人失望。那么，一个好标题到底能够带来哪些重要影响呢？

1. 打开率

标题决定了内容的打开率。当用户刷到你的视频时，标题和视频的第一帧画面能否吸引到他决定着他的去留。另外，还有一个容易忽略的点就是标题文案，这对用户的留存也有很重要的影响。

2. 完播率

标题影响了视频的完播率。你的标题如果足够有吸引力，能让用户产生好奇，就能提升视频的完播率。而完播率又是这条视频能否被推荐给更多的人、能否上热门非常重要的指标之一，代表着用户对你的价值最起码的尊重和认可。

3. 价值感

标题能提升价值感。不能仅满足于标题能让用户产生好奇，还要让人觉得你的内容有价值。要做到让用户看完你的标题就想看你的作品，看完标题文案就想收藏、点赞。

例如，"7天背会5000个单词的方法"这个标题就能引起人们的好奇心，同时体现了它的价值，满足了人们希望快速学习知识的需求。

4.3.2 提升完播率的标题命名技巧

标题是用户对短视频形成第一印象的重要影响因素。标题的好坏会影响用户是否会点击短视频进行观看，影响短视频平台能否通过识别短视频标题向短视频投放推荐量，从而影响短视频的播放量。由此可见，一个好的标题能够起到吸引用户眼球、促使用户提升观看兴趣、激发用户认同、增加评论数量、提高短视频的完播率和互动率等作用。

1. 拟定标题的五个原则

标题是短视频的播放量之源，有时会因标题的一字之差给短视频带来不同的播放量。因此，短视频创作者在拟定短视频标题时，需要遵循以下五个原则，如图4-32所示。

图4-32 拟定标题的五个原则

（1）精准性。短视频标题一定要能够准确概括短视频的主题，能够准确表达短视频创作者的态度和观念，让用户看到标题就知晓短视频的核心内容是什么。

（2）简易性。短视频的标题要简单易懂，让用户一看到标题就知道视频想要表达的意思是什么。避免在标题中使用冷门词汇、生僻词汇、缩写词等不易理解的词汇，否则会增加用户理解标题意思的难度，从而导致因看不懂标题就放弃点击短视频，还会导致短视频平台无法识别这些词汇，进而导致短视频无法从平台获取更多的推荐量。

（3）真实性。短视频创作者在拟定短视频标题时，要确保标题表达的意思与短视频的内容是相符合的，要从事实出发，切忌为了吸引用户眼球而为短视频拟定一个严重夸张的标题。这样做不仅会影响用户对短视频的评价，还会让用户产生文不对题的感觉。若是被短视频平台判定为"标题党"，则无法获得更多的推荐量。

（4）情感性。无论在什么时候，短视频创作者用心创作出充满情感的内容，都更能引发用户的共鸣。蕴含情感和带有温度的短视频标题更容易拉近与用户之间的距离，赢得用户的信任和认可。

（5）新颖性。往往能吸引用户眼球的短视频标题都是充满创意、新颖性的，因此短视频创作者应充分发挥想象，打开思想，在标题中融入创意元素。

2. 拟定吸睛标题的技巧

优质的短视频标题不仅能为作品增色，还能吸引更多的用户观看短视频。怎样才能写出好的短视频标题呢？下面介绍几个拟定吸睛标题的技巧，如图4-33所示。

图4-33　拟定吸睛标题的技巧

（1）数据罗列式标题。数据罗列式标题往往都是带数字的，如"减肥的三个小窍门""60秒快速入睡的方法"等。在标题中使用数字，不仅能让标题内容更加直观，还能让用户产生明确的预期。相比文字，数字信息更容易触发用户的潜意识，表现力也会更强。

数据罗列得越精准越好，因为精准的数据会让人觉得是经过深入细致的研究才得出的结论。数据的数值不宜太大，如果标题写42个方法，那么用户根本不想看，他只想知道3～5个方法。简洁而醒目的数据对人有天然的吸引力，如"不节食不运动，5天瘦10斤"几乎是每个想要减肥的人都梦寐以求的事儿，因为难以抵御5天瘦10斤的数据诱惑。

（2）激发情绪式标题。虽然很多人不喜欢"标题党"，但不得不说，抓人的标题确实能够引起用户关注，因为这样的标题特别能够把握用户的情绪。

以恐惧情绪为例，激发情绪式标题的内在逻辑就是先激发你的恐惧情绪，让你惊慌失措，然后告诉你解决方案，从而让你产生心理依赖，这样就比较容易引导用户跟着创作者的思路走。经典的恐惧型标题，如"吸烟加速衰老""吃生鱼片的五大危险""经常失眠，这个方法你必须知道"等。危机是制造影响力的武器，让标题关系到对方的健康、安全、能力、未来以及自我认同等，最终会令对方产生危机感，为了趋利避害，宁可信其有，不可信其无，用户自然会赶紧来看看具体讲的是什么。

（3）引发好奇式标题。每个人天生都有强烈的好奇心，短视频创作者在拟定标题时若是击中了用户的好奇心，则会促使用户对短视频产生浓厚的兴趣，进而产生点击观看短视频的欲望。引发好奇的方法一般有以下几种。

① 使用疑问句式。用户看到标题问题后会迫切地想知道答案，进而点击观看来满足自己的好奇心。

② 设置矛盾冲突。存在矛盾冲突的标题会引发用户的好奇心，短视频创作者可以在标题中提供两个完全不同甚至对立的观点和事实，以此来吸引用户点击观看短视频。例如，"这里有家牛肉火锅店，来的人都不吃火锅？""冲马桶，盖？还是不盖？实验结果竟是……"等，此类标题，往往会引发争议，事实和结果跟普通人想得不一样，从而产生第一眼即被吸引的效果。

③ 制造悬念。制造悬念就是创作者有意在短视频标题中设置一些令人困惑或很有悬念的问题，这样的标题富有吸引力，令人浮想联翩，增加内容的魅力，引导用户思考并观看短视频，从短视频中寻找答案，从而增加短视频的播放量和提高短视频的完播率。例如，"孕期吃火锅会导致胎儿畸形吗？""没想到，这些销售的套路现在还有人不知道"等，此类标题可以快速吊起用户胃口，吸引用户阅读观看。

（4）借势式标题。标题带有名人、权威机构或专家的内容，会引起广泛阅读，因为这些名人本身携带着大量的流量，他们的高人气可以为短视频带来超高的播放量，并能增加内容的可信度和影响力。例如，"俞敏洪当年用这个方法5天背了5000个单词"等，此类标题就是绑定名人效应或权威机构，增加自己的可信度。

名人效应也并不都能获得正面效应。比如，标题中所涉及的名人刚刚被曝出吸毒、嫖娼等负面消息，这个时候给短视频创作者带来的就是负面影响。因此，对于借势式标题中名人的选取要谨慎，要尽量选择一些有口皆碑的名人，防止出现负面影响。

（5）热点式标题。热点式标题的短视频作品是目前大众认可度较高的一种模式，使用热点撰写的短视频标题往往可以在短时间内吸引大量的流量。热点式标题的内在要素也是如此，短视频创作者需要抓住当下热点，与时俱进，引爆话题流量，如"国庆怎么玩不踩雷"等。使用热点时，短视频创作者一定要在标题中加入热点信息，不要过于隐晦。

4.3.3 爆款文案的万能公式

短视频的本质是广告，要密集地输出内容，所以要短平快。一定要有密集的内容输出，你想表达很多想法，又不想过早地去暴露自己的企图，所以就要短平快，同时要短精深。这个时候对文案的要求就非常高，这也是很多人玩不转短视频的原因之一。

对于新手来说，文案其实是有门槛的，我们来简单分享一些爆款文案的万能公式，助你快速成为一个短视频文案的高手。

公式1：人物+状态+情感宣泄——引起共鸣

不管是做视频内容还是文案内容，最不能忘的就是引起用户的共鸣，让用户一看就觉得说得特别对，让用户产生爽感，让用户觉得你讲出了他们的心声，就很能吸引正处于奋斗中的年轻人，以及正在拼搏却过得不开心的人，那么用户就会纷纷点赞、评论，甚至转发，希望自己在乎的那个人可以看到。

公式2：描述事件/观点+留出悬念——引发好奇

文案中引发好奇，一般是留有悬念，让用户想知道到底会发生什么事情，答案到底是什么，结局是什么。剩下的内容省去了，用户就会很想知道这个到底是什么。

公式3：主体情景+问句/反问——引发互动

想要引起用户和自己互动，让他们评论，在文案中有个很好的方法，那就是采用问句的形式，让用户自然而然地想留下自己的答案。很多人在评论中留下自己的故事，甚至@自己的对象，对象一来，还会回复评论，视频的推荐会更高。

公式4：你要相信+观点——表达鼓励

现在一些人生活得很颓废，尤其是在外漂泊的年轻人。因为工作太累、老板太凶、赚钱太少、和对象或朋友吵架、房东不地道等困难的事情太多了，他们的情绪不是那么稳定，不是很开心。但是他们内心还是想努力的，还是想进步的，所以这时候确实需要一些"正确的废话""温暖的话"，也就是心灵鸡汤来鼓励他们。

受到了鼓励，他们会点赞。有时候还是觉得难过，他们就会在评论中留下自己的故事，然后还会有人去鼓励，用户对这个视频做的行为越多，这个视频被推荐的人也就越多，也越容易火。

公式5：制造冲突（反差）+提出问题+给出答案

在视频开头或是视频标题中制造冲突，如下面这个视频文案标题："我妈说36岁该嫁人，我偏不，我不想看任何人的脸色过活，每天睡4小时，除了学习就是直播，虽然辛苦，但是我会坚持加油！"类似这样的短视频平台上有很多，有些内容如果你不看标题或者没有标题的"冲突"，可能也就是众多短视频里面比较普通的视频。如果配上此类标题，效果就大不一样了，瞬间觉得整个视频有了灵魂、有了生命一样，活了起来。

公式6：情境+怎么样+事件——干货输出

抖音上面有很多生活小技巧或者行业知识的分享。这类短视频完播率很高，不管是个人IP的打造还是教育企业IP的打造，都会输出一些实用性的东西。

公式7：热点话题+创新角度——结合热点

热点的信息大部分人都喜欢看，只要是有影响力的事件刚出来，大家看到都会比较好奇，如"AI直播""爱豆拼接脸"等。

总之，结尾文案要与短视频内容紧密结合，符合观众的口味，这样才能更好地吸引观众的关注和互动。最后，再分享几个爆款文案模板（表4-4），大家可以直接套用。

表4-4 爆款文案模板

编号	爆款公式	案例
1	只需……不用……	只需做到这3点，不用全职也能赚钱。 只需学了课程，不用钱也能找到女朋友
2	掌握……成为……	掌握这三个秘籍，你也能成为直播带货之王。 掌握三个说话技巧，你也能成为社交高手
3	用好……轻松……	用好这三个方法，抖音直播间轻松留人。 用好这三个套路，短视频轻松变现不求人
4	简单……也能……	简单2招，你的流量也能噌噌往上涨。 简单3步，你的照片也能快速生成AI真人动漫
5	学会……轻松……	学会这4招，轻松月入过万
6	为什么……却还是……？	为什么看了那么多书，却还是写不好文章？ 为什么你那么努力，却还是过得很辛苦
7	……难道就……？ 为什么……	难道就没有一家公司有能力救恒大吗？为什么都在观望？ 他难道就一点也不值得同情吗？为什么大家纷纷爆料
8	……那么多……， 凭什么……	全屋定制那么多品牌，凭什么欧派遥遥领先
9	取得惊人成绩， 凭什么……	16岁辍学，25岁身价过亿，这个90后女孩的成功凭什么
10	为什么 + 关联权威	为什么吃头孢不能喝酒？听听10年老中医怎么说
11	为什么 + 关联数字	为什么你努力了那么久还是没瘦到2位数？不妨试试这四种瘦身技巧
12	你知道……但未必知道……	你知道要多读书，但你未必知道要先读这7本书
13	你用过没 + 超级好处	你没喝过？在长沙出名好喝还不长肉的饮料
14	步骤、时间、金钱、数量	步骤：按照这4步，每个人都可以学会做糖醋排骨。 时间：30秒就可以学会的视频剪辑方法。 金钱：这款防蚊贴9.9元可买30贴。 数量：睡前注意三个细节，保证一觉到天亮

短视频标题之所以重要，在于它决定了用户因为什么而被吸引并点开视频，以及看完视频之后是否要留言说点什么和作者进行互动。说到标题怎么写点赞才会多这个话题，可以这么说，标题是短视频的眼睛，占了80%的重要性，标题起得好，短视频获得的点击量就大，就更容易获得短视频平台的推荐。

4.4 独树一帜，表现形式拆解

人们常说"内容为王"，短视频也是一种内容营销，最终目的就是说服用户为自己点赞、评论和转发。短视频的内容类型多种多样，短视频创作者最好从自己擅长的领域出发确定短视频的内容类型，确定长期创作方向，并在熟悉该领域内容创作技巧的同时增添创意，打造独树一帜的短视频表现形式，形成强大的竞争力。

4.4.1 幽默搞笑类短视频

现在人们的生活压力比较大，观看幽默搞笑类短视频是缓解压力的一个非常有效的方式。此类视频内容包括讲笑话、演绎搞笑剧情等。幽默搞笑类短视频覆盖范围广，在短视频平台中很容易出爆款。其原因有以下三个：①搞笑的形式适用于所有人群，基本上不分年龄段；②大多数人看短视频都是为了打发时间，他们会更愿意选择让人放松的视频来看；③搞笑短视频是会让你上瘾的，当你看了一条视频觉得不错后，你会想看这个作者的下一条视频，如果都很有趣，自然而然就关注了。因此，幽默搞笑类短视频成为短视频平台上最受欢迎的内容类型，而且竞争激烈。要想使自己的账号崭露头角，就必须打造出自己的特色，让内容不仅搞笑，还符合自己的个性标签，与众不同。

例如，"西木西木"是短视频平台中幽默搞笑类账号的代表，其短视频中主要演绎老师和同学之间的故事情节，多半用中文呈现魔性歌曲的节拍，有固定的主演阵容和故事的发生场景等。其用幽默、夸张的方式演绎了校园生活中发生的各种"囧事"，取材于学生和老师的日常生活。图4–34所示为"西木西木"的短视频截图。

图4-34 "西木西木"的短视频截图

4.4.2 吃货美食类短视频

所谓"民以食为天"，美食类节目一直是用户喜欢的短视频内容类型之一，并且拥有大量的受众群体。一般来说，美食类短视频大致可以分为以下三类。

1. 美食教程类

美食教程类短视频通过分享美食制作技巧就可以在短短几分钟内让用户收获一道美食的制作方法。在短视频平台，美食教程类的短视频数不胜数，同质化现象很严重，竞争激烈，短视频创作者想在此领域获得一席之地，需要充分发挥创意，体现出自己独有的特色。

例如，"日食记"短视频账号创造了简单、多样、新颖的食谱，采用创新多元的拍摄手法，灵活运用双线并行的叙事模式，在打造品牌特色的同时注重秉承贴合大众的创作理念。"美食+宠物"的独特方式、多角度拍摄手法、色彩饱和的构图风格以及诗意化的视听语言是"日食记"的独特之处。图4-35所示为"日食记"的短视频截图。

图4-35 "日食记"的短视频截图

2. 美食品尝类

简单来说，美食品尝类短视频就是带领用户去发现、选择不同的美食。这类短视频展现的是创作者去不同的地方品尝、测评美食的过程，就像美食指南。

例如，"红雨老师（多肉）"的短视频就是以美食探店为主要形式，围绕泡泡龙和大蒜涛这两个核心IP来进行内容创作。在他看来，泡泡龙、大蒜涛两人在体形上与那些"怎么吃都不胖"的美食主播存在很大差异，因此更具有辨识度。图4-36所示为"红雨老师（多肉）"的短视频截图。

3. 传递生活类

在"内容为王"的时代，短视频账号想要长久发展，就要持续输出或更新优质的内容。美食类短视频不一定只围绕"一分钟创意菜"的行业固定思维模式，短视频创作者可以从食物的外围出发，从食物中挖掘精神内涵，通过美食来传递某种生活方式，从而赋予美食类短视频浓厚的文化色彩。

例如,"乡愁"发布的短视频在展示美食制作的过程中,还为用户营造了一种田园、朴实的生活状态。农田中忙碌的背影,普通农村的生活,没有太多"世外桃源"般的风景,却异常地给人一种亲近感。图4-37所示为"乡愁"的短视频截图。

图4-36 "红雨老师(多肉)"的短视频截图

图4-37 "乡愁"的短视频截图

4.4.3 技能分享类短视频

技能分享类短视频是非常实用且容易"涨粉"的短视频类型。生活中难免会遇到各种各样的问题，如衣服上的污渍难以洗掉、皮肤太干、衣服搭配、Excel表格制作技巧等，技能分享类短视频会针对这些烦恼和问题提出合理的解决方案。在创作此类短视频时，内容要通俗易懂，讲解方式要有趣，题材新颖，要能对用户起到很好的指导作用，实用性强、效果显著，能提高用户的观看体验，吸引用户关注，让用户乐于接受其中提到的解决方案。

例如，"嫒嫒酱"在短视频中分享了拍摄照片的技巧，这些技巧简单、实用，受到了很多粉丝的喜爱。其中，非常热门的视频之一是利用一张普通的光碟，在昏暗的屋内用白色光照在光碟上，会出现五彩斑斓的光线，然后人站在光线中拍照，非常美轮美奂，不过这个方法需要两个人通力合作给第三个人拍照。总之，"嫒嫒酱"的短视频都是道具拍摄技巧教学视频，用户可以从中学到很多拍摄小技巧。图4-38所示为"嫒嫒酱"的短视频截图。

图4-38 "嫒嫒酱"的短视频截图

4.4.4 才艺展示类短视频

才艺展示类短视频包括唱歌、跳舞、健身、曲艺表演等。这类短视频在短视频平台中十分常见，而且经常占据热播榜单，这是因为平台对这类短视频给予了大量的流量扶持。这类短视频只是单纯地展示视频中人物的才艺，强调观赏性和娱乐性，是目前短视频中比较主流的一种类型。

例如，"代古拉K"就是通过在抖音平台上展示自己的舞蹈才艺，收获了大量的粉丝关注。图4-39所示为"代古拉K"的短视频截图。

图4-39 "代古拉K"的短视频截图

4.4.5 情景短剧类短视频

情景短剧是指将故事设定在一定情境下且有相对完整情节的小型戏剧作品。与电视剧相似，情景短剧的基本要素包括某一特定情境的设置、个性鲜明的人物及相对完整的故事情节。情景短剧类短视频则是将情景短剧碎片化、娱乐化之后产生的新形式媒介产品，其时长一般在5分钟以内，可供人们在闲暇进行"碎片化阅读"，是近年来短视频中占比非常高的类型之一。情景短剧一般由两人或多人一起表演，与小品、小剧场的形式类似，是"吸粉"效果最好的方法。

例如，"最美空姐蒋胖胖"的短视频作品以情景短剧为主，她用夸张的手法演绎现实，并与"冷少"搭档夫妻组合，在短视频中演绎记录了两个人的情感故事，每一个故事都是一碗营养丰富的鸡汤，暖心养胃，安抚人心。声音不紧不慢，缓缓流淌，温柔而低沉，充满磁性，观众在不知不觉中掉入了两人的坑。此账号的短视频内容给我们带来了欢乐，剧中还产生出了"对不起，是我肤浅了""两情若是长久时，又岂在猪猪肉肉"等众多经典台词。"蒋胖胖"和"冷少"用表演还原了每个人的生活。图4-40所示为"最美空姐蒋胖胖"的短视频截图。

图4-40 "最美空姐蒋胖胖"的短视频截图

4.4.6 展示萌物类短视频

展示萌物短视频主要包括展示萌宝、萌宠或具有萌态的玩偶等。此类短视频关键是以"萌"制胜，利用各种事物的萌态吸引用户的眼球。靠颜值和才艺走红，对于多数达人来说，门槛较高。但展示萌物类账号成了一个特例，短视频创作者无须拥有过于突出的个人特色或能力，只需要擅长捕捉萌物生活中可爱、有趣的瞬间等，就可以吸引超乎预期的流量。

例如，"会说话的刘二豆"截至2023年3月7日，粉丝量高达3735万，成为抖音众人所知的TOP网红账号。短视频作品中的主角是两只猫咪，一开始，豆妈只是发了一些"二豆"伴随着音乐跳舞的视频，和抖音上其他萌宠类视频并没有什么不同。后来，配音后的"刘二豆"拥有了"人格"，这种拟人的形式给粉丝带来了新鲜感，不仅能吸引粉丝眼球，还能够在其颜值的基础上打造"刘二豆"的"人设"，与其他萌宠有了质的差别。再加上创作者充满创意的配音，充分体现出猫的调皮与可爱，使账号迅速"圈粉"。图4-41所示为"会说话的刘二豆"的短视频截图。

4.4.7 交流访谈类短视频

以前的访谈常见于传统媒体的新闻节目，但随着时代的发展，访谈的范围也越来越广泛，如街头访谈、专家访谈、名人访谈等。访谈类短视频是比较容易做的。短视频创作者需要注意：是否会找话题，提出的问题是否尖锐敏感，三观是否正确，等等。不要随意去触碰别人的底线，问的问题要有足够的趣味性，引导别人说一些比较搞笑的话，这就需要短视频创作者有极强的编导能力，有非常高明的话术，能很好地互动。采访的人越多，你拥有的素材就越多，后期就能剪辑出来一部相当精彩的视频。

图4-41 "会说话的刘二豆"的短视频截图

例如，"拜托啦学妹"的短视频是采访者走上街头，随机对街上的行人提问，回答充满了各自不同的观点碰撞，受访者往往能给出超乎寻常的回答，让人直呼"好家伙"。这类内容篇幅很短，一般由3~5个受访者的回答剪辑而成，后期配上花字、动图和一些简单的特效即可，后期制作无压力。图4-42所示为"拜托啦学妹"的短视频截图。

图4-42 "拜托啦学妹"的短视频截图

4.4.8　商品测评类短视频

随着短视频行业的逐渐成熟，短视频种类不断丰富，各类商品测评类短视频也层出不穷。目前，商品测评类短视频有零食测评、电影测评、数码测评和美妆测评等多种分类。短视频主要是以商品为对象进行评测，先"测"后"评"，通过对某个产品进行使用体验，或者按一定的标准做功能性或非功能性的检测，然后进行分析结果、做出评价，分享给用户，目的就是帮助用户筛选出质量有保障、体验感好、适合自己的商品，从而促成消费。

商品测评按照内容侧重点的不同可以分为两类：一类比较注重"测"，是利用科学的手段有标准地进行专业性检测，更多的是基于理性数据资料进行评论并提出建议；另一类比较注重"评"，基于感性的体验进行描述与评论，具有一定的表演性与娱乐性。

例如，阿纯是抖音测评类的短视频达人，主要测评美妆类的网红产品。阿纯前期因为测评各类网红产品，敢说真话，帮助大家避坑而收获了大量的粉丝，还因此获得了当地公安局颁发的"反诈宣传达人"称号。阿纯从账号名称到视频内容都塑造了专业、真实人设，"不会为了恰饭放过有问题的网红产品，也有足够的专业知识来抨击问题产品"，这样的定位帮助阿纯在美妆领域建立了稳固的意见领袖地位，粉丝对阿纯推荐的商品非常信赖，大大降低了决策成本。人设鲜明、专业、真实的阿纯，吸粉1000多万，消费者也对其推荐的产品十分信任。图4-43所示为"阿纯是质量测评家"的短视频截图。

图4-43　"阿纯是质量测评家"的短视频截图

4.4.9　特效展示类短视频

特效展示类短视频能够营造奇特、酷炫的场景，给人带来强烈的视觉震撼。特效根据制作的难易程度分为平台型特效、技巧型特效和专业型特效,见表4-5。

表4-5 特效根据制作的难易程度分类

特效类别	说明
平台型特效	在拍摄制作的过程中使用平台的工具/特效等达到的效果,相当于手机拍摄中的美颜、滤镜等功能。例如,抖音平台中的特效板块制作出的"大头""灵魂出窍""从小变老"等特效
技巧型特效	运用特殊的拍摄技巧和巧妙的剪辑,达到具有视觉冲击力的假象效果
专业型特效	借助专业设备,由专业特效师完成的效果,此类特效制作周期较长,适合专业的短视频制作团队

例如,"朱铁雄"新号发布了第一条抖音作品,是一个在街边穿病号服的小男孩,被混混欺负和嘲笑,却相信孙悟空的存在。朱铁雄扮演的齐天大圣孙悟空一下子腾空而起,既保护了小男孩,也守护了他的童心和英雄梦。视频虽然只有短短的十几秒,却引起了众多用户的共鸣。剧情与文案相呼应,视觉震撼加上情感共鸣,成了朱铁雄圈粉的制胜法宝。他的作品不多,但每一个都是精品中的精品。每个视频的点赞数基本都超过百万,最高的达360万。他用自己的国风短视频让川剧实现亿级传播。同时,在他的短视频中,大美四川频现,让许多年轻人对四川产生无限向往。图4-44所示为"朱铁雄"的短视频截图。

图4-44 "朱铁雄"的短视频截图

4.4.10 "种草"类短视频

"种草"是指分享一些自身体验不错的产品或者服务，通过自身实测安利给其他人。"种草"类短视频是通过短视频这个媒介，向用户介绍并宣传某种商品的优良品质，激发其购买欲望，是内容电商的重要营销手段。"种草"类短视频比较适合美妆、服饰、日用品等领域的内容创作。

根据短视频内容的不同，"种草"类短视频分为"促销型种草"短视频和"纯种草"短视频两种类型。"促销型种草"短视频主要是向用户展示实物商品，讲解商品的优点，激发用户消费的欲望，从而达成销售目标。绝大多数的"种草"类短视频都属于此类型。而"纯种草"短视频是因为某些非实物商品（如音乐、电视剧、电影等）在短视频平台上并不能作为直接的促销商品，但也有内容销售的市场，因此推荐这类商品的账号是"纯种草"、不推销的账号。

例如，"豆豆_Babe"属于"种草"类美妆达人，除具备娴熟而精湛的化妆技巧以外，"豆豆_Babe"还采用Vlog方式记录生活，分享日常好物，她"沙雕而风趣"的风格以及稍微有点儿幽默的"泰普"口音，让人感觉很亲近很舒服，看她的美妆短视频不仅很解压，还能学到很多实用技巧！图4-45所示为"豆豆_Babe"的短视频截图。

图4-45 "豆豆_Babe"的短视频截图

4.4.11 Vlog类短视频

Vlog源于blog的变体，意思是"视频博客"，又称"视频网络日志"，也是博客的一类。

Vlog是作者以影像代替文字或相片，撰写个人网志，上传到网络或者短视频平台与大家分享的一种视频形式。从2012年Youtube上出现第一条Vlog，到如今Vlog标签已经成为抖音、微博和B站上最日常的视频标签，它已逐渐成为全世界年轻人记录生活、表达个性最为主要的方式。Vlog类短视频重在记录生活，主题也非常广泛，可以是大型活动的记录，也可以是日常生活琐事的记录。

例如，"ahua"是知名校园主播，他的Vlog就在传递三个关键词：中二、阳光、元气满满。"ahua"觉得拍Vlog重点就是要表达真实的自己。他说自己拍Vlog的起源是，这个从国外流行起来的新事物让他想到也可以用来记录普通大学生的生活，于是他拍了第一条Vlog——《穷苦大学生的日常》。图4-46所示为"ahua"的短视频截图。

图4-46 "ahua"的短视频截图

4.5 脚本撰写，打造爆款利器

短视频脚本是短视频的灵魂，也是短视频创作的关键。短视频脚本能够提前统筹安排好每一名成员每一步要做的事情，具有统筹全局的作用。

4.5.1 脚本的定义及其作用

虽然短视频的时长很短，但优质短视频作品的每一个镜头都是经过创作者精心设计的。为了后期的精细化拍摄和为剪辑提供流程指导，为了让每一个场景、每一句台词都足够有表达力和吸引力，更需要撰写短视频脚本。

1. 短视频脚本的定义

短视频脚本就是故事的发展大纲，用来确定整个作品的主要内容、发展方向以及拍摄细节。短视频脚本一般包括画面内容、景别、台词、拍摄方法、拍摄技巧等。

2. 短视频脚本的作用

短视频脚本对于创作者而言至关重要。短视频创作者要想创作出优质的短视频内容，前期的脚本打磨是非常必要的。我们看到的大部分短视频都是有脚本的。那么，短视频脚本具有哪些作用呢？

短视频脚本的作用如下。

（1）提高团队的效率。有短视频脚本就相当于是给后续的拍摄、剪辑、道具准备等做了一个流程指导。短视频团队中的工作人员都要以脚本为工作依据，围绕脚本进行分工合作，了解拍摄主题和创作意图，从而降低沟通成本，更好地提高工作效率。

（2）提高视频拍摄质量。虽然短视频时长大多都是十几秒到三分钟，但是，如果想要基础流量高、转化率高，必须精雕细琢视频里面的每一个细节，包括景别、场景布置、演员服化道准备、台词设计、表情、音乐的配合和剪辑效果的呈现等。这些都需要短视频脚本来确定。

（3）方便完善修改短视频。好的短视频要靠细节打动人，而细节是需要不断打磨的。在拍摄前可以通过修改短视频脚本减少冗余的内容，以呈现更好的视觉效果。

（4）保证短视频的主题明确。在拍摄短视频之前，通过短视频脚本明确拍摄的主题，这样能保证整个拍摄过程都围绕核心主题，并为核心主题服务。

（5）有利于垂直账号的定位。有经验的短视频创作者已经形成了自己的模板，每次创作的时候，只需要根据自己的需求和情境减少或添加内容即可。这种相对固化的脚本能提高账号的识别度、垂直度。

4.5.2 脚本创作的三个段位

短视频脚本可以分为三个段位，即拍摄提纲、文学脚本和分镜头脚本。在选择短视频脚本类型时，短视频创作者可以依据短视频的拍摄内容而定。

1. 拍摄提纲

拍摄提纲是指为拍摄一部影片或某些场面而制定的拍摄要点。它不同于分镜头脚本的细致规定，只对拍摄内容起各种提示作用，适用于一些不易掌握和预测的内容，如新闻纪录片和某些故事片。因此，我们只需要罗列出对视频拍摄的关键点，再根据内容主题去逐一准备，即可完善脚本。

由于拍摄提纲的限制较小，短视频创作者发挥的空间比较大，但对后期的剪辑指导效果不大。因此，如果要拍摄的短视频没有太多不确定的因素，尽量不要采用这种形式的脚本。

2. 文学脚本

文学脚本是专门为拍摄视频而写作的"母本",要求短视频创作者列举出所有可能的拍摄思路,以文字形式讲述短视频中人物需要做的任务、说的台词、人物形象、所选用的拍摄方法和整个短视频的时长等,其注重造型和动作,注重画面和声音的有机结合。文学脚本除了适用于有剧情的短视频外,也适用于非剧情类的短视频,如技能分享类短视频、商品测评类短视频等。

3. 分镜头脚本

分镜头脚本是将文字转换成三维视听图像的中间媒介。它的主要任务是根据解说和电视文学剧本设计相应的画面,配置音乐和声音,把握影片的节奏和风格。具体来说,就是在文学脚本的基础上,短视频创作者按照自己的总体构思,以镜头为单位,将内容、故事情节划分出不同的景别、角度、镜头关系、声音形式等。短视频的前期拍摄和后期制作基本都会以分镜头脚本为直接依据,所以被称为剧本或工作台本。

分镜头脚本创作起来比较耗时耗力,对于画面要求比较高,故事性很强,剧情类的短视频适用这类脚本。表4-6所示为分镜头脚本格式。

表4-6 分镜头脚本格式

镜号	机位	景别	摄法	时间	画面内容	解说词	音效	音乐	备注

4.5.3 脚本写作的基本逻辑

想要撰写出优秀的短视频拍摄脚本,短视频创作者就要先确定好短视频整体的内容思路和流程,遵循以下写作逻辑。

1. 做好前期准备

前期准备包括以下几个方面。

(1)框架搭建。在撰写脚本之前,需要从拍摄主题、故事线索、人物关系、场景选择等方面完成短视频脚本的框架搭建。

(2)主题定位。做好脚本的主题定位,脚本要体现出故事背后有何深意?反应什么主题?运用哪种内容形式?

(3)人物设置。做好人物设置,如短视频中需要设计几个人物?他们分别是什么角色?承载剖析主题的哪一部分?

(4)时间设定。为了不影响拍摄进度要提前与摄像师约定好时间;为了避免出现拍摄进度慢等问题,还要制订可落地的拍摄方案。

(5)场景设置。提前确定拍摄地点,如是室内还是室外?是棚拍还是绿幕?

(6)故事线索。对于剧情类短视频,创作者要考虑剧情的发展脉络。例如,讲解人物是从小到大讲起,还是采用倒叙法先用结果调动情绪,再展开整个故事剧情?

（7）影调运用。根据短视频主题表达的不同情绪配合相应的影调。例如，主题情绪是悲伤、喜悦、怀念还是搞笑？影调是用暖调、冷调、复古调还是中性色调？

（8）背景音乐。背景音乐和音效在短视频中起着重要作用，也是重要的组成部分。创作者要结合场景选择符合主题气氛的背景音乐。

2. 确定整体框架

在撰写短视频脚本时，创作者一定要先拟定好整体架构，以"总分总"结构居多，让短视频有头有尾。

（1）总——表明主题。短视频时长大多为十几秒到三分钟，要想在较短时间内讲清楚一件事，就要在开头的3～5秒内表明主题。用户若是在此时间内，还不知道短视频主题是什么，很有可能会选择离开，这会影响短视频的完播率。

（2）分——详细叙事。将剧情详细铺开，通过丰富的内容传播正能量和价值，一般会运用在故事的发展和高潮阶段。

（3）总——总结主题。短视频结尾一般要重申主题，以引起观众的思考和回味。

3. 填充细节

"细节决定成败"，对短视频来说更是如此。短视频的好与不好可能会存在有相似的结构框架、故事梗概，但由于对细节处理的不同，最后的短视频作品给人的印象也完全不同。细节可以加强观众的代入感，调动观众的情绪，人物形象也会变得更加丰满立体。

例如，在人物设定上，人物的台词应简单明了，能够体现人物性格和情节发展即可。人物的动作和表情也会帮助观众体会人物的状态和心情。场景一定要与剧情相吻合，不宜过多，达到渲染故事情节和主题的目的即可。

4.5.4 撰写脚本的方法技巧

短视频脚本是短视频创作的关键，通过撰写短视频脚本，可以提高短视频的拍摄效率与拍摄质量。

1. 撰写拍摄提纲脚本

撰写拍摄提纲脚本相当于为短视频搭建一个基本框架，在拍摄短视频前，将需要的内容罗列出来。撰写短视频拍摄提纲脚本的步骤如下。

（1）对选题的阐述。用一句话清楚地表达该条短视频要拍什么。明确短视频拍摄的选题、立意和创作方向，确定创作目标。

（2）对视角的阐述。视角就是呈现选题的角度和切入点。切入角度与众不同，能够给用户耳目一新的感觉。

（3）对体裁的阐述。不同的体裁有不同的表现技巧、创作手法和选题标准。

（4）对风格调性的阐述。风格调性的阐述包括短视频的作品风格、画面和节奏等。

（5）对拍摄内容的阐述。拍摄内容的阐述可以详细地呈现拍摄场景的转换、结构、视角和主题。

表4-7所示为拍摄提纲脚本撰写范例。

表4-7 拍摄提纲脚本撰写范例

对选题的阐述	在选题上，我认为《给未来的自己》是一首非常适合青年朋友的歌曲，并且对即将毕业的学生来说，是可以展现内心和自我表现的情绪的宣泄。通过这首歌，我们不仅可以找到自己的影子，而且可以引起多数同学的共鸣。积极向上的心是我所要表达的中心和主题，并且希望自己的作品可以侧面反映我们大学生在现实社会中的缩影。选这个主题主要是献给同窗4年的同学们，回首往日朝朝暮暮，点情，依依切切惜别苦4年的光阴，如弹指一挥间，希望对未来的自己做出计划
对视角的阐述	这首歌轻盈的歌声非常适合大中青年。在歌声中，我们可以感受到积极向上的情绪以及一种坦荡豁达，能给即将大学毕业的学生带来勇气
对体裁的阐述	我认为MV虽然看上去简单，但是其实不然，它需要更隐晦的镜头和画面的美以及缺少人物对白来表现更完整的故事情节。MV需要更完整的构图和更具有表达意义的画面的组接，所以在拍摄过程中，不断变化的场景和演员的自我发挥是有很大意义的。整个MV的框架基本上是按照歌词的进展和歌曲情感再现的顺序进行排版
对风格调性阐述	在内部节奏上以积极向上、坦荡地对待未来为主，节奏以欢快的音乐结合画面来演示主题。在外部节奏上，以一个快毕业的大学生对自己未来的憧憬及向往为视角，片头运用了4幅画面，体现了大城市的繁荣及美好，让人向往的生活。刚毕业的大学生在这座城市生活了4年，对毕业后的生活产生了彷徨，开始对未来的自己进行规划。片中主要演示了毕业后的彷徨和对以后认知的变化和未来的美好
对拍摄内容阐述	作品主要以积极向上的心为中心和主题，希望作品可以侧面反映大学生在现实社会中的缩影。主要场地选择在武汉的光谷步行街和汉口江边拍摄。片中用一位主角带领整个内容的发展，主要讲述快毕业的大学生在对自己未来的憧憬及向往等

2. 撰写文学脚本

文学脚本是在拍摄提纲脚本基础上增加细化的内容，它比拍摄提纲脚本具体，但是不如分镜头脚本专业、详细。分镜头脚本更多的是面向专业人士（导演、摄像、剪辑等人员），而文学脚本更多的是面向客户。文学脚本只需将可控因素都罗列出来，对拍摄情节要求不高的短视频适用此类脚本类型。想要写好文学脚本，短视频创作者需要注意以下几个步骤。

（1）确定主题。在撰写短视频文学脚本之前，需要先确定短视频内容的主题，围绕主题进行创作，切勿加入其他无关内容，以免导致作品偏题、跑题等。因此，首先要确定展现的主题是什么，然后开始创作脚本。

（2）搭建框架。确定了主题，就要围绕主题开始搭建框架，设计短视频中的人物、场景、事件等要素，思考通过怎样一个故事展现这个主题。如果能在脚本中加入多元的元素，如形成对比、结尾反转等，会获得更好的效果。因此，一个脚本如果没有了框架，就聚焦不了主题，相当于没有了灵魂。

（3）人物设置。短视频的文学脚本中需要体现该部分需要多少演员出镜，以及这些演员的身份和个性是怎样的、相互之间的关系是怎样的、演员出镜的时候是怎样的等。

（4）场景设计。场景设计是将故事发生的事件、地点以及拍摄的环境表明清楚，越真实的场景越能让用户产生代入感。

（5）故事主线。故事主线是指故事的核心情节或主要线索，通常是故事中最重要、最核心的部分，贯穿整个故事情节，是故事的中心思想或主题。有故事主线的脚本文案才能指导短视频创作者拍摄出一个有灵魂的作品。

（6）影调应用。影调应用是指围绕短视频故事中所需要的氛围和情绪来应用相应的影调。

（7）背景音乐。音乐是一种特殊的语言，是表达人的思想感情、反映现实生活的一种艺术。背景音乐也称为配乐，通常是指用来调节气氛的音乐，映衬于情节和画面之中，以增强情感的渲染力，让观赏者有身临其境的感受，以听觉的感染加深对视觉形象内涵的理解。因此，选择符合主题的背景音乐可以增强用户的代入感。

3. 撰写分镜头脚本

分镜头脚本是将文学转换成可以用镜头直接表现的画面。分镜头脚本能体现出短视频中的画面，也能精准地体现出对拍摄镜头的要求。分镜头脚本对拍摄画面要求极高，所以适用于视频更新周期没有限制，创作者有大量时间和精力策划，故事性较强的短视频内容。撰写分镜头脚本时，主要包括以下工作。

（1）将文字脚本的画面内容加工成一个个具体形象的、可供拍摄的画面镜头，并按顺序列出镜头的镜号。

（2）确定摄像机的拍摄位置及角度，如固定机位、侧前方、俯拍等。

（3）确定每个镜头的景别，如远景、全景、中景、近景、特写等。

（4）排列组成镜头组，并说明镜头组接的技巧。

（5）预估画面内容所需要拍摄的时间。

（6）用精练具体的语言描述出要表现的画面内容，必要时借助图形、符号表达。

（7）编写相应镜头组的解说词。

（8）写明相应镜头组或段落的音乐与音响效果。

（9）有需要特别注意的或特殊强调的部分继续标注说明。

对于没做过分镜或没有经过系统训练的新手来说，撰写分镜头脚本是比较困难的。在初期，短视频创作者可以锻炼撰写分镜头脚本的能力，选取优秀的短视频案例来反复观摩，然后将内容以分镜头的方式还原出来。当有了一定的还原分镜头脚本的能力后，就可以尝试将已有剧本、短小情节用分镜头的方式呈现出来。表4-8所示为分镜头脚本示例。

表4-8 分镜头脚本示例

镜号	机位	景别	摄法	时间	画面内容	解说词	音效
1	固定	远景	摇镜头	9s	城市夜景	前奏	
2	侧前方	特写	固定镜头	8s	男生坐在床上，把头深深地埋进了膝盖里，月光打在身上，显得很落寞	夜深了 我还为你不能睡	
3	正前方	全景	以闹钟做背景，男生在镜头里虚化	7s	床头柜上的闹钟指针显示现在是凌晨四点多	黎明前的心情 最深的灰	指针走动声

（续表）

镜号	机位	景别	摄法	时间	画面内容	解说词	音效
4	俯拍	特写	从手部慢慢推到照片	8s	男生手上拿着女生照片，看得深沉，笑得无奈	左右为难的你 不知怎样去面对	
5	侧前方	中景	男生中间慢慢拉到全景	7s	男生慢慢抬头，侧过脸，盯着床上散落的照片，每一张都是一个回忆	我能做的 只剩沉默体会	
6	平拍	远景	固定镜头	6s	男生拿着相机在街头拍照	爱情是让人沉溺的海洋	
7	侧后方	全景	移镜头，从侧后方到侧前方	7s	周围人来人往，切回镜头5散落在床上的照片	孤独的时候 想要去逃亡	
8	侧后方	全景	固定镜头	4s	切回男生拿着相机转身准备找其他地方拍照	转身的一瞬间	
9	正面	远景	第一视角平拍	4s	女生戴着耳机，拿着MP4安静地坐在椅子上，表情像是被感动了	你出现在我身旁	
10	侧面	中景	俯拍	2s	女生在哭	你的眼泪	
11	正面	中景	移镜头	4s	男生站在女生不远处，想去安慰，却不知如何开口	让我不敢开口讲	
12	后面	中景	固定镜头	4s	女生擦着眼泪从男生身边走过	我想大声告诉你	

本章总结

1. 短视频创作者需要用新奇的创意来策划短视频选题和内容，选题要新颖、贴近用户。了解选题的三种类型、核心原则、五维法以及选题素材来源的收集，能够帮助短视频创作者更好地建立选题库，同时善于借势热点来打造热门选题，可帮助短视频创作者的作品被更多的用户看到。

2. 创意是短视频内容吸引人的关键，短视频创作者需要遵循五个原则，这样打造出的优质内容才能满足用户的观看需求。同时，优质内容的策划可以借助六种方法帮助短视频创作者建立规范化的内容生产流水线，策划出优质的短视频。善用经典方法（如优质内容的套路方法和内容框架的要点），打造爆款短视频不再遥不可及。

3. 标题就像是一家店的门面，门面吸睛才能吸引更多人进来，好的标题能直接影响用户是否点击进来观看你的内容。掌握拟定吸睛标题的方法（数字罗列式、激发情绪式、引发好奇式、借势式、热点式）能够快速提升短视频的完播率，结合爆款文案模板公式的套用，编写爆款文案不再是难题。

4. 短视频内容类型多种多样，短视频创作者要明确自身擅长领域，确定短视频的内容类型，打造独树一帜的短视频表现形式，形成强大的竞争力。

5. 短视频脚本是短视频创作的关键，短视频脚本分为三个段位（拍摄提纲、文学脚本、分镜头脚本），掌握好脚本的写作逻辑及方法技巧，不仅有助于提升拍摄效率、提高视频拍摄质量、方便完善修改短视频、保证短视频的主题明确，还有利于垂直账号的定位。

项目练习

1. 项目目标

为了更好地理解短视频的策划，根据兴趣爱好或特长在内容方面优化自己的短视频账号并通过一条短视频撰写提纲脚本进行实训。

2. 项目内容

（1）明确自己的短视频账号类型。

（2）策划选题制度和流程，建立短视频选题库。

（3）构思短视频内容创意，并让创意落地。

（4）掌握短视频脚本使用的方法。

3. 项目要求

（1）规划短视频账号的内容运营策略，形成一个比较固定的创作流程并总结规律。

（2）明确短视频的主题及主要内容。

（3）对比头部短视频账号，选取点赞量不低于50万的短视频内容进行拍摄提纲脚本的撰写，并对自己的账号持续进行改进。

第5章

拍摄剪辑，助力大片

随着短视频的不断发展，越来越多的创作者开始自己拍摄剪辑短视频，但是效果却有很大差异。一个完整的短视频作品是由多个镜头画面组合而成的，如果想把短视频作品拍摄好，就需要掌握景别、角度、构图、光位等方面的拍摄技巧。当我们拍摄完短视频后，必不可少的一个步骤就是剪辑，本章将详细介绍短视频拍摄和剪辑的一些技巧，助力各位读者速成炫酷大片。

知识点目标：

- ☑ 了解短视频拍摄和剪辑的重要性
- ☑ 熟悉剪辑的基本原则

技能库目标：

- ☑ 掌握短视频拍摄的常用技巧
- ☑ 掌握短视频剪辑的基本流程

5.1 巧用景别，营造不同空间表现

景别是一种镜头语言，指当焦距一定时，由于被摄体和摄影机的距离不同，拍摄对象在摄影机录像器中所呈现出的范围大小的区别。短视频创作者可通过调节场面调度和镜头，巧妙利用不同的景别，营造画面的空间感。

5.1.1 远景

远景是从比较远的距离观看景物和人物，可以呈现广阔深远的景象，展示人物及其周围广阔的空间背景和环境氛围，一般用广角镜头拍摄。

按照表现形式，远景可以分为极远景和普通远景。

1. 极远景

极远景一般拍摄的是极其广阔的画面，如一望无际的草原、浩瀚无边的星空、从高空俯瞰城市等。在极远景中，画面空间容量较大，人物仅是画面的点缀，主要是以景为主，如图5-1所示。

图5-1　极远景

2. 普通远景

和极远景相比，普通远景中人物的占比有所增加，但是在整个画面中仍然只占很小的一部分，环境占比更大一些。它相当于从较远的距离观看景物，画面给人的感觉是一个整体，不会特别清晰地呈现细节部分，如图5-2所示。

图5-2 普通远景

5.1.2 全景

全景用来展现场景的全貌和人物的全身，在视频中通常用来表现人与环境、人物与人物之间的关系。和远景相比，全景在描述人与环境之间的关系方面更加全面，人物主体全身出镜，镜头和主体之间的距离更小，如图5-3所示。

图5-3 全景

5.1.3 中景

中景通常卡在膝盖部位或画框位于场景局部，主体所占的面积更大，是一种叙事功能很强的景别。中景通常用于包含对话、动作和情绪交流的场景中，有利于表现人物与周围环境、人物与人物之间的关系，如图5-4所示。

5.1.4 近景

近景在拍摄时仅拍到人物的胸部以上，也用来拍摄景物的某一局部。近景着重于表现人物的面部表情、细微动作和景物的局部状态，能够形象地刻画出人物性格，这些都是中景和全景不具备的属性。因此，近景非常适合短视频拍摄。

在近景画面中，人物是画面的主体，环境处于次要地位。近景中人物面部十分清晰，面部缺陷在近景中会放大，所以近景对于人物造型要求更加细致，如图5-5所示。

图5-4 中景

图5-5 近景

5.1.5 特写

特写镜头指画框定位于人物肩部以上，或画框定位于拍摄对象的局部。拍摄对象充满特写镜头的画面，能够更好地表现对象的色彩、质感、线条等特征。在短视频中使用特写镜头能够让用户仔细观察拍摄主体。特写可以细分为以下两种类型。

1. 大特写

大特写仅仅突出拍摄对象的局部，如拍摄人物的眼睛，如图5-6所示。

2. 普通特写

普通特写指画框定位于人物肩部以上，或者定位于被拍摄对象的某一较小局部，在拍摄时突出显示人物或者被拍摄对象的某个局部，如图5-7所示。

图5-6 大特写

图5-7 普通特写

5.2 角度设计，抓牢用户观看心理

不同的拍摄角度会表现出不同的意境，在相同场景中采用不同的角度进行拍摄，表达出来的心理和情感是不一样的。所以拍摄角度是影响画面构成效果的重要因素之一。下面介绍常见的三种拍摄角度。

5.2.1 平拍

平拍角度的拍摄镜头和被拍摄主体在同一水平线上，因为最接近人的视觉习惯，所以拍出来的画面给人一种身临其境的感觉。用平拍角度拍摄建筑物不易变形，如图5-8所示。

图5-8 平拍效果

5.2.2 仰拍

仰拍的拍摄设备通常低于拍摄对象的位置，和水平线会形成一个仰角，能够使景物显得更加高大雄伟，有很强的纵深感。仰拍很适合拍摄大树、高山、大楼等景物。采用仰拍角度拍摄的画面地平线低，从而可以突出拍摄主体，让画面显得更干净，如图5-9所示。

图5-9 仰拍效果

5.2.3 俯拍

俯拍角度指摄像机的位置高于被拍摄主体的位置，镜头向下俯视时拍摄的角度。采用俯拍角度拍摄可以充分展现拍摄主体的正面、侧面和顶面，从而增强拍摄主体的立体感和画面空间的层次感，展现出场景的广阔，如图5-10所示。

图5-10 俯拍效果

5.3 精美构图,凸显妙用镜头瞬间

对于短视频而言,构图是表现作品内容的重要因素。如果前期的构图没做好,后期剪辑做得再完美,短视频仍然无法给人震撼的感觉。优秀的构图可以让画面整体更加协调,富有表现力和艺术感染力。

5.3.1 中心构图法

中心构图法通过把主体设置在拍摄画面的中心进行拍摄,让观众一眼就可以看见画面的重点,从而迅速了解拍摄者想传递的信息。这是一种简单、常见的构图方式。其最大优点在于突出主题,而且能让画面产生左右平衡的效果。采用中心构图法拍摄时,尽量采用画面简洁或者与主体反差较大的背景,这样能够更好地衬托拍摄主体。中心构图法如图5-11所示。

图5-11 中心构图法

5.3.2 三分构图法

三分构图法又称为九宫格构图法,它将画面分成三等分,一般将拍摄主体放在偏离画面中心1/6处,可以避免画面过于对称,让画面看起来不会枯燥乏味,还可以让画面具有平衡感,使画面上下左右更加协调,如图5-12所示。三分构图法是一种经典且简单易学的拍摄构图技巧。

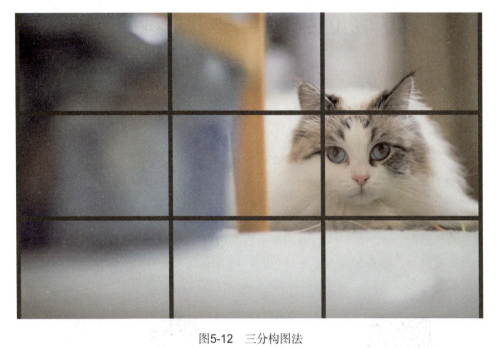

图5-12 三分构图法

5.3.3 黄金分割构图

黄金分割构图来源于黄金分割比例,即1:1.618,在视频拍摄中运用非常广泛。当作品中拍摄主体的摆放位置符合黄金分割原则时,画面会呈现和谐的美感。在黄金分割构图中,最常见的两种表现形式为黄金螺旋和黄金九宫格。

1. 黄金螺旋

黄金螺旋是指以每个正方形的边长为半径所形成的一条具有比例美感的螺旋路径,如图5-13所示。

2. 黄金九宫格

黄金九宫格是将画面宽度分为1:0.618:1,中间更窄一些,如图5-14所示。

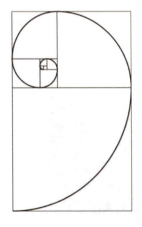

图5-13 黄金螺旋

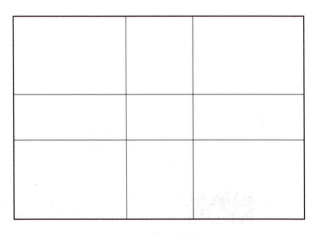

图5-14 黄金九宫格

5.4 光位选择，巧妙营造画面氛围

光位指光源相对于被拍摄主体的位置，即光纤的方向和角度。不同的光位拍摄同一主体会产生不同的效果。常见的光位有以下五种。

5.4.1 顺光

顺光，又称为正面光，指光线投射方向与摄像机拍摄方向一致。顺光可以让拍摄主体受到均匀照射，影调自然柔和，能够真实地表现出拍摄主体的色彩。但是顺光只能靠拍摄主体本身的色彩来营造画面氛围，画面缺乏层次感，比较呆板、乏味。我们可以利用线条和形状凸显透视感，增强画面的立体感。图5-15所示为顺光的拍摄机位，图5-16所示为顺光的拍摄效果。

图5-15 顺光的拍摄机位

图5-16 顺光的拍摄效果

5.4.2 逆光

逆光，又称为背面光，指从拍摄主体的背面投向镜头的光线，投射方向和拍摄方向相反，所以画面易曝光不足，无法看清色彩和细节。但是用逆光拍摄人物时，可以拍出剪影的效果，清晰勾画出拍摄主体的轮廓，渲染画面气氛。在拍摄表现意境的远景和全景图时，利用逆光拍摄，可以使景物层次更加丰富，增强空间感。图5-17所示为逆光的拍摄机位，图5-18所示为逆光的拍摄效果。

图5-17 逆光的拍摄机位

图5-18 逆光的拍摄效果

5.4.3 侧光

侧光是指从侧面照射拍摄主体的光线。光源投射方向与拍摄方向形成一个大于45°的夹角。侧光在拍摄时，能使拍摄主体有明显的受光面和背光面，画面的明暗对比非常清晰，会在拍摄主体上形成强烈的阴影，让拍摄主体有鲜明的立体感和深度，图5-19所示为侧光拍摄效果。

5.4.4 顶光

顶光是指从拍摄主体头顶上方照射下来的光线。正午的阳光是很有代表性的一种顶光，可以使凸出来的部分更明亮，凹进去的部分更阴暗。例如，用顶光拍摄人物时，人物的头顶、鼻梁、颧骨等部分显得明亮，而眼窝、鼻梁下则会出现阴影，形成严肃或恐惧的效果。顶光一般用来表现人物的特殊精神面貌，如憔悴、缺乏活力等。图5-20所示为顶光拍摄效果。

5.4.5 底光

底光是指从拍摄主体下方垂直照上来的光线。底光经常出现在舞台戏剧照明中，可以起到修饰造型的作用，塑造扭曲的造型效果，一般用于刻画阴险、恐怖的效果。图5-21所示为底光拍摄机位。

图5-19 侧光拍摄效果

图5-20 顶光拍摄效果

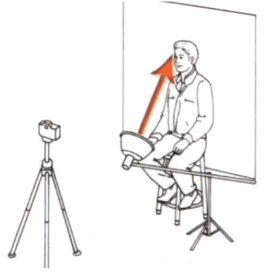

图5-21 底光拍摄机位

5.5 视频剪辑，助力爆款内容诞生

完成前期短视频素材的拍摄之后，接下来需要对拍摄的短视频素材进行后期剪辑处理，经过良好的剪辑处理可以让短视频的视觉效果更加出色。剪辑是一项艺术性和技术性兼具的工作，它通过将不同的镜头组接在一起来表达短视频的主题，抒发情感。剪辑的好坏直接关系到短视频的最终效果，下面将介绍剪辑的基本原则和基本流程。

5.5.1 剪辑的基本原则

剪辑应该为内容服务，通过好的视听语言进行叙事，能够更好地展现短视频主题。后期剪辑人员应该根据编导的创作意图，综合运用蒙太奇手法进行后期剪辑，来阐述不同的画面意义和思想内涵。

1. 因果与逻辑原则

大部分叙事镜头都需要按照时间顺序进行组接，即使不能按时间顺序组接，也要符合事物发展的因果关系。事物的运动状态有其自然规律，人们也习惯根据这个规律来思考并解决问题。因此，短视频创作者在剪辑短视频的时候，需要遵循事物发展的逻辑，这样才能让用户更好地接受和理解作品的中心思想。

2. 时空一致性原则

短视频画面在向人们传达信息时有很多构成因素，如主体动作、画面结构、拍摄角度、背景环境、景深等。所以在剪辑两幅画面时，短视频创作者要注意画面中的各种元素都要有一种和谐的关系，让用户感到自然、流畅，不会产生视觉上的跳跃感和间断感。

3. 影调、色彩统一原则

剪辑短视频时需要保持影调和色调的连贯性，避免出现没有必要的光色跳动。对于黑色的画面而言，不论原来是什么颜色，都是由许多深浅不同的黑白层次组成、软硬不同的影调表现出来的。而对于彩色的画面，还要考虑色彩问题。不管是黑色还是彩色的画面都要保持影调、色彩的统一。

4. 轴线原则

轴线是指拍摄主体运动方向、视线方向和不同对象之间形成的一条假想连接线。通常在拍摄的时候，相邻的两个镜头需要保持轴线关系一致。正确处理好镜头之间的方向关系，可以让用户对各个镜头要表现的空间有一个统一、完整的感觉。

5. 声画匹配原则

声音和画面各有各的特性，剪辑视频时应将两者充分结合在一起，注意声音和画面的匹配，可以更好地表现短视频内容的主题。

6. 黄金三秒原则

短视频时长较短，数量又很多，想要脱颖而出非常困难。因此，短视频画面的前三秒要展现出视频中较精彩的部分，这样才会吸引用户继续往下看。想要成功展现黄金三秒，可以参考以下几种方法来展示短视频内容。

（1）用疑问句或者反问句开头。先提出疑问，紧接着在短视频后面解答疑问，吸引用户兴趣，提高播放时长。

（2）开门见山。在视频开头直接点明主题，让用户知道短视频的主题。

（3）迅速入戏。不要有太多铺垫，直奔主题，加快短视频的节奏，带动用户的情绪。

（4）开头有个人特色。开头可以用朗朗上口或者有趣的个人介绍，让用户从对人感兴趣转移到对视频感兴趣，但是要注意个人介绍的内容和短视频内容有关联。

5.5.2 剪辑的基本流程

在剪辑短视频之前要有一个清晰的思路，知道剪辑的基本流程是什么，这样才能更好地开展剪辑工作。接下来将介绍剪辑的基本流程。（图5-22）

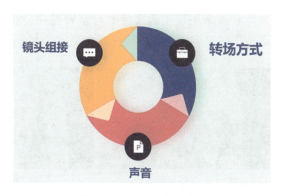

图5-22　剪辑的基础流程

1. 镜头组接

在短视频后期剪辑过程中，我们可以利用相关技术在需要组接的镜头画面中使用编辑技巧，让镜头和镜头之间的转换更加平滑、流畅，并且制作一些无法直接通过拍摄呈现出来的效果，如闪现。常见的镜头组接技巧有淡出淡入、画中画、叠化、划像、抽帧、翻转等。

（1）淡出淡入。淡出淡入也称为渐显渐隐。淡出是指在上一个镜头的结尾处，画面的亮度由正常逐渐降到零点，画面逐渐隐去；淡入是指在下一个镜头的起始处，画面的亮度由零点逐渐恢复到正常的亮度，画面逐渐显现。图5-23所示为淡出淡入的效果。

图5-23　淡出淡入的效果

淡出淡入通常用来表现短视频中时间和空间的间隔，持续时间一般为2秒左右，给观众一种场面重新开始的感觉，可以让观众为下面出现的内容做好心理准备，也可以对刚看过的内容做一番思考。需要注意的是，淡出淡入不宜频繁使用，否则会让画面的衔接显得非常零碎，短视频内容整体显得拖沓，让人产生厌倦感。

（2）画中画。画中画指的是在同一个画框中出现两个或两个以上的画面。画中画通常用来表现同时发生的相关或者对立的动作、事件，在事件性较强的影视作品中比较常见。但是短视频创作者不能随意将一个画面分割为多个画面，因为观众处理视觉信息的能力是有限的，屏幕中画面如果过多，会分散观众的注意力，让观众捕捉不到重要的信息。图5-24所示为画中画的镜头组接。

图5-24　画中画的镜头组接

（3）叠化。叠化，也称为溶化，是指前一镜头与后一镜头的画面相叠加，前一镜头逐渐模糊直到消失，后一镜头逐渐清晰直至完全显现的过程。叠化的时间一般为3～4秒，具有轻缓、柔和的特点，通常用在比较缓慢的时空转换中。很多风景片都会在不同的景色之间添加叠化效果，让转场更加平滑，从而产生更好的视觉效果。图5-25所示为叠化的镜头组接。

图5-25　叠化的镜头组接

（4）划像。划像是指上一个镜头画面从一个方向逐渐退出的同时，下一个镜头画面渐渐出现。划像可以分为划出和划入。划的时间一般为1秒左右，用来表现时间转换和段落起伏。划像由于时间较短，一般用在比较大的段落之间的场景切换中，如果用在时长较短的短视频中，会有明显的人工痕迹，节奏也显得很紧凑，给观众留下虚假、造作的印象。图5-26所示为划像的镜头组接。

图5-26　划像的镜头组接

（5）抽帧。一般情况下，1秒视频由25帧或30帧组成。抽帧是将一帧画面从一系列连贯的影像中抽出来，让影像表现出不连贯的一种镜头组接技巧。通常，我们会用减少帧数的方式让人物的动作看起来比正常情况下更具动感。图5-27所示为抽帧的镜头组接。

图5-27 抽帧的镜头组接

（6）翻转。翻转是指画面翻转过后，展现出另外一个场景，一般用来表现内容反差较大的对比性场景的画面转换。比如，前一个画面是在公司上班，下一个画面已经出去旅游了，用来突出反差大。图5-28所示为翻转的镜头组接。

图5-28 翻转的镜头组接

2. 转场方式

一个短视频通常是由多个场景构成的，从一个场景过渡到另一个场景称为转场。为了让短视频内容的条理性更强、层次更加清晰，在转场时，需要用到一定的方法。转场的方法通常分为技巧性转场和无技巧转场。技巧性转场是通过后期特效实现的。无技巧转场是用镜头的自然过渡来实现前后两个场景的转换与衔接的，视觉上更加具有连续性。无技巧转场包括空镜头转场、主观镜头转场、特写镜头转场、遮挡镜头转场、声音转场、长镜头转场和运动镜头转场。接下来主要介绍无技巧转场。

（1）空镜头转场。空镜头转场是指没有明确的主体，通常以自然风景为主的写景空镜头作为两个场景的衔接点，用来渲染气氛，实现转场。比如，影视剧中一般会用夜晚作为转场烘托出紧张的气氛，如图5-29所示。

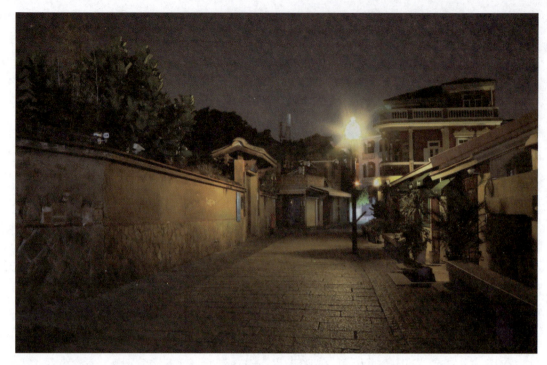

图5-29 空镜头转场

（2）主观镜头转场。主观镜头转场是指由客观画面到主观画面的自然转换，也就是跟随人物的视线，拍摄其所看到的景物，实现场景转换。比如，前一个镜头是人物坐在椅子上目视前方，下一个镜头是人物所看到的前方的风景，两个镜头自然地连贯在一起。

（3）特写镜头转场。特写镜头转场是指用特写镜头转接上一个镜头。特写镜头是一个信息量较少的镜头，屏蔽了时空与环境，所以在转场的时候能够迅速吸引用户注意力，突出局部细节画面。如图5-30所示，在弹古筝场景中，前一秒是女主弹古筝的整体画面，下一秒转到手部特写镜头。

图5-30 特写镜头转场

（4）遮挡镜头转场。遮挡镜头转场是指先拍摄一个主体朝镜头运动的迎面镜头，紧接着借助第三方道具或者特效，直到该主体完全被镜头遮挡住，再转换到另外一个场景，实现自然过渡。遮挡镜头转场可以对短视频画面的主体起到强调的作用，让人产生强烈的视觉冲击，使画面节奏变得更加紧凑，如图5-31所示。

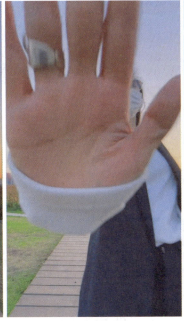

图5-31　遮挡镜头转场

（5）声音转场。声音转场是用音乐、音响、解说词、对白等和画面进行配合来实现画面转场，是转场的惯用方式。声音转场主要是利用声音过渡的和谐性自然转换到下一画面，达到转场的效果。声音转场的主要方式有声音的延续、声音的前后呼应、前后声音的反差。

（6）长镜头转场。长镜头转场是指利用长镜头中宽阔的场景来实现画面转场。在拍摄短视频时，利用推、拉、摇、移等运动形式，再结合长镜头本身在拍摄距离和景深方面的优势，可以实现不同场景之间的自然过渡。

（7）运动镜头转场。运动镜头转场是指利用前后镜头中人物或交通工具等作为场景或时空转换的转场技巧。这种转场方式通常用来表现大幅度的空间变化。（图5-32）

图5-32　运动镜头转场

3. 声音

短视频的声音通常由音效、背景音乐、同期声、配音4部分组成。声音是短视频中重要的听觉元素，能够丰富短视频的内涵，提高短视频的表现力和渲染力。由于短视频的时长过短，大部分短视频从头到尾都用一个背景音乐，中间通过卡点剪辑，增加画面的戏剧性和反转性，渲染观众的情绪。比如，在搞笑类短视频中，经常会插入一个"笑场"的音效，让画面传递的感觉更加真实，如果不加音效，画面可能就会有点尴尬，因此合理地运用音效可以达到更好的视听效果。我们在处理短视频声音的时候，需要遵循以下几个原则。

（1）注意整体节奏。短视频的节奏和情绪一般都是由音乐带来的，每段音乐都有其独特的情绪和节奏。为了让视频和音乐更加匹配，我们在进行短视频剪辑的时候，先按照拍摄的时间顺序进行粗剪，然后去分析视频节奏，最后根据整体的感觉选择合适的音乐，让背景音乐节奏和画面节奏相吻合。

（2）不要让背景音乐喧宾夺主。背景音乐在短视频中起着画龙点睛的作用，但是不能让人只听音乐而忽略了短视频的画面，这样就有点本末倒置了。比如，美食类短视频在选择背景音乐时多以轻快舒缓的纯音乐为主，让人观看时非常治愈。

（3）声音要和两个画面切换的时间点吻合，当画面结束时，声音也要结束。

本章总结

1. 景别作为一种镜头语言，包括远景、全景、中景、近景、特写。

2. 拍摄角度是影响画面构成效果的重要因素之一，常见的三种拍摄角度为平拍、仰拍、俯拍。

3. 构图是表现作品内容的重要因素，主要有中心构图法、三分构图法和黄金分割构图。

4. 不同的光位拍摄同一主体会产生不同的效果，常见的光位有顺光、逆光、侧光、顶光和底光。

5. 一个优秀的短视频既需要前期拍摄，又需要后期剪辑来加持，剪辑的好坏直接影响到短视频的最终效果。本章详细介绍了拍摄的注意事项、剪辑的基本原则和基本流程。

项目练习

1. 拍摄5个视频

（1）训练的技能点。

① 对于不同景别的认知。

② 熟悉各种构图方法和拍摄角度。

③ 学会利用不同的光位。

（2）需求说明。

拍摄时运用本章所讲的景别、角度、构图、光位等技能点，拍摄视频方向为人物、花草、美景、体育、娱乐等。

2. 剪辑5个视频

（1）训练的技能点。

① 了解剪辑的基本原则。

② 熟悉剪辑的基本流程。

（2）需求说明。

做完上机练习后，将拍摄的五个视频分别进行剪辑，运用镜头组接和转场方式。

第6章

热门攻略，妙引流量

短视频的内容虽然很重要，但是在新媒体时代下，短视频的流量运营、引流和推广技巧更是一个账号成功的关键。如果账号只有好的内容，但是不知道如何引流，甚至不熟悉平台的规则，那么这个账号也很难获得长期流量，不能得到持续性的发展。当今社会如果只依靠"酒香不怕巷子深"的理论，创作者的短视频很快就会淹没在网络中，只能眼巴巴地看着别人享受流量的红利，而自己优秀的作品却石沉大海。因此，为了创作更优秀的作品，也为了让优秀的作品被更多人看见，我们应该掌握一些关于引流的技巧。

知识点目标：

- ☑ 了解短视频的流量池
- ☑ 熟悉上热门的基本要求
- ☑ 了解日常视频的功能

技能库目标：

- ☑ 掌握给短视频投 DOU+ 的技巧
- ☑ 掌握平台限流和对应的解决方法

6.1 流量池对位你的"可爱"播放量

随着我国短视频的用户规模不断扩大，各个短视频平台聚集的流量池越来越大。不管是个人短视频，还是企业短视频，高效获得流量并且充分利用流量，是短视频流量运营的最终目的。我们想做好流量就要先了解对应的播放量，你的视频播放量达到一定阶段，就会被推荐到下一个流量池。

如果你发现你的视频播放量低于200，说明你的账号有极大的问题。因为抖音一般会至少给200的播放量，而你的达不到可能是前期注册时就有问题。这时候建议放弃此账号，重新注册一个账号。关于如何注册账号，本书第2章中有详细的介绍，注册的时候一定要利用好技巧，不要随便注册。总之，你随手拍个视频发到抖音里，就能很容易实现200的播放量。目前抖音的流量池有九个，如图6-1所示。

图6-1 抖音的九个流量池

（1）初始流量池。初始流量池是指短视频的播放量为200～500。在抖音，你随手拍自己的日常，如一顿烛光晚餐、和朋友出去游玩、在公园遛狗等，抖音都会给你200～500的播放量，也就是说你的短视频会被200～500人看见。

（2）千人流量池。千人流量池是指短视频的播放量为3000～5000。你的短视频如果数据好，如点赞率、完播率高，就会由初始流量池进入千人流量池。

（3）万人流量池。万人流量池是指短视频的播放量为1万～2万。你的短视频如果在千人流量池中表现不错，就会被推荐进入万人流量池，也就是说会有1万～2万人看到你的短视频。

（4）小热门。小热门是指短视频的播放量为10万～15万。你的短视频如果在万人流量池中数据反馈仍然很好，就会被推荐进入小热门。进入小热门后，就会有人工审核，说明这时候你的短视频已经被平台所认可，是一个有潜力上热门的视频。

（5）中级流量池。中级流量池是指短视频的播放量为20万～70万。你的短视频在通过人工审核后，就会被推荐进入中级流量池。

（6）高级流量池。高级流量池是指短视频的播放量为100万～300万。你的短视频如果在中级流量池中数据反馈好，就会被推荐进入高级流量池。

（7）热门流量池。热门流量池是指短视频的播放量为300万～500万。如果你的短视频在高级流量池中的完播率、评论率、点赞率表现都很突出，恭喜你要上热门了。

（8）爆款流量池。爆款流量池是指短视频的播放量为500万～1200万。一个普通知识主播能够接触到的天花板差不多就是这个播放量。

（9）出圈。如果你的短视频播放量大于1200万，那就说明你要出圈了，你不再是普通的主播，你的短视频将有机会被你的幼儿园同学和老师刷到，还有可能登上平台热搜榜。如果这条短视频价值感强，充满正能量，就有机会一天增加数十万粉丝。

抖音主播"北大丁教授"因为一条吐槽自己女儿的短视频（图6-2），收获点赞170多万，单视频播放量达到7000多万，一天涨粉80余万，甚至登上了平台热搜榜，引发广大群众对于教育的争议。丁教授在这条视频火了之后，接受了一些媒体的采访，形成二次传播，实现了真正意义上的出圈。

出圈的视频不一定全靠前期的筹划准备，还需要一定的天时、地利、人和。所以我们在做短视频的时候，要不断地去更新自己的作品，当机会真的来临的时候，要狠狠地抓住它，不让它溜走，争取让自己早日出圈。

图6-2 "北大丁教授"的出圈短视频截图

6.2 如何快速持续上热门

很多主播都希望自己的短视频能够登上热门，但是这些主播不一定懂短视频平台的规则。用户喜欢什么类型的短视频，喜欢什么效果，倾向于哪种背景音乐，这些都是需要我们去了解的。所以，很多短视频发送成功后播放量低，和我们前期的准备工作有很大的关系。如果你的短视频有违规内容，或者被平台判定为搬运或伪原创视频，那你发布出来的短视频就可能会被限流，严重的会被封号。接下来就带大家来看如何快速持续上热门。

6.2.1 上热门的基本要求

想让自己的短视频迅速上热门，就要先了解短视频上热门的基本要求有哪些。下面就来介绍短视频上热门的四个基本要求。

1. 画面清晰

说到画面清晰,很多人可能会想,现在的手机和相机这么发达,我还会拍不清晰吗?事实上很多人在拍摄的时候都做不到画面清晰。一些人在拍视频的时候喜欢将美颜和滤镜开到最大,拍出来的效果连亲妈都不认识,这就是画面不清晰,系统会自动识别出来。

2. 没有杂音

有的视频声音听不清,一方面是因为外面全是杂音,另一方面是它没有进行收音。所以在拍摄视频的时候至少需要带个领夹麦,进行收音。如果你的短视频声音有杂音,或者收音没有收好导致声音很小,别人刷到你的短视频发现听不清,可能就会划走了,不仅浪费了抖音给你推荐的流量,也浪费了前期拍摄和后期剪辑的工夫。

3. 美观整洁

很多人在拍摄视频的时候喜欢用各种特效,尤其是一些闪来闪去的特效,这些特效对于视频本身来说就是干扰因素。很少看见千万粉丝主播去拍摄画面凌乱的短视频,因此我们要保持短视频画面的美观整洁,给用户留下良好的第一印象。如图6-3所示,主播在海边拍摄的照片,以海和石头为背景,画面非常美观整洁。

图6-3 美观整洁的画面

4. 带字幕

不管你的普通话多么标准,在剪辑短视频时一定要加字幕。字幕本身是很容易被系统识别出来的,你不加字幕,系统就很难识别你的视频,不能识别视频,就无法给你推送流量。

6.2.2 上热门的内容要素

一个短视频如果想上热门,就要注重视频的内容要素,包含人物、环境、台词、音乐、亮点。

1. 人物

在短视频中,主角长得很有特色才会容易上热门,如人长得特别美或特别丑,若主角介于两者之间则难上热门。

2. 环境

如果你以白墙为背景唱歌，就不太容易上热门，那些比较火的主播有充足的背景灯光，看起来和明星一样。同样是唱歌，即使这两个人唱的歌一样，也是有灯光背景的主播容易火。还有一种情况，如一个大爷每天靠在农村的草垛上唱歌，这个也很容易火，因为他的场景大家不是很熟悉；或者他一边放羊，一边唱歌，也比较容易火。所以我们在拍视频的时候一定要在环境上想办法，如你要唱歌，你就去山上、草原上、大街上，也可以去池塘里脚踩在泥里唱，不要唱给白墙听，可以唱给小猫小狗听，选择不同环境当背景更容易上热门，这就是我们所说的环境的重要性。如图6-4所示，主播身穿玩偶服，以街道为背景环境唱歌，吸引众人前往围观。

图6-4　以街道为背景唱歌

3. 台词

台词也就是文案，几乎每条短视频里都有台词，可见台词是非常关键的。我们在为短视频配台词的时候，要注意以下几点。

（1）坚持正能量输出。

（2）调动用户的情感共鸣。

（3）激发用户的好奇心。

（4）引导用户互动，让用户有参与感。

（5）输出干货，让用户学到知识。

4. 音乐

我们在为短视频选择配乐的时候，可以优先选用最近比较火的音乐，但是要注意音乐和视频画面的协调性。

5. 亮点

亮点也就是可以让人眼前一亮的点。比如，你拿一条特别长的鱼，或者一个特别大的西瓜拍视频，如图6-5所示。因为与众不同，所以能吸引用户的注意力，这个就是你短视频的亮点。

图6-5　视频亮点

6.2.3　热门短视频的情感要素

有的短视频看完之后全程无感，有的短视频看完之后却能引发人的一些情绪波动，这说明了情感对于短视频的重要性。接下来介绍四种情感要素。

（1）有收获。有收获就是看完短视频后可以学到相关的知识。假如你只是随便发个自拍，没有任何有价值的东西传递，这个短视频很难火起来。

（2）有共鸣。有共鸣是指心灵和意识的同频共振。也就是说，你拍的短视频让用户看完之后，在思想上或者情感上有相通的地方。

（3）有痛点。痛点指市场不能充分满足，而用户迫切需要满足的需求。短视频一旦抓住了用户痛点，便有了和用户进行互动的切入点，有了搞好用户关系的通行证。比如，你看完一个很感人的短视频后，感动到流下眼泪，这说明这个短视频有痛点。

（4）有笑点。笑点指让用户看完之后可以笑的点。当用户看完一个短视频后，觉得很好笑，哈哈大笑，还有可能去和身边的人分享，这就说明你的短视频有笑点。

6.3　被忽视的宝藏功能

抖音有一个发布"日常视频"的功能，如图6-6所示。用户在发布日常视频的时候可以选择一天可见，这被称为抖音的日记模式。这个视频仅可对外展示一天，一天后会自动隐藏起来，类似于朋友圈的"仅三天可见"，可以帮助用户快速与好友分享自己的生活瞬间，记录某些重要的时刻。视频内容可以比较随意，不需要跟其他视频一样精心准备。

日常视频看起来和其他视频差别不大，但是如果你的粉丝数量多，它能够很好地帮助你展示真实的一面。这个功能最重要的一点是增加信任度，从侧面展现自己的实力。在日常视频中可以把平时不方便在正式视频里展现的内容发布出来，拉近和粉丝之间的距离。

比如，某带货主播在直播间里向团队工作人员喊话："Oh, my god！这款商品已经下1万单了啊，没库存了，赶紧问品牌方能不能加库存。"看似在让工作人员加库存，实则在展现这款商品在直播间已经下了1万单，凸显商品销量好，暗示直播间的粉丝们赶紧下单抢购。

我们在拍日常视频的时候，需要注意的一点是，不要过度包装自己，你想让粉丝看见的精致、完美的视频在主页里已经展现出来了，而日常视频展现的是真实的，甚至是不完美的自己。如果过度追求完美可能会起到反作用。你的粉丝发现你的日常也是非常精致完美的，可能会觉得有一些虚假，反而你以轻松的状态展现出来，可以让粉丝看到更加真实的你，觉得你更接地气，更加喜欢你。

但是，日常视频让你展示真实的自己，不代表让你展示完全真实的自己，可以适当地包装一下，但不用特别刻意。比如，你拍视频时不经意间露出自己的房间，房间可以乱，但是不能乱到让人讨厌，觉得你很邋遢的地步。我们在拍日常视频的时候，要把握好真实性的度。

综上所述，你在拍日常视频之前，要先思考一个问题：我到底想让我的粉丝看到什么？思考完这个问题再开始拍日常视频，要注意掌握真实性的度，展现稍微包装了一些的自己。

图6-6　日常视频

6.4　投DOU+，撬动自然流量

推广是短视频平台获取用户必不可少的一个环节，我们在发布完视频后，可以利用推广渠道进行推广，为视频增加热度，从而获得更多的流量。抖音官方推出的DOU+是抖音内容加热和营销推广的一个工具，能够高效提升视频和直播的播放量、互动量，增强内容的曝光效果和转化效果，助力抖音用户的多样化需求，具有多重优势。

6.4.1　为什么要投DOU+

当我们为自己的短视频投DOU+后，抖音系统会将短视频推荐给更多的人，从而增加短视频的曝光率。接下来具体来讲投DOU+的三个原因。

1. 平台更加喜好付费用户和为平台创造价值的用户

当你投DOU+后，抖音后台会给你打上一个标签，你的作品就能得到抖音平台更多的推荐。所以，我们要重视自己拍摄的每一条短视频，保证视频是精心打磨出来的，有登上热门的可能性，这时候我们就可以根据预算来投DOU+。前期可以先投100元，如果数据好的话再继续追投。

2. 涨粉速度更快

不管在哪个平台，你投了费用之后，都会有一些对应的效果出来。在抖音平台，你如果想让涨粉速度快一些，就去投DOU+，但是前提是要保证你的短视频内容真的值得投，这样就可以通过投DOU+加快获取精准粉丝的速度。比如，你想增加1万粉丝，可以多发几个作品，测试出账号的涨粉成本，从而投相应的费用。

3. 投入费用的短视频账号成功率更高

当你的投入越大，你就会越用心地去做这件事情。比如减肥，很多人一直说自己想减肥，却没有付诸行动，但是当你花钱专门找人减肥后，你就会认真对待这件事情，减肥的成功率也会提高。所以，你的投入越大，你就越重视这个短视频账号，你的账号就越容易成功。

6.4.2 什么样的短视频值得投DOU+

不是所有的短视频都适合投DOU+，如你随手拍一个短视频，只有3秒钟，画面不清晰，也没有任何剪辑，这种短视频就不适合投DOU+，即使投了也是浪费钱。在投DOU+之前，你要先对自己的作品满意，你自己满意之后才有可能让别人也满意，也就是说，你的作品是否有成为爆款的潜质。如果大部分指标都符合爆款短视频的标准，就可以适当地花钱进行推广。下面来讲适合投DOU+的五种情况。

1. 能带来精准粉丝的短视频

投完DOU+后，你要去看后台的数据，如果后台数据好，给你的短视频账号带来了精准的粉丝，这些粉丝给予你正向反馈，你就可以继续投DOU+。换个说法，你的DOU+带来的投入产出比高，就能继续投。反之，如果投入产出比很低，你连投入的费用都赚不回来，就不要继续投了。

2. 点赞多、涨粉快的短视频

你有一条短视频点赞涨粉势头非常好的时候，一定要抓住时机，迅速投DOU+，说不定就成了一个爆款短视频。你在数据好的时候投DOU+，是锦上添花，投对了数据更好，可能就会上热门，即使投DOU+的效果不大，但是依靠视频本身的数据增长，结果也不会很差。

3. 当爆款短视频完成冲顶，进入停滞缓冲阶段的时候

一般情况下，一个爆款短视频都会经过好几轮的冲顶，热度才会真正降下来。所以，每一轮冲顶我们都要继续追投，一直投到真正的热度降下来，不浪费抖音官方推荐的流量，抓住每一次冲顶的机会。

4. 突然增加人气的视频

抖音有一个机制叫"挖坟机制"，这个机制指的是你的某一条短视频一直不温不火，数据量很一般，但是隔了一周或者更长时间后，突然播放量和点赞率上来了。当"挖坟机制"光顾你的某条短视频后，你要赶紧投DOU+，不要错过上热门的机会。

5. 投入产出比高的带货视频

当有人私信你，想买视频里的东西时，就说明你的短视频有通过卖货变现的机会。这时候你要抓紧机会投DOU+，给短视频带来更多的曝光，让更多的人通过短视频来购买产品，提高投入产出比。

6.4.3 投DOU+的注意事项

1. 确保短视频的内容符合投放的要求

一些存在明显的广告营销、令人不适的内容、侵权风险、违禁词以及质量较差的短视频都不适合投放DOU+。在投放DOU+的时候，短视频内容要能够通过抖音后台的人工审核，不然只会浪费钱。

2. 选择合适的投放时间点

我们在发布完一条短视频后，要及时在后台关注数据，如播放量、点赞量、评论量、转发量等，如果这些数据在短时间之内迅速提升，就说明这条短视频有成为爆款的潜质，这时候要趁热打铁，赶紧投DOU+。一般情况下，在短视频发布后1小时左右，如果看到各项数据指标表现不错，就应该立刻去投DOU+。抖音采取的是流量叠加推荐机制，在这种机制下，短视频发布前期是投放DOU+的黄金期。所以发布完短视频后不要偷懒，要及时关注数据动向。

3. 刚注册的账号不要投DOU+

刚注册的账号权重比较低，如果在前期就投放DOU+，会增加抖音审核的严格程度，有可能会被抖音发现账号短视频有某些问题，从而减少流量推荐，严重的将会降权，甚至给予实质性处罚。所以，投DOU+的抖音账号一定要是做了一段时间后的账号。虽然做了一段时间后还不一定适合投DOU+，但是刚注册的账号肯定不适合投DOU+。

6.4.4 投DOU+的技巧

什么时候投DOU+，如何投放效果更好，投放思维有没有问题，这些是许多刚做短视频运营者看了都会晕倒的问题。下文将按投放时间顺序分享三个投DOU+的技巧，如图6-7所示。

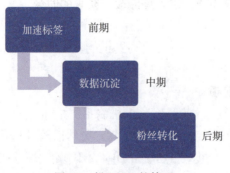

图6-7 投DOU+的技巧

1. 前期：加速标签

在短视频账号的前期阶段，DOU+可以帮助账号加速标签的定位。前期我们需要账号有一个准确的标签，这样系统就可以通过精准的标签把精准的用户推给我们，让我们有一个精准的转化。如果没投DOU+，我们可能需要花很多时间，或者积累大量的作品才能给系统一个反馈，系统就可以从它的泛流量人群中选取那部分对标人群来与我们的作品互动，互动完后找到有反馈的人群，然后给我们贴上标签。但是当我们使用DOU+时，打标签的过程就会大大缩短，我们的运营效率也会得到提高。

在加速贴标签的过程中，有一个非常重要的步骤，那就是找到对标账号，因为我们需要手动添加对标账号，只有这样，系统才能识别出我们想要的能够快速投放的标签。关于如何寻找对标账号，本书第1章有详细的说明。

寻找完对标账号之后，我们就可以直接打开DOU+，来到自定义定向版，点击自定义定向投放，然后滑到最后一个选项——"达人相似粉丝"，这时候我们就可以选择自己已经找到的那一部分对标账号，最多可以选择20个，如图6-8所示。这时，我们可以根据自己的经济情况来进行投放，寻找得多一些会更加利于我们DOU+的推送，如果寻找得少，可能会出现数据投放过窄的情况。

图6-8　DOU+定向版

如果你的账号找不到对标账号，但是你很清楚自己账号的用户画像，那么就可以根据自定义定向推荐里面的用户画像进行自定义投放。比如，你的账号内容是做给男生看的，你就选择推送给男生，年龄也可以选择，可能是20岁、30岁、40岁，或者是年纪更大的中老年人。如果你的账号需要做线下引流，可以选择对应的地域。假如你知道自己的用户画像倾向于哪种兴趣，还可以再添加兴趣标签，你选得越精准，标签找得越迅速，就越能够节省时间成本。（图6-9）

2. 中期：数据沉淀

在中期，我们需要积累数据。我们在成功打上标签后，就需要去沉淀数据。我们的付费流量会告诉系统这是一个什么类型的视频，需要什么样的标签，那么系统就会把这样的用户推给我，而系统的自然流量也会和付费流量互动，所以这时候我们可以去选择系统的智能推荐，选择自己期望提升的点赞和评论，然后积累数据，如图6-10所示。

投放时长的话，就根据我们自己的需求去选择。投放的时间可以在发布作品后立刻投放，也可以等视频数据涨不动了再进行投放。但是数据涨不动也分为两种情况：一种情况是数据本身不好，大家对视频不太感兴趣，这种情况就不用继续投放了；另一种情况是数据很好，你想从当前的流量池进入下一个流量池，这时候就涉及是否追投。假如你的一条短视频播放量1万，点赞300，这时候你可以适当追投一些。数据背后的含义，主要有以下三种情况。

（1）投DOU+24小时之内，完播率＞30%，点赞率＞3%，说明短视频没问题。投完DOU+后，有时候由于流量拥堵，完播率和点赞率的数据不会立刻出来，快的话可能30分钟，慢的话则需要4～7小时，需要耐心等待。等数据出来之后，我们要去看完播率和点赞率，如果完播率＞30%，点赞率＞3%，就说明短视频没问题。这里需要注意一个问题，如数据刚出来的时候完播率是很高的，假如有50%，但是它越跑越低，此时我们不要觉得完播率低了是坏事，完播率低了反而是好事情，越跑越低说明跑的都是精准的流量。

图6-9　自定义定向投放

图6-10　系统智能推荐投放

（2）投DOU+24小时后，完播率＞30%，点赞率＞3%，需要继续追投短视频。如果投DOU+2四个小时后，完播率＞30%，点赞率＞3%，说明这个短视频是一条优质短视频。因为随着你投放的时间越来越长，完播率和点赞率会呈下降趋势。这时候我们就需要追投，可以追投100元。如果我们在追投的时候，这条短视频的播放量在1万以下，就选择达人相似、播放量在1万以上的，选择系统智能推荐。

（3）追投多轮之后，完播率<30%，点赞率<3%，停止追投。如果追投过后，完播率仍>30%，点赞率>3%，就再来一次追投，持续追投，直到追到这条短视频追不动了为止。也就是说，追到完播率<30%，点赞率<3%，便可以停止追投了。

3. 后期：粉丝转化

在后期，我们可以把注意力放在粉丝的转化上。当新创建一个账号时，没有太多的内容，如果想在前期转化粉丝，ROI（投资回报率）可能会比较低，到了后期，随着视频作品越来越多，ROI也会提高。

大家需要注意一点，不要过度依赖DOU+，它只是能够帮助优质的内容脱颖而出，如果你的内容不好，投再多的DOU+用处也不大。首先，做好内容才是王道；其次，注意投DOU+的方法，不是所有的短视频都适合投DOU+，而且同样的钱，采用不同的方式去投DOU+，得到的效果也可能不同，方法用对了，才可以撬动更多的流量。

6.5 如何判断平台限流和解决限流的方法

不知道大家会不会有个疑问，自己辛辛苦苦制作的短视频，播放量特别低，这时候有的人开始怀疑自己是不是被抖音平台限流，所以数据才这么差。其实大部分情况下，你没有违规，抖音不会限流你的短视频。

6.5.1 如何判断账号被限流

如果你的短视频各项数据突然很低，这时候需要去判断账号是否被限流。判断账号限流有三种方法，如图6-11所示。

1. 抖音系统自查

根据以下步骤：进入抖音首页，点击"我"→右上角三条杠→抖音创作者中心→账号检测→开始检测，如图6-12所示。

如果检测显示账号正常，说明你的账号没有被限流，需要继续提升作品质量。对于有异常结果的短视频，抖音会给你推荐优化方式，我们可以根据它推荐的方法修改短视频，提高短视频的质量，获得更多的流量推荐。

图6-11 判断账号限流的三种方法

图6-12 抖音系统自查步骤

2. 点击量

将短视频的点击量和之前的短视频作对比,如果差距巨大,并且最近好几个短视频都是这样的话,就说明账号被限流了。

3. 播放量

2022年6月,抖音开始采用铁粉机制,取消了基础播放量,也就是说,现在抖音的播放量都取决于短视频内容本身。我们在把短视频的播放量和之前的短视频作对比时,要注意这个时间节点,如果都是在2022年6月之后,差距比较大的话,那么账号很大程度上可能被限流了。

6.5.2 限流的原因和解决方法

如果发现自己的账号被限流,这时候需要找到限流的原因和解决方法。

1. 先天性限流

先天性限流说明账号本身就有问题,可分为以下几种情况。

(1)账号昵称、抖音号、头像、个性签名、主页背景图使用违规。
(2)账号信息频繁修改。
(3)账号信息中有联系方式。
(4)账号频繁登录退出。
(5)账号频繁换设备。
(6)同一IP下有多个抖音账号。
(7)抖音IP定位频繁更换。

针对以上情况,有三种解决方法。

(1)进行实名认证,绑定手机号,关联第三方账号。
(2)保证一机一号,分时间正常操作抖音。
(3)账号信息不要有违规词。

2. 低质量限流

一个账号如果只是用来发日常视频，随便发视频，就会被判定为低质量账号，这种账号有以下三个特征表现。

（1）没有主题，内容不够垂直。

（2）短视频内容模糊，表述内容不准确。

（3）短视频内容过短，低于7秒。

针对以上三种表现，有三种解决方法。

（1）视频一定要有主题，吸引用户进行互动、评论、点赞。

（2）要有清晰的账号定位，发布垂直的短视频内容。

（3）关注同行账号，找到自己的对标账号，先模仿，后创新。

3. 违规操作限流

每个平台都有自己的规则，如果有违规操作，就会被平台限流。这里主要介绍几种常见的违规操作。

（1）直接植入硬广，加入品牌词和违规词。如果你的短视频内容有明显的广告，短视频中甚至出现了联系方式和二维码，就会被判定为硬广。还有一种情况是出现了别的平台的水印，这种情况也属于违规。

（2）利用第三方平台进行转发、评赞。比如，你在抖音里迅速回复大量的评论、私信，或者评论里有违规词、谩骂他人，这些都属于违规操作。

（3）频繁删除发布的作品。你如果对自己的作品不满意，可以选择部分隐藏起来，不用每一条都删除。

（4）直接搬运短视频内容，没有进行二次创作。如果你发布的短视频是直接搬运过来的，就会被系统判定为搬运，存在被原创用户举报的风险。现在比较流行快剪视频，如果你的短视频含有大量影视剧、综艺等内容，就会被系统识别为侵权。

（5）短视频中出现其他违规。

① 有辱骂行为。

② 涉及政治敏感。

③ 有不良引导。

④ 场面血腥。

⑤ 涉嫌造谣、欺诈。

有违规操作的短视频，有以下三种解决方法。

（1）把不合适的短视频一一删除，如果短视频数量过多可以先隐藏，后面再慢慢删除。

（2）如果被封号，需要进行至少一周的养号维护，也就是正常操作抖音即可。

（3）保持每天更新，提升作品的质量。

不管做哪个类型的短视频，建议短视频创作者都围绕一个内容进行输出，只有这样才能吸引更多的用户观看，得到更多用户的喜欢。有时候你自己认为的优质短视频没有播放量、推荐量都是有原因的，对于得不到推荐的短视频，排除完限流原因后，要好好地提升拍摄视频的质量和剪辑质量。

本章总结

1. 要想提高短视频的流量，就要先了解对应的播放量，当你的短视频播放量达到一定阶段时，就会被推荐进入下一个流量池，目前抖音的流量池有9个。

2. 短视频想上热门，至少要满足画面清晰、没有杂音、美观整洁、带字幕这四个条件。

3. 不要过度依赖DOU+，它只是能够帮助优质的内容脱颖而出，做好内容才是王道，同时要注意投DOU+的方法，方法用对了，才能撬动更多的流量。

4. 当遇到短视频播放量比以往都低的时候，我们要去看短视频是否被限流，如果限流了要去找解决方法。

项目练习

1. 项目目标

运营已经创建好并且发布了内容的短视频账号，让自己的短视频账号增加流量，上热门。

2. 项目内容

从自己的短视频账号中选取2~3个优秀短视频，完成以下任务。

（1）分析短视频当前处于哪个流量池。

（2）根据上热门的基本条件、内容要素和情感要素，修改短视频。

3. 项目要求

（1）学习其他短视频账号的流量运营技巧，积累经验。

（2）不要墨守成规，对于初学者来说，短视频的流量运营是一个需要不断学习、不断优化的过程。

第7章

发布妙招，俘获铁粉

　　一个短视频想在众多作品中脱颖而出，短视频创作者除了要做好自身的内容之外，还要学会一些发布的技巧。只有掌握好发布的技巧，才能增加被用户观看的概率，从而获得用户的关注，吸引粉丝。对于短视频创作者而言，粉丝比一般用户更具有黏性、信任度更高，关系着账号的长远发展。短视频创作者将用户转为粉丝后，还要稳固粉丝，与粉丝进行良性互动。因此，在短视频运营中，发布短视频和粉丝运营是很重要的部分。

知识点目标：

- ☑ 了解如何和粉丝互动
- ☑ 熟悉上热门的发布技巧

技能库目标：

- ☑ 掌握短视频的发布时间
- ☑ 掌握上热门的发布技巧
- ☑ 掌握如何做好粉丝运营

7.1 巧妙选择短视频发布时间

短视频的发布效果受到很多因素的影响，其中发布时间是非常重要的一个因素。同样的视频，由同一个账号在不同时间发布，得到的效果也不一样。因此，选择合适的短视频发布时间，能为短视频带来更多流量。

7.1.1 适合发布短视频的时间段

一天24个小时，时间是固定的，在这固定的时间里，我们挑选出四个黄金时间段来发布短视频，可以收获更多的流量。

1. 第一个时间段（6：00—8：00）

这个时间段一般是用户起床、上班或者上学的时间。人一般在早上精神状态比较好，早餐美食类短视频、健身类短视频、励志类短视频适合在早上发布（图7-1）。这三类短视频符合早上这个时间段用户的心态，能够吸引用户的兴趣，引导用户关注、收藏、点赞、分享。

图7-1 早餐美食类短视频、健身类短视频、励志类短视频截图

2. 第二个时间段（12：00—14：00）

这个时间段，不管是上班族还是学生，大部分都是吃午饭和午休的状态。在相对自

由、无聊的午休时间里，用户会去浏览自己感兴趣的内容。因此，这个时间段适合发布剧情类短视频、幽默类短视频（图7-2），让学生或者上班族在午休时间得到短暂的休息。

图7-2　剧情类短视频、幽默类短视频截图

3. 第三个时间段（18:00—20:00）

这个时间段，学生放学，上班族下班，是一个非常欢快的休息时间。大部分用户在忙碌一天之后会选择打开手机享受休闲时光，所以，这个时间段也是短视频用户比较集中的一个时间段。几乎所有的短视频都可以在这个时间段发布，其中生活类短视频、旅游类短视频、创意剪辑类短视频更符合用户此时间段的心理。图7-3所示为旅游类短视频截图。

图7-3　旅游类短视频截图

4. 第四个时间段（21：00—23：00）

这个时间段，不管是学生还是上班族，几乎都要上床睡觉了，部分人在睡觉之前喜欢观看短视频。因此，这个时间段也适合发布任何类型的短视频，其中情感类短视频、美食类短视频更为突出，这两类短视频在深夜的评论数和转发量比较高。图7-4所示为深夜美食类短视频截图。

7.1.2 发布时间的注意事项

短视频创作者根据自己短视频账号的情况选择完合适的发布时间后，也不要立刻发布，还需要注意以下五个方面。

1. 固定时间发布

短视频的发布时间可以固定在某一个时间点，如每周一、周三、周五的早上7点发布育儿小知识。固定时间发布短视频可以培养用户的观看习惯，也能让短视频工作团队形成

图7-4 深夜美食类短视频截图

有序的工作模式，避免手忙脚乱，降低出错概率。这里需要注意，固定时间发布短视频，不代表每条短视频都是在同一时间发布。比如，某美食类短视频账号既做早餐类短视频，又做深夜美食类短视频，这时候，可以选择在早上7点发布美味早餐的搭配方式，晚上10点发布街边烧烤视频。

2. 错开高峰时间发布

短视频有四个发布的黄金时间段，如果这四个黄金时间段你都尝试了，但发现效果仍然不好，这时候可以选择错开这些高峰时间来发布短视频。因为在黄金时间段虽然流量大，但是发布的短视频也很多。

3. 提前发布

短视频的发布通常需要由系统或者人工进行审核，所以，我们手动发出短视频的时间，不一定是短视频的真实发布时间。因此，我们在发布短视频的时候，要比自己预期的发布时间早半小时或者1小时。比如，本来计划13：00发布一条视频，实际上应该提前到12：30发布。等短视频审核通过后，实际的发布时间基本上和预期的发布时间一致。

4. 针对目标用户群调整发布时间

不同的用户群体，观看短视频的时间是不一样的。短视频创作者要先知道自己的目标用户群是谁，然后根据目标用户群观看视频的时间来确定短视频的发布时间。比如，母婴类短视频的目标用户群是宝妈，宝妈通常需要在早餐、中餐、晚餐的时间照顾孩子吃饭，白天还需要陪孩子玩耍，当孩子晚上入睡后，宝妈才会有属于自己的时间。因此，母婴类短视频可以选择晚上发布。

5. 节假日的发布时间需要顺延

不管是学生还是上班族，在节假日通常会晚睡、晚起，针对这种情况，短视频创作者在节假日发布短视频的时间可以适当顺延。比如，用户在工作日早上可能8：00吃早餐，但是节假日有可能延迟到10：00，这时候，早餐类短视频的发布时间就需要顺延。

7.2 上热门的发布技巧

在确定好短视频的发布时间后,发布短视频只需要一键就可以操作成功,但是背后却涉及很多细节问题。短视频的发布也是有一定技巧的,掌握正确的发布技巧可以让作品覆盖更多的人群,带来更多的流量和互动数据。图7-5所示为上热门的四种发布技巧。

图7-5 上热门的四种发布技巧

7.2.1 热门话题

话题指的是平台中的热门内容主题,通常在短视频的内容介绍中以"#"开头的文字就是话题,如"#大学生舞台""#专治不开心""#好剧推荐"等。热门话题是短视频的一个重要流量入口,短视频创作者如果在发布短视频的时候,可以根据自己的视频情况加入合适的热门话题,将会为自己的短视频吸引更多用户的关注。

1. 常规类热门话题

常规类热门话题是指比较常见的热门话题,如大型节假日(如春节、劳动节、国庆节等)、大型赛事活动(如篮球赛事、足球赛事等)、每年的高考和公务员考试等。常规类热门话题的时间一般都比较固定,短视频创作者有充足的时间准备素材,吸引用户的关注。

2. 突发类热门话题

突发类热门话题是指突然发生、不能预测的事件,如热门社会事件、名人八卦等。当突发类热门话题出来时,短视频创作者要迅速做出反应,构思、拍摄、剪辑、发布的速度都要快。在这类话题刚出来的时候就发布相关短视频,通常能带来比较多的流量。和常规类热门话题相比,突发类热门话题更能吸引用户的好奇心,获得更多流量。

3. 预判类热门话题

预判类热门话题是指预先判断某个事件可能会成为热点。这对短视频创作者本身的预判能力要求比较高,如果预判成功,将会吸引用户前来关注。比如,某电影计划在过年的时候上映,很多用户对该电影非常期待,都想提前看和电影相关的短视频内容。此时,短视频创作者可以发布和电影相关的短视频,让用户在自己的短视频评论区进行互动,讨论对于电影剧情或演员的看法。

7.2.2 位置定位

短视频平台有定位功能,开启定位后就可以将地点显示在短视频用户名称的上方。用户在开启定位的状态下,可以在"同城"中刷到距离自己较近的其他用户发布的短视频作品,这时候会觉得比较亲近。所以我们在发布视频的时候,可以选择添加地理位置,拉近和其他用户的距离,吸引对方关注。如图7-6所示,账号"乔克叔叔"在发布同城美食类短视频的时候,会加上自己的定位,让附近的用户有机会刷到自己的美食视频,为线下引流。

图7-6 "乔克叔叔"的同城美食类短视频截图

7.2.3 添加标签

短视频标签是指短视频内容中的关键字,是很具有代表性的内容信息,也是系统用来识别和分发短视频的依据。如图7-7所示,"#"后面的就是标签,标签越精准,短视频越容易得到精准的流量。

图7-7 标签的位置

我们在添加标签的时候,一定要注意和短视频内容相符,不然即使你的短视频内容制作再精美,如果添加错误的标签,也不能被目标用户群看到,丢失上热门的机会。这里就来说一下给短视频添加标签的五大技巧,如图7-8所示。

图7-8 添加标签的五大技巧

1. 标签的数量

一般情况下,为了更好地覆盖短视频的内容,短视频的标签通常为3~5个。如果标签过少,只有1~2个,将不利于短视频平台流量的推送和分发;反之,标签过多,如有10个标签,短视频平台给你推送的用户群体将会很乱,从而导致核心用户看不见你的短视频,错过核心粉丝群体。比如,一条自制凉皮的短视频,可以添加"凉皮做法""自制凉皮"等标签,如图7-9所示。

2. 标签的字数

平台对于标签的字数是没有硬性要求的,但是如果字数过多,将不利于搜索。因此,我们在写标签的时候,字数一般都控制在2~6个字。如图7-10所示,一条制作虾饺的短视频,共添加了五个标签,每个标签的字数最多为五个。

图7-9 标签的数量

图7-10 标签的字数

3. 标签要准确

标签是对短视频内容的高度概括和总结,标签写得准确,将有利于找到短视频的目标用户群。比如，给宠物类短视频添加美食类标签，给美食类短视频添加美妆标签，这种就是不准确的标签，当标签和短视频内容出入过大时，再好的内容也得不到推荐。所以，我们在添加标签的时候，要符合短视频内容，准确表达。

4. 抓住热点

一个事件能成为热点，说明有很多人在关注这个事件。因此，我们在添加标签的时候，可以参考最近的热点，适当地把热点加到标签中，增加短视频的曝光率。比如，在高考期间，我们就可以为短视频添加"高考""奋斗""大学"等与热点相关的标签。这里需要注意一点，我们在蹭热点的时候，要结合自己短视频的内容，不能盲目添加热点标签。

5. 标签细节化

我们在为短视频添加标签的时候，除了要准确，还要注重细节化。比如，一个做女装穿搭的短视频，如果直接添加"女装"标签，那它的范围就太广了，可以根据短视频内容添加"夏季穿搭""微胖""显瘦穿搭"等标签。

7.2.4 借助@功能

@功能是指在发布短视频的时候，可以设置@他人的一种功能。当你@了某个好友后，你的好友账号将会收到提醒，增加短视频播放量，这两个账号之间会建立联系，当用户搜索其中一个账号的时候，另外一个账号也会出现在搜索结果里。一般情况下，我们可以选择@好友、大V账号、抖音小助手等。抖音小助手是抖音的官方账号，专门用来评选抖音的精品内容，创作者@抖音小助手将有机会被看到且被评为精选，提高短视频曝光度。

总而言之，想要获得更多的流量，可以灵活运用以上四种发布技巧，但是不要只当搬运工，要结合自己短视频的实际情况进行创新，寻找更适合自己短视频的发布技巧。

7.3 做好粉丝运营

短视频现在非常火热，流量也很大。对于短视频创作者而言，粉丝比普通的流量更具有黏性、信任度更高，有利于账号的长期发展。短视频平台中有两种人：一种是短视频创作者，另一种是短视频观看者，即用户。作为短视频创作者，我们需要在战略上长期坚持下去，将短视频观看者转变成我们的粉丝，并且留住这些粉丝。具体的粉丝运营方法有以下四种，如图7-11所示。

图7-11　粉丝运营的四种方法

7.3.1 自然涨粉

每个短视频运营者都希望粉丝可以迅速增加，但往往都会遇到涨粉速度慢、粉丝质量低等问题。在抖音平台，涨粉看起来不难，但其实很复杂。有的人为了迅速涨粉，甚至花大价钱去付费买粉，但是买来的粉丝和自己的用户目标群不符，大部分是机器人账号，还容易混淆账号的目标用户群，找不到正确的受众。如果你想让账号长期发展，单纯依靠付费买粉是不行的。自然涨粉的好处在于可以让短视频账号收获真实的粉丝，而这些真实的粉丝又会做出真实的反馈，如评论、点赞、转发、购买商品等，真实的粉丝才是推动账号发展的核心力量。因此，付费买粉的效果不如自然涨粉的效果好，可能还会带来反作用。

这里需要注意一点，虽然自然涨粉的效果比付费涨粉要好，但是自然涨粉的速度比较慢，如果什么都不做，一天可能一个粉都涨不了。账号的粉丝数过少，相应的数据也不好，不利于账号的长期发展。所以，我们要想办法吸引粉丝关注账号（图7-12），需要做到以下四点。

图7-12　吸引粉丝关注账号需要做的四点

1. 定位清晰

做短视频需要有一个明确的定位，这样才能让用户快速地找到自己感兴趣的内容和创作者。在实际操作中，很多人对这一点不太重视，在不清楚自己究竟想要什么、想要做什么的情况下就盲目地做起了视频，导致做出来的内容不能吸引用户，涨粉的速度自然比较慢。所以我们在做账号的时候，要明确自己的定位。

2. 内容丰富

我们在做短视频的时候，要抓住用户的眼球，就要让短视频内容丰富起来。也就是说，让用户在短视频内容上能获得自己需要的东西。比如，生活技能类短视频，对于生活中遇到的一些小麻烦，要让受众能真正去解决；影视解说类短视频要对影视剧的主要情节、精彩片段等进行说明，不能只当搬运工。

在做短视频内容时，一些小细节也是需要注意的，如差异化个人形象、语言特色方言、口语化等，可以放在内容中，让听众能够记住自己，但不能过于突兀。

3. 市场前景好

为了账号能够长期发展，短视频运营者还需要评估市场前景。大部分细分领域的市场前景都是非常好的，区别在于价值高低，短视频运营者要客观地去分析市场前景。

4. 挖掘粉丝痛点需求

你的视频为什么没有粉丝关注，关键原因是没有抓住粉丝的痛点需求。在构思一个短视频之前，可以先问自己三个问题：视频想向粉丝传递哪些信息？粉丝为什么要关注你的视频？粉丝能从视频中获得哪些好处和有价值的东西？如果能回答以上三个问题，就意味着你抓住了粉丝的痛点需求，而一旦抓住了粉丝的痛点需求，那视频势必会获得更多人关注。

很多人可能听过痛点需求，但是不能清晰地描述出到底什么是痛点需求，接下来详细地解释一下什么是痛点需求。人的需求大致有三种，分别为刚性需求、附加值需求和痛点需求。三种需求迫切程度不同，对消费行为的促进程度也不同。刚性需求是"我想买"，附加值需求是"我要买"，痛点需求是"我不得不买"。三者是一种递进关系，刚性需求是基本需求，痛点需求是高等需求，当前一种需求得到满足时，自然会追求更高一级别的需求。图7-13所示为三种需求关系图。

满足痛点需求就是满足消费者最迫切或超出预期的需求，解决他们感到最痛苦、最敏感的那一部分问题。痛点即痛苦，人们对痛苦的事情往往难以承受，找准令用户感到痛苦的需求，然后集中全力去满足，用户自然会转变成你的粉丝。那么如何才能挖掘用户的痛点需求？共有以下三种技巧（图7-14）。

图7-13　三种需求关系图　　　　图7-14　挖掘用户痛点需求的三种技巧

（1）了解同行。在前期，我们可以先了解优秀的同行，看他们的粉丝大多在关注什么问题。我们可以通过同行的作品评论区、直播间的弹幕去了解他们的粉丝的需求和痛点。然后根据需求去拍短视频，这样就很容易吸引到精准粉丝。比如，一个卖牛肉干的账号，先去同行评论区和直播间看粉丝关注什么。比如，大部分粉丝都在问"还能便宜点吗"，那你就改变牛肉干的包装和分量，可以把原本卖199的牛肉干拆成两单，一单99元。如果大部分人问"你这个是真牛肉吗"，那你就要发布一个短视频，告诉粉丝如何鉴别真牛肉，同时告诉粉丝我有什么证书，证明我的是质量优质的牛肉干。通过了解同行，我们可以少走很多弯路，迅速地吸引粉丝关注。

（2）剖析粉丝心理。有的用户会直接在评论区和直播间表达自己的意愿，但是有的用户不会直接说，这时候就需要你去猜，也就是剖析粉丝的心理活动。短视频运营者可以利用业余时间去学习心理学相关的知识，这样就能更容易剖析出粉丝的真实心理，在短视频领域占据更多的优势。

（3）换位思考。换位思考就是设身处地想用户所想，不要一味地从主观的角度思考问题，寻找痛点，这样很容易自嗨。要设身处地地替用户着想，找到用户的痛点。不管我们做什么定位，都要发现用户需求，并且解决需求，只有这样才能在短视频平台站稳脚跟。发现用户需求的前提就是要找到用户的痛点，并且告诉他们，你能够解决他们的痛点。比如，情感类短视频解决的就是人的情感问题，有一些人遇到情感问题后，不知道如何处理，也不想去询问亲戚、朋友、同学，这时如果刚好你的视频能够解决他的问题，他自然就会成为你的粉丝。

7.3.2 推广涨粉

现在不管在哪个平台做短视频，都离不开推广，没有合适的推广，短视频很难被用户看到，用户看不到短视频，自然不会成为你的粉丝。下面介绍五种常见的推广涨粉的方法，如图7-15所示。

图7-15 推广涨粉的五种方法

1. DOU+推广

DOU+作为抖音官方推出的一款引流工具，在获取流量方面有独特的优势。本书第6章详细介绍了投DOU+的方法和技巧。当我们购买DOU+后，平台将短视频推荐给更多感兴趣的用户，这些用户将有机会转化成账号粉丝。

2. 寻求大V合作推广

在资金允许的前提下，寻求大V合作推广，利用大V的账号粉丝带动新账号的成长，也是短视频萌芽期拉新的常见手段。

3. 微信公众号推广

在利用微信公众号推广之前，我们要先了解微信公众号的类型有哪些。微信公众号主要分为企业号、服务号和订阅号。

（1）企业号，微信为企业客户提供的移动应用入口，可简化管理流程，提升组织协同工作效率；帮助企业建立员工、上下游供应链与企业IT系统间的连接。

适用人群：企业、政府、事业单位或其他组织。

（2）服务号，主要针对于企业、以服务功能型为主的账号，功能强大，但不需要过多推送内容，能够给企业和组织提供更强大的服务与用户管理能力，帮助企业打造全新的公众号服务平台。

适用人群：媒体、企业、政府或其他组织。

（3）订阅号，主要用于推广，经常被自媒体使用，为媒体和个人提供一种新的信息传播方式，构建与用户之间更好的沟通和管理模式。

适用人群：个人、媒体、政府或其他组织。

从微信公众号推广的三种类型可以看出，订阅号和服务号比较适合用于短视频推广，可以为账号吸引一定粉丝。

4. 微信群推广

现在每个人的微信里几乎都有群，所以通过微信群推广短视频已经成为一种非常有效的短视频推广方式。短视频创作者可以将自己的视频分享到微信群里，分享的时候要和群成员互动，不能只发视频，没有任何互动，否则会增加群成员的反感。同时需要注意，不要频繁发送短视频，在保证短视频质量的前提下，可以适当发送，避免群成员产生厌烦情绪，甚至被群主踢出群。

5. 朋友圈推广

我们在平台发布完一条短视频后，可以将其分享到朋友圈，一般新媒体平台和微信都是互通的。我们将短视频分享到朋友圈后，你的亲朋好友都可以看到这条短视频和短视频账号。朋友圈里如果有人对你的短视频账号感兴趣，就会直接关注，转化成粉丝。我们在朋友圈推广短视频账号的时候，要注意推送频率，和微信群推广一样，不能太频繁，否则容易被微信好友屏蔽。

7.3.3 活动涨粉

通过活动涨粉是现在各个账号经常用的一种推广方式，活动又分为官方话题活动和自建话题活动。这两种活动的性价比都比较高，其中，官方话题活动中比较突出的是抖音挑战赛。

抖音挑战赛是目前主流的品牌活动曝光方式，也是当前抖音全民互动时代的一个典型营销产品。参与抖音挑战赛除了可以获得大量流量，还可以提高用户的互动率，增强粉丝黏性。一些热门挑战赛的关注用户数量在几千万左右，甚至能达到几亿。因此，选择参与热门程度较高的挑战赛，就有机会获得更高的曝光率和点击率，从而间接推广自己发布的其他短视频。在抖音平台搜索"挑战赛"，打开话题界面，选择一个自己可以参加的挑战赛（图7-16），紧接着打开该挑战赛的界面，点击底部的"立即参与"按钮即可参与该挑战赛，如图7-17所示。

图7-16　选择挑战赛

图7-17　参与挑战赛

1. 自建话题活动的三个优势

和官方话题活动相比，自建话题活动有以下三个优势，如图7-18所示。

（1）活动成本低。话题活动更适合企业号，即使你的账号是企业号，也不可能都是知名的大企业，大部分都是一些默默无闻的小型企业，官方给的流量扶持是比较少的，需要我们自己参与合适的话题活动，增加流量。如果小型企业选择自建话题活动，并且活动形式适合自己，那么就有可能带来流量，为账号增加粉丝，还有可能会把相关的短视频送上热门。

图7-18　自建活动的三个优势

（2）活动形式多样。由于是自建话题活动，所以在参与活动时，自由度会比较高。短视频创作者可以根据自己短视频的情况，自由地调配资源、安排时间。比如，可以自己选择模仿类还是拍照打卡类活动，活动形式多样，给短视频创作者的选择比较多。

（3）活动效果显著。一般情况下，只要自建话题活动的规范性和完整度比较高，取得的效果都不会很差。因为平台是一个巨大的流量池，它总归是要扶持一些账号的，你的账号如果通过自建话题活动取得比较显著的效果，就肯定会吸引一波粉丝，涨粉速度自然就快了。

2. 自建话题活动的注意事项

虽然自建话题活动有很多优势，但是如果不利用好自建话题活动，将会起到反作用，如流量都跑到了自己的对标账号那里。为了防止这种情况发生，我们需要了解一些自建话题活动的注意事项，如图7-19所示。只有按照注意事项去避坑，才能取得良好的活动效果，吸引更多粉丝。

图7-19　自建话题活动的注意事项

（1）活动门槛低。因为自建话题活动的主要目的是涨粉，所以不能把活动门槛设置得过高，否则参与的用户少，也就意味着这个话题曝光率低，那这个话题的活跃度也将很低。所以，要尽量放低门槛，如通过简单的打卡拍照来吸引更多用户参加。

（2）趣味性强。自建话题活动的形式非常多，我们可以从打卡的方式、拍照的姿势、音乐的选择等方面进行创新。不能一直用某种话题活动，如你一直用一个音乐，不光是用户，甚至参与者都会感到厌烦，这将大大降低用户参与的积极性，所以要增强活动的趣味性，吸引更多粉丝关注。

（3）起好话题名称。我们在创建活动的时候，要把活动名称与自己的短视频情况相结合。比如，你的账号主要是做旅游类短视频，结果你在创建话题的时候，写的是"高科技产品""人工智能"，这就和旅游的相关度很低，不利于话题活动的宣传。

（4）有吸引力的奖品。大多数用户在参与活动的时候，都会看奖励是什么，奖励如果比较丰富，将会激发用户参与的积极性。所以，我们在创建话题的时候，要根据短视频的内容和目标用户群设置合适的奖品。比如，你的受众是18～22岁的女大学生，可以选择可爱的玩偶、精美的首饰、U盘等作为奖品。

（5）准确的文字描述。大部分活动的参赛规则都不复杂，但是运营者需要通过文字准确地表达出时间、地点、参与方式和奖品，防止出现一些用户自以为达到了参赛标准，实际上没有达到、无法参赛的情况，这种情况会大大影响用户参与的积极性，甚至带来负面影响。

7.3.4 互动涨粉

粉丝互动是提升短视频账号权重非常重要的一个手段，粉丝越活跃的账号，传播力和影响力也越大，展示给其他用户的机会也会越来越多。但是粉丝增长的速度通常不会特别快，需要短视频运营者不断去努力。账号的真实粉丝越多，互动率相对而言也会越高，账号也才能得到良性发展。所以，为了吸引粉丝留下来，和粉丝之间进行良好的互动是很重要的一件事情。图7-20所示为和粉丝互动的四个技巧。

图7-20　和粉丝互动的四个技巧

1. 回复评论和留言

我们在做短视频的时候，每一个用户都非常重要，尤其在账号创建前期，关注的用户非常少，不要忘记回复每个留言和评论。及时回复可以让用户对你产生更多的兴趣，从而转变成你的粉丝。

2. 制造讨论话题

我们要给用户创造互动的机会，当我们在短视频里抛出一个值得讨论的话题时，自然会有用户来表达自己的想法。比如，一名美食主播，在分享西红柿炒鸡蛋的做法时，对于是否要加糖的问题大家应该会分为两派，这时候主播就要提出这个讨论的话题，可以让大家对这个问题进行投票、发表看法，或对不同做法进行点赞等，提出值得讨论的点。千人千味，我们提出了话题，才可能有人进行讨论，增加互动率。

3. 提升共情能力

如果你的短视频账号发表的内容能让用户产生共鸣，用户就会很愿意与你分享他的看法。比如，一名美食主播分享用烤箱烤红薯的做法，可能更多的用户只是观看，没有代入感，就不会主动去互动。如果分享的是我们儿时才能吃到的美食的做法，如直接用火烤红薯，可能就会有与我们有相同经历的用户主动分享他的儿时经历。所以，提升共情能力、拉近距离，也是一种很好的提升互动的方法。

4. 以老带新

以老带新是指用老粉丝来拉新粉丝关注账号，这在账号创建前期是非常有效的涨粉方法之一。以老带新，我们也可以理解为口碑传播，老粉丝对你的短视频账号内容感兴趣，除了收藏、点赞，还有可能会分享给身边的好友，吸引关注。

第一批用户进来后，因为并不是所有的目标用户都会对现阶段的内容感兴趣，所以会有一部分用户流失，剩下的就是符合账号内容的用户，这就是用户筛选和过滤的过程。我们可以利用数据工具来构建这些用户的画像。当用户画像的结果与预期一致时，意味着内容与用户需求的匹配度较高，无须对内容进行大幅度调整。如果用户画像和预期相差较大，就应该进一步考虑是否需要调整内容，或者进行新一轮的拉新，然后测试结果。在过滤和匹配完成后，下一步就是突出自身的差异化优势，从而培养用户忠诚度，形成铁粉。

本章总结

1. 要想让短视频成为爆款短视频，除了要打造优质的内容之外，还要学会如何发布短视频和涨粉的技巧，做好粉丝运营。

2. 上热门的发布技巧有借助热门话题、位置定位、添加标签、借助@功能等。

3. 适合发布短视频的黄金时间段为6：00—8：00，12：00—14：00，18：00—20：00，21：00—23：00。

4. 我们可以通过自然涨粉、推广涨粉、活动涨粉、互动涨粉来做粉丝运营，提高账号的粉丝量，增加粉丝黏性。

项目练习

1. 项目目标

利用本章所学的发布技巧，在抖音平台发布3条短视频。

2. 项目内容

发布短视频的时候，完成以下任务。

（1）根据短视频内容，选择合适的发布时间。

（2）关联与短视频内容相关的热门话题，并@抖音小助手和其他好友。

（3）将短视频同步发布到快手、哔哩哔哩、微信视频号、西瓜视频、微博等平台。

（4）在各平台中评论短视频并回复用户的评论。

3. 项目要求

（1）根据短视频账号的发布技巧和涨粉技巧，产出合适的内容进行发布。

（2）观察一个头部短视频账号，分析它在运营短视频时的发布技巧和粉丝运营的方法。

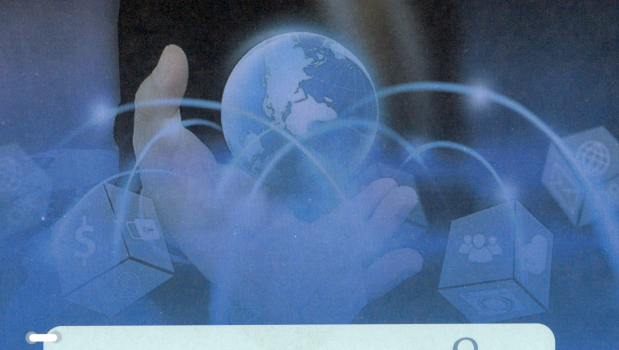

第 8 章

流量变现，引爆商业

短视频的用户越来越多，已经形成了规模化和产业化，短视频存在的意义也不再仅仅是娱乐。各种短视频制作公司和 MCN（多频道网络）机构如雨后春笋般出现，开始利用短视频盈利。当你的短视频账号能够稳定产出优质的内容，有靠谱的运营和推广，也积累了一定粉丝时，你就可以考虑进行流量变现。很多人做短视频的根本目的也是变现。变现的方法有很多，本章将重点介绍短视频如何进行流量（变现），引爆商业。

知识点目标：

- ☑ 了解什么是 MCN
- ☑ 熟悉私域流量的玩法

技能库目标：

- ☑ 掌握短视频电商变现的方法
- ☑ 掌握短视频直播变现的方法
- ☑ 掌握短视频广告变现的方法

8.1 如何通过短视频进行电商变现

电商变现是指通过短视频内容实现产品的推荐和销售转化的商业模式。短视频和电商相结合是短视频发展的大势所趋，电商变现也是很多短视频平台主推的一种变现方式。目前，短视频电商变现的方法主要有三种，如图8-1所示。

图8-1 短视频电商变现的三种方法

8.1.1 第三方自营电商变现

第三方自营电商变现是指把在短视频平台里获取的流量转移到第三方平台，如淘宝、京东、拼多多、微信等自营电商店铺，通过售卖和短视频内容相关的产品实现电商变现。所以，很多短视频账号在积累一定粉丝后，都会选择去开和短视频内容相关的第三方自营店铺进行电商变现。

美食类短视频头部账号"日食记"以制作各种美食出名，截至2023年5月，"日食记"账号在抖音有将近700万粉丝，视频最高点赞量264万，如图8-2所示。

图8-2 "日食记"抖音账号

"日食记"除了在抖音平台发布视频外，还在爱奇艺、芒果TV、哔哩哔哩等平台同步更新，在积累了大量粉丝后，开始将流量逐渐引到自己的第三方自营店铺中。截至2023年5月，日食记天猫旗舰店收获了113万粉丝，尽管店铺的客单价高于同行，但是仍有多款热销产品，最高的月销量达5000+，足以见得粉丝对于"日食记"账号的认可和信任。图8-3所示为日食记天猫旗舰店截图。

从"日食记"的电商变现中，我们可以发现做好以下三方面的准备，能够更快地实现变现。

1. 找准市场定位

市场定位是指为使产品在消费者心中有更加清晰和明确的位置进行的安排。定位用户群体主要包括以下三个方面。

（1）产品价值。我们在评估产品价值的时候，要看用户对你的产品是否有需求、需求是否足够强烈，只有需要你产品的用户才是有价值的用户。"日食记"账号和传统美食账号不一样，主打的是情感美食，在很多美食制作过程中会用到料包，也可以将美食制作成速食料理。"日食记"的主要用户群体是90后女性，这个群体大部分已经踏入职场，在为生活努力奋斗的同时，她们也希望有食物可以慰藉自己的胃，但是又迫于生活压力，很少有时间专门研究美食，而"日食记"账号发布的美食制作短视频刚好描绘了梦想

图8-3 日食记天猫旗舰店截图

中的美好生活，这时候她们就会去"日食记"相关的第三方电商平台，如微信小程序、天猫店铺购买和短视频内容相关的料理包、速食产品等。

（2）商业价值。商业价值就是群体规模、消费能力和传播能力，我们要根据用户群体的消费能力选择产品。消费能力是变现的关键因素。如果你的用户消费能力低，那你就要考虑是否要转换群体了。

（3）获取难度。随着市场细分程度越来越高，获取用户的成本也随之增加，我们通过短视频来获取用户，其实是一个性价比极高的方法，一个爆款短视频就能以极低的成本轻松获得几百甚至几万的粉丝。

短视频是一种内容产品，确定好市场定位后，短视频创作者才可以为目标用户生产符合其兴趣偏好和消费特征的垂直短视频内容。我们如果没有找准市场定位，什么内容都做，将无法在粉丝心中形成特色鲜明的标签，账号变现的时间将遥遥无期。

2. 迎合用户心理

对于短视频账号的用户群体，我们需要去洞察他们的心理特点。"日食记"账号正是

抓住了用户群体的心理特点，才能够在制作视频的时候做出符合用户心理的内容，增强粉丝黏性，赢得良好口碑。

3. 找准用户痛点

在寻找用户痛点的过程中，我们既要站在用户的角度去思考，又要在深度和精度上下功夫。找到用户的痛点，就相当于拿到了解决问题的钥匙，很多短视频账号之所以能取得成功，就是因为找准了用户的痛点，根据痛点去解决用户痛点需求。用户的很多需求并不仅仅是表面上看起来那么笼统。我们要去挖掘用户内心真正的需求是什么，不能只看表面。"日食记"账号的粉丝为什么会去购买速食商品，看似是没时间做饭，背后却折射出食物的弥补能力，通过看"日食记"视频，吃"日食记"推荐的食物，能够达到满足内心的效果。

通过短视频进行第三方电商店铺变现，核心在于了解并解决用户痛点需求，用合适的短视频内容引导用户，相信需求是可以通过短视频内容相关的商品来实现的。

8.1.2　短视频平台自营变现

短视频创作者可以通过平台的自营渠道推广自己的作品，开设线上店铺，获得广告或销售收益。比如，我们如果想在抖音平台实现变现，可以开设抖音小店，在店铺中放入和短视频内容相关的产品进行售卖。接下来详细介绍抖音小店。

1. 抖音小店的优势

中国总共14亿多人口，据中国移动互联网数据库Quest11Mobile的最新报告显示，截止到2023年5月，抖音月活跃用户规模达到7亿多，月人均使用时长达到36.6小时，且流量保持增长。刷抖音已经成为老百姓日常生活的一部分。用户在刷抖音的时候，可以直接点击短视频左下方，进入商品橱窗进行购买（图8-4），不用再跳转到其他电商平台；也可以直接到账号首页中，进入店铺购买（图8-5），大大提高了用户的购买率，让用户实现边看边买。

2. 开设抖音小店的流程

开设一个抖音小店不麻烦，但是仍然有很多细节需要注意，所以短视频运营者要熟悉开店的流程。

（1）注册店铺。目前，在抖音中开店的入驻主体分为三类，分别是企业/公司、个体工商户、个人身份。如图8-6所示，不同主体入驻抖音小店的流程是不一样的。

短视频创作者在开设抖音小店的时候，需要缴纳一定金额的保证金。表8-1为母婴宠物类目和3C数码家电类目的保证金。

图8-4 商品橱窗购买

图8-5 账号首页购买

图8-6 抖音小店入驻流程

表8-1 母婴宠物类目和3C数码家电类目的保证金

经营大类	一级类目	二级类目	三、四级类目	基础保证金/元			
				个体	企业	个人（2023年3月1日后开通）	个人（2023年之前历史商家）
母婴宠物	婴童尿裤	全部	全部	5000	10000	5000	—
	婴童用品	其余类目	全部	5000	10000	5000	5000
		儿童彩妆	儿童粉底/气垫	5000	10000	—	—
	儿童床品	全部	全部	5000	10000	5000	5000
	孕妇装/孕产妇用品/营养	全部	全部	5000	10000	5000	5000
	奶粉/辅食/营养品/零食	全部	全部	5000	10000	—	—
	童鞋/婴儿鞋/亲子鞋	全部	全部	5000	10000	5000	5000
	童装/婴儿装/亲子装	全部	全部	5000	10000	5000	5000
	宠物/宠物食品及用品	全部	全部	2000	4000	2000	2000
3C数码家电	笔记本电脑	全部	全部	10000	20000	10000	—
	电子元器件市场	全部	全部	10000	20000	10000	—
	电脑硬件/显示器/电脑周边	全部	全部	10000	20000	10000	—
	网络设备/网络相关	随身Wi-Fi	—	—	200000	—	—
		其余所有类目	—	10000	20000	10000	—
	数码存储设备	全部	全部	10000	20000	—	—
	平板电脑/MID	全部	全部	10000	20000	—	—
	品牌台机/品牌一体机/服务器	全部	全部	10000	20000	10000	—
	DIY电脑	全部	全部	10000	20000	10000	—
	手机	全部	全部	10000	20000	—	—
	合约机	全部	全部	10000	20000	—	—

（续表）

经营大类	一级类目	二级类目	三、四级类目	基础保证金/元			
				个体	企业	个人（2023年3月1日后开通）	个人（2023年之前历史商家）
3C数码家电	智能设备	全部	全部	10000	20000	10000	—
	影音电器	全部	全部	10000	20000	10000	—
	摄影/摄像	全部	全部	10000	20000	10000	—
	3C数码配件	全部	全部	10000	20000	10000	—
	电玩/配件/游戏/攻略	全部	全部	10000	20000	10000	—
	办公用品/办公设备/耗材/相关服务	全部	全部	10000	20000	10000	—
	电子教育	全部	全部	10000	20000	10000	—
	大家电	全部	全部	10000	20000	10000	10000

（2）选品。当你的短视频账号积累了一定粉丝后，就可以发现你的粉丝喜欢什么类型的视频，想要买什么产品，这时候你就可以根据粉丝需求选择相关的品类。所以，抖音小店的品类在你的短视频内容定位后，基本也能同步确定，这就需要短视频创作者在账号前期找准账号定位，这样才能更好地卖出产品。

（3）获取流量。短视频创作者前期可以选择和达人谈合作，让达人帮你拍短视频或者直播带货，每成交一单你给他一定比例的佣金即可。还可以利用抖音的各种推荐流量和搜索流量增加曝光。当你的抖店销售额利润高了以后，你就可以尝试投DOU+付费推广。

3. 进行商品优化

商品的细节优化非常重要，它直接决定了商品的点击率和转化率。所以，抖音小店里的商品图片、标题、详情、SKU（库存单位）等都要进行优化。

8.1.3 佣金变现

佣金变现是指短视频创作者不开设自己的店铺，通过推荐他人的商品来赚取佣金的变现方式。这种变现方式有独特的优势，即短视频创作者不用囤货，也不用开店、维护店铺，只需花费一些时间去选品，成本相较于前两种电商变现方法来说小很多。因此，现在很多短视频创作者都会选择佣金变现这种电商变现方法。

1. 淘宝客推广

淘宝客是一种按成交计费的推广模式。任何买家，包括推广者本人，经过推广商品链接进入抖音小店完成购买后，就可得到由卖家支付的佣金。简言之，淘宝客是指帮助卖家推广商品并获取佣金的人。

2. 抖音商品橱窗推荐

我们进入主播的抖音账号主页，打开"商品橱窗"界面，点击"好物推荐"——这是为短视频创作者提供的推荐非自家商品来赚取佣金的平台，它一般关联的是抖音中其他店铺的产品，产品多数和短视频内容有一定相关性。例如，"阿爆静宜夫妇"账号以分享一家四口的日常生活为主，其会在自己的好物推荐里面主要推荐居家日用类商品和母婴类商品，符合账号粉丝的需求，如图8-7所示。

图8-7 "阿爆静宜夫妇"的橱窗的好物推荐页面截图

8.2 如何通过短视频进行直播变现

近年来，短视频和直播都呈现出非常明显的增长趋势，很多艺人、企业家也纷纷开通直播进行变现。直播变现的模式也由前期单一的打赏分成转变成现在的带货和打赏，变现方式逐渐多元化。

8.2.1 打赏模式

直播打赏是指用户通过直播平台购买虚拟货币，再使用虚拟货币兑换虚拟礼物，在观看主播直播时，将虚拟礼物打赏给主播。但是主播并不能即时获得用户打赏礼物对应的现金，而是直播结束后由平台对虚拟礼物进行价值折算，按事先约定的比例进行分成。直播打赏分成主要有两种形式：一是由平台与主播按照约定比例分成，二是由平台、经纪公司和主播按照约定比例分成。

打赏模式是直播变现中最直接的变现方式。用户在直播间看到了令自己开心、惊奇或者感动的内容，就会为主播打赏，用户也会专门去打赏自己喜欢的主播。这里需要注意的是，主播可以用话术合理地刺激用户打赏，但不能用过激的语言和方式强迫、诱惑用户打赏，尤其是对未成年人用户，需要合理合法地进行直播。

8.2.2 带货模式

直播带货在当下非常火，一线主播的一场直播销售额高达千万元，还不用自己囤货、发货，只需要选品，然后在直播间介绍产品即可。正是由于直播带货的门槛低，参与直播带货的人群也越来越广。如果想在直播中取得更高的销售额，需要做好以下三个方面的工作。

1. 选品

一个直播间销售额的高低，很大程度上取决于选品，选品决定了整场直播的方向。由于选品的重要性，通常一个直播团队会配置多名工作人员专门负责选品。如果选品错误，将直接影响直播间的下单转化率，更严重的会影响主播的声誉。所以，选品需要掌握一定的技巧，具体包括以下几点。

（1）根据市场趋势选品。服装店一般会在夏天卖短袖，冬天卖羽绒服；电器店会在夏天卖冰箱，冬天卖取暖器。不同的季节，商家卖的产品是不一样的，因此在做直播的时候，主播可以根据市场趋势对商品做出调整，选择符合当下市场的商品。

（2）根据粉丝画像选品。粉丝画像就是将标签组合起来，把一个群体具象成一个人的形象。短视频平台将这些特征整合起来，确定目标用户称为粉丝画像。主播可以利用粉丝画像分析直播内容适合哪些人看，粉丝的年龄段、习惯、爱好，有哪些共同点，还可以来分析竞争环境，简单来说就是平台通过对你账号发布内容涨粉所做的一个统计。

以抖音为例，打开抖音App，点击"我"右上方"≡""个人/企业服务中心""查看更多""粉丝数据"，这里就是粉丝画像了，可以看到粉丝的关注来源、粉丝变化、热门在线时段、粉丝净增量、粉丝性别分布、粉丝年龄分布等，如图8-8所示。

图8-8　粉丝数据

主播可以分析自己的粉丝画像，在选品时根据粉丝画像的特征挑选符合粉丝需求的产品。比如，如果粉丝以女性居多的账号，可以主推美妆、服饰类商品；如果粉丝以男性居多的账号，可以主推3C数码类、游戏设备等商品。

（3）根据直播行业风向选品。主播可以用直播数据分析工具来查看直播平台中商品和行业的相关信息，从中发现销量较好、适合自己账号的商品进行带货。我们可以利用灰豚数据查看抖音直播的商品信息，具体操作如下。

① 打开灰豚数据官网，登录账号，点击"抖系版"，在左侧"商品"列表中点击"商品库"，搜索相关的关键词，如图8-9所示。

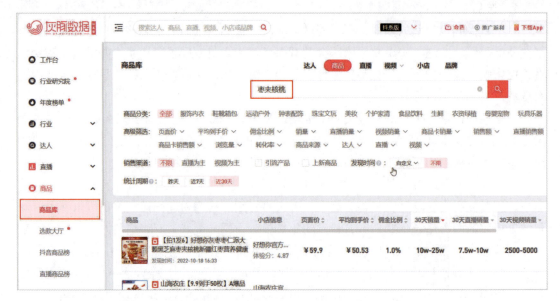

图8-9　搜索商品关键词

② 在统计周期中，选择近30天的数据，在销售渠道中，选择直播为主，可以查看最近30天直播的商品数据信息，如图8-10所示。

图8-10　近30天直播的商品数据信息

③ 在商品列表上方，我们可以选择按直播销量降序排列，也可以查看相关的价格、佣金比例等，如图8-11所示。

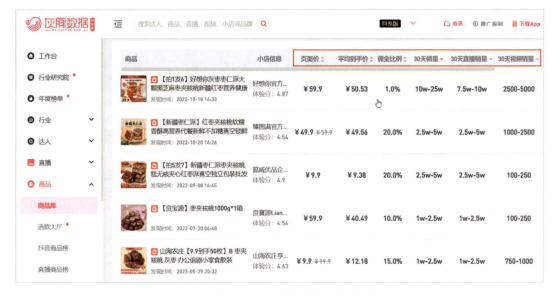

图8-11 按近30天直播销量降序排列的商品

④ 点击商品名称进入商品详情介绍，如图8-12所示，可以在左侧查看商品的名称、分类、好评率、公开佣金等，右侧可以查看总销售额、总销量、浏览量、转化率等数据。

图8-12 商品详情介绍

在右侧数据中，还可以查看相关的带货达人、带货视频、带货直播、评价分析、创意灵感数据，分别如图8-13～图8-17所示。

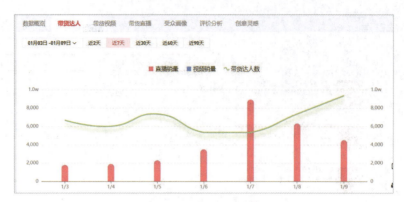

图8-13 "带货达人"数据

图8-14 "带货视频"数据

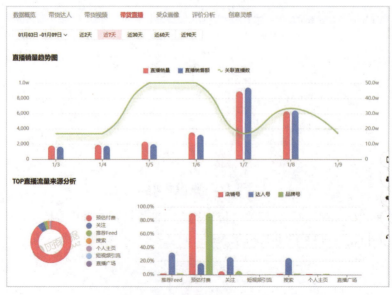

图8-15 "带货直播"数据

图8-16 "评价分析"数据

图8-17 "创意灵感"数据

（4）根据主播人设选品。在直播前期，主播要根据自己的特点来选择适合的产品。如果是宝妈主播，就可以选择母婴类的产品；如果是美食主播就可以选择食品类目。你如果有想做的品类，那么最开始就要打造好相关的人设，这样目标粉丝也会更精准，到时候直播的购买转化率也会更高。

（5）根据账号内容垂直度选品。在直播行业，头部主播大多是多品类带货，但是大部分主播还是非头部主播，这就需要根据自己账号内容的垂直度来选品。虽然坚持垂直度会损失一部分顾客，但是你的目标消费群体会更加精准，购买转化率会增加。可以先做与账号定位相关的垂直领域产品，熟练之后再去拓展其他类目产品。比如，美食垂类主播，选择的直播带货产品就是与美食相关的调料、厨具、特产等。产品测评账号的选品范围就比较广，主要是围绕健康、安全相关的产品，如去甲醛产品、婴幼儿产品、美妆产品等。

2. 直播话术

直播话术是指直播场景中的说话技巧。在一场直播中，主播扮演的角色类似于线下店的导购员，需要详细介绍商品的质量、价格、卖点等，运用好直播话术能够更好地突出商品优势，增强消费者黏性，刺激消费者的购物欲望，营造良好的直播氛围，让消费者在不知不觉中完成一场愉快的购物。

（1）主播开场话术。开场话术一般用于直播暖场，好的开场可以增加主播的自信。主播在开场时可以讲一些具有个人特色的欢迎语，也可以告知消费者本场直播活动的主要内容。以下为常用的主播开场话术。

① 欢迎××进入直播间，咦，这名字好有意义，是有什么故事吗？
② 新来的宝宝我看到你了，欢迎你来到我们直播间！
③ 欢迎大家来我们直播间，晚点给大家上福利。
④ 大家好，欢迎大家来到我的直播间，希望朋友们多多支持，多多捧场！
⑤ 进来的帅哥美女，刷刷弹幕，让我看到你们！

（2）引导关注话术。在直播间里，我们想迅速增加直播账号的粉丝量，就要反复提醒消费者关注直播间，这样才能更快地提升直播间的人气。以下为常用的引导关注话术。

① 欢迎××来到直播间，点击关注，关注主播不迷路。
② 刚进来的小伙伴，可以等一下后面的朋友，没有点关注的，给主播点点关注。
③ 欢迎新来的朋友，不要着急马上走，人间自有真情在，点点红心都是爱，来波关注好不好。
④ 关注人数达到××，主播就开始抽奖了！想要中大奖的小伙伴快快动动手指关注起来！
⑤ 感谢××的关注，还没关注的朋友们抓紧关注哦，主播每天都会赠送惊喜福利哦。
⑥ 明天直播间还会抽出一名幸运免单观众，一定要先关注主播哦，我们不定时会有惊喜福利！
⑦ 新来的宝贝先点一下关注，可以领取到一个粉丝特惠价格哦！

（3）留存消费者话术。在直播过程中，通过主播与用户实时互动，让用户感知到切身服务，用户诉求可以较快得到回应，主播也能够很快得知用户的反馈。主播想让消费者留下来，就要使用一些方法和观众进行互动，如发红包、抽奖等。这些方法配合留存话术可以起到更好的作用。以下为常用的留存消费者话术。

① 新进来的宝宝们，我们现在正在给大家做福利秒杀，现在点赞10下并给主播点一个关注可以领取一个优惠券哦！
② 下一次抽奖将在××分钟后进行，会送出××大礼，大家千万不要走开！
③ 恭喜××中奖了，赶紧联系客服领取奖品哦！没有抽中的朋友也不要走开，我们××分钟后会抽个大奖哦！
④ 想要××宝贝的宝宝们，我们满屏刷起来好不好，要福利的宝宝把××刷起来！

⑤ 我们直播间的宝宝把××刷起来，给大家发优惠券了哈！

⑥ 再过××分钟就要开奖啦，大家千万不要走开！

（4）主播催单话术。直播带货的最终目的是了让消费者下单，促进消费。让消费者下单需要打消消费者的顾虑，增加主播和消费者之间的信任，营造稀缺感和紧迫感，为消费者提供合适的优惠，促进下单。以下为常用的主播催单话术。

① 我最近天天都在用，真的很好用哦！

② 我也买了××，我个人比较喜欢这两种。

③ 我给我爸妈也买了，他们也觉得很好用。

④ 我只推荐这一个品牌，其他品牌给我再多钱也不推。

⑤ 我们原价是××元，现场直播间只要××，我们现在只有20件给到大家进行秒杀，拼手速呀！

⑥ 我们原价是××元，门店价、官网价也是××元，但是今天你们来我们直播间，不要这个价，只要××，再加上关注领的专属粉丝价，只要多少？倒计时，54321，开价！只要××元。

⑦ 新人宝宝们，你们听好了，今天在我直播间扣了新人的，点赞到××万的，我直接给你们新人宝宝炸福利啊，全网最低价！

⑧ 这款产品数量有限，如果看中了一定要及时下单，不然等会儿就抢不到了哦！

⑨ 抢到就是赚到，秒杀单品数量有限，先付先得，最后2分钟！最后2分钟！

⑩ 还有最后5分钟，没有下单的朋友赶紧下单，直播结束后就没有这样的优惠价格啦！

（5）主播结束话术。直播快结束的时候，主播不能直接关掉直播间，这样会显得非常突兀，这时候需要和观众说一下告别的话术，一方面是为了结束本场直播，另一方面是吸引观众来看下场直播。以下为常用的主播结束话术。

① 今天的直播接近尾声了，明天晚上××点同一时间开播。

② 明天休息一天，大家放假啦！后天正常开播。

③ 主播还有5分钟就要下播了，非常感谢大家的陪伴，今天和大家度过了一个非常愉快的时光。

④ 给大家再抽完这波奖，就要下播啦，宝贝们，明天晚上的直播会有非常多的一元秒杀，明天晚上8点，不见不散！

虽然主播讲了很多直播话术，但是主播在直播的时候，不能死记硬背直播话术，要随机应变。主播应该积累经验，形成自己的一套完整的直播话术框架，和消费者之间建立信任，站在消费者的角度去设计话术，满足消费者需求。

3. 直播互动玩法

主播和消费者进行互动十分重要，直播的时候主播不能自说自话，即使直播间的人数比较少，主播也要尝试去营造热闹的氛围，调动消费者的热情，促进下单。直播互动主要体现为以下三个方面。

（1）引导点赞。直播间的点赞数量代表着主播的人气值和直播间的活跃度，点赞数量越多，主播的人气越高，就越能吸引消费者进入直播间。主播可以在时间充足的情况下，跟每个进来的人打招呼，念出他的名字，这样他会有一种被重视的感觉，再积极地和他互动，让他认可你，然后提议让他点赞，点赞达到一定数量后发放优惠券、红包等福利，持续这样做总会有一部分人关注点赞的，同时要详细介绍商品的卖点，只有高质量的直播才能获得别人由衷的赞赏。

（2）引导评论。当消费者进直播间时，如果这个直播间没有一个人评论，或者评论数很少，消费者很可能会怀疑这个直播间的人气是不是很差，是不是没有人来买直播间的东西，所以为了营造购买的气氛，消费者需要引导观众进行评论。主播可以在介绍商品前先提出问题，形成一个话题，让消费者参与话题讨论；也可以通过跟消费者聊天、玩小游戏等，拉近和消费者的距离，引导消费者主动评论。

有消费者评论后，主播要重视评论区的每个问题，积极回答评论区的留言，让消费者感觉被重视，从而更加有参与感，更积极地互动。如果在直播间有消费者出现措辞不当或者言语攻击主播等情况，主播可以对其进行实时监控，必要的时候可以将他设置禁言，保证直播的顺利进行，提高直播质量。

（3）设置抽奖环节。直播抽奖是一种对用户进行抽奖的在线活动。一般方法是，主播将奖品放在直播环境中，发言描述这些奖品，提示参加抽奖活动的消费者可以通过评论、点赞等方式参与抽奖。在直播的时候，主播可以反复提及将开启的抽奖环节，并说明抽奖时间节点和抽奖规则等，用来延长消费者在直播间停留的时长。

直播抽奖可以帮助主播吸引和激发消费者的热情，它不仅可以让消费者体验更多的乐趣，而且可以激发主播的热情，提升直播的整体表现。

8.2.3 带货+礼物打赏双收

一些主播在直播的时候既有才艺展示，又有商品展示，平台也鼓励这种带货和礼物打赏双丰收的形式。2022年初，抖音平台流行健身带练直播，许多账号纷纷开始利用健身带练来吸引粉丝。不同于传统的健身账号，新的健身账号注重带练，会向观众科普专业的健身知识和健身方法教学等。当账号积累一定粉丝后，主播可以开始直播，在直播期间可以向粉丝介绍随身穿的运动鞋服、器械、食品饮料等，实现带货和礼物打赏双收。

8.3 如何通过知识付费短视频变现

只要有信息差，就有套利的空间，这就是知识付费短视频的商业逻辑。以抖音平台为例，在抖音做知识付费其实没有想象中那么深奥，虽然樊登、罗振宇、罗永浩这些名人的故事很有背书、很高大上，但是刷抖音的大多为普通人，更多都是小白。他们要求并不高，教会他们软件怎么操作、让其搞清楚其中的原理即可。太高大上、太深奥的东西，反而会让他们觉得有距离感，听不懂。

8.3.1 付费课程

知识付费本质上是卖东西，只不过卖的这个东西不需要实体成本，它需要的是你的时间、知识和经验。所以，制作知识付费短视频需要先发挥你的一技之长，如会做海报、会做PPT、会做宝宝辅食、英语说得很好等，这时你就可以根据你的特长，把你的知识做成一门课程卖给别人。

8.3.2 付费咨询

付费课程需要系统性地去做一套课程出来，如果你觉得做课程有难度，就可以用付费咨询的方式来变现，如理财咨询、保险咨询、法律咨询、情感咨询等。以情感咨询为例，主播背后可能会有一个咨询师团队，提供线上1对1情感咨询或咨询师培训相关的业务。情感咨询主播的付费咨询，一般以小时计价，抖音上的情感咨询主播咨询价格从几百元到几千元每小时不等，有的甚至能达到上万元每小时的价格，提供包括心理疏导、案例分析、情感答疑等服务。图8-18所示为抖音平台中的一个情感咨询主播，其在个人简介中详细介绍了自己的业务范畴和联系方式，突出自己做情感咨询的优势，吸引更多人前来付费咨询。

这里需要注意一点，咨询不是闲聊天，是为了帮别人解决具体的某个问题，所以有消费者找你咨询之后，你需要及时给对方对应的解决方案。

图8-18 情感咨询主播简介

8.3.3 私教陪跑

私教陪跑是指在你擅长的领域，推出1对1私教陪练，通过半年或一年的时间，手把手带领学员出结果。现在比较流行的有健身私教。我们在报名私教陪跑的时候，要注意辨别其真正实力。

8.4 如何通过短视频平台福利变现

短视频的收益往往和播放量、互动量有关系。想获得收益，短视频创作者可以多关注官方网站的补贴政策，还可以达到一定等级后申请平台分成，平台会根据你的视频播放效果给予一定奖励。有些平台也会通过签约和短视频创作者达成合作，短视频创作者可以分到对应的奖金。

8.4.1 官方补贴政策

一些短视频平台为了吸引高质量的原创者入驻，激励原创者创作，会不定期地举办官方补贴政策主体活动。比如，西瓜视频的数万人万余元政策扶持、探寻农村手工艺人、金秒奖等方案，抖音上各种各样的挑战赛，企鹅号的春雨、繁星等方案，爱奇艺的新叶、春雨、奇知等方案，B站的新星、各种知识分享官等方案，等等。

这种官方补贴政策活动，往往紧跟社会热点，既可以给短视频创作者提供创作灵感，又可以增加流量。短视频创作者依据活动具体方案，再结合自身实际特点来制作相关短视频，可以得到对应的红包奖励和流量扶持，这是一种直截了当的变现模式。

8.4.2 流量分成

短视频平台流量分成可以迅速积累短视频创作上所需要的资金，从而为后期其他短视频的制作与运营提供便利，这是一种很直观的变现模式。但是对于大多数原创者来说，流量分成这种变现模式还是有一定门槛的。大部分短视频平台在流量分成上都有一定考评等级，图8-19所示为B站的创作激励计划加入门槛，如果你的短视频电磁力等级达到3级且信用分大于或等于80分，就可以申请加入创作激励计划，如果得到平台上的原创验证就能够获得更多流量分成。

图8-19　B站的创作激励计划加入门槛

8.4.3 平台签约

目前大部分短视频平台都面向优质短视频创作者提供了一系列签约机会，如果短视频创作者的优秀短视频被平台认可并签约，平台会对创作者在短视频内容创作、运营、拍摄等方面给予更多的支持和指导，创作者在流量上获得更多的倾斜，在提成比例上拥有更多点位，在认证上拥有更多的称号，算得上是名利双收，但是对于原创者的各项专业能力都有很高的要求。

8.4.4　MCN签约

随着短视频运作的资本化和规模化，短视频创作者和MCN机构签约变得很常见。各种MCN机构对旗下众多短视频、主播达人进行签约培养，进行商业化合作推广。可能有一些人对MCN这个名词还比较陌生，简单来说，MCN就像一个中间商或一个中介机构，起到沟通、协调、培养KOL的作用。当短视频创作者越来越多，品牌商的需求也越来越多样化时，短视频行业MCN化已成常态。

当短视频创作者和MCN机构签约后，机构会对其账号进行个性化的培养和包装，帮助其账号迅速成长。图8-20所示为短视频创作者和MCN签约的四个好处。

图8-20　短视频创作者和MCN签约的四个好处

1. 聚集流量

短视频平台的短视频数量非常多，即使你有优秀的制作短视频的能力，也未必能得到平台的流量扶持。MCN机构在引流方面有强大的优势，短视频创作者和MCN签约后，能够为账号提供大量流量。

2. 输出优质内容

MCN机构能够帮助签约者输出更多的优质内容。即使签约者本身在短视频内容创作方面的天赋不太好，MCN机构也可以通过一些方法让其变得更加优秀。这也是MCN机构现在火爆的原因。大部分人还是比较平庸的，没有什么特别新奇的想法，而MCN机构有专门负责策划的团队，可以帮助账号持续稳定地输出优质内容。

3. 加速账号成长

根据账号和运营者本身的实际情况，专业的MCN机构可以为账号提供个性化的定制服务，为其制定发展规划、策划内容，而不是像流水线一样进行批量复制生产。个性化的定制服务类似于给孩子上课外补习班，虽然现在有些孩子天赋过人，靠自学就能够取得很好的成绩，但是大多数孩子的成绩一般，如果这时候能有专业补习班为孩子补课，那孩子的成绩大概率会提高。所以，寻找专业的MCN机构可以加速账号成长。

4. 高效变现

MCN机构背后有一条完整的产业链，而且具备较强的变现能力。例如，"科学旅行号""三根葱""凌云"等KOL就是由MCN机构一点点孵化出来的，比起那些没有和MCN机构签约的KOL，他们的变现效率要高很多。图8-21所示的三个账号的粉丝量均已超1000万人。

图8-21　三个账号的粉丝量截图

8.5　如何通过广告变现

广告变现是指短视频创作者在自己的作品中加入广告，用户在观看短视频的过程中能够看到广告，进而产生购买的行为，实现变现。短视频平台聚集了庞大的用户群体，能够充分满足广告主的需求。因此，短视频创作者在有了一定的粉丝量和播放量时，可以通过官方广告平台或者第三方广告平台来投放广告。平台方和广告主一般都会对短视频创作者在粉丝量、播放量、精准性等方面有不同的硬性要求。广告变现是常见的短视频变现方式之一。

8.5.1　广告变现的方式

1. 品牌广告

品牌广告是指以品牌为中心，为品牌或产品进行制作内容的广告形式。广告商根据不同品牌的风格和不同的传播目的，有针对性地制定传播策略，充分利用短视频平台的优势，帮助企业更好地宣传品牌文化和理念。这类广告需求量较大，变现也更高效，但是制作费用较贵。相应地，品牌广告的广告收益也较高。据第三方广告平台数据统计，一些小头部的创作者单条视频广告费起步在1万元以上，百万级的主播单条视频广告费起步价基本在5万元以上，千万级的主播单条视频广告费起步价基本为10万元以上。图8-22所示为某品牌在抖音中找的一个主播为电动牙刷拍摄的品牌宣传广告。

2. 植入广告

植入广告是将广告主的品牌、产品植入短视频剧情，让粉丝用户在观看过程中不知不觉形成记忆，进而去了解广告主的产品或服务。和传统广告相比，粉丝用户对植入广告的接受程度比较高，该方式不容易影响到粉丝用户的体验，分成也非常可观。植入式广告主要有以下四种。

（1）台词植入广告。台词植入广告是指演员通过台词将产品的名称、特点等直白地传达给观众。这种方式很常见，也是广告植入中很直接的一种方式，很容易得到粉丝用户对品牌的认同。不过在进行台词植入时要注意，台词衔接一定要恰当、自然，不要强行插入，否则很容易让观众反感。papi酱就经常以一种非常富有想象力的方式口播广告，这种方式不仅可以延伸视频的故事性，也可以推广产品，一举两得，观众也不会觉得乏味，反而觉得比较有趣。例如，papi酱曾在一条短视频中宣传自己主演的电影《明天会好的》，如图8-23所示。

图8-22　品牌广告

图8-23　台词植入广告

（2）道具植入广告。道具植入广告这种方法比较直观，就是将要植入的物品以道具的形式呈现在观众面前。很多短视频中都会出现这种道具植入广告，来达到宣传产品的目的。如图8-24所示，某品牌找了抖音中的一名主播帮自己拍摄短视频做宣传，该主播就是拿包当道具植入，在不经意间宣传了品牌。这里需要注意的是，如果道具在短视频中出现的次数过于频繁，容易让粉丝用户产生不适的感觉，因为粉丝用户在反应过来这是广告时，往往会产生抗拒心理。

（3）场景植入广告。场景植入广告是将品牌融入场景，通过故事的逻辑线条使品牌自然露出。如图8-25所示，在抖音主播毛光光的短视频中，主人公由于遭受挫折，对自己的面容不自信，这时候毛光光拿出一瓶护肤水给主人公使用，用完之后皮肤有明显的改善，最后主人公不仅要带走护肤水，还要买面膜。

（4）奖品植入广告。奖品植入广告是指在短视频中通过发放一些奖品来引导观众关注、转发、评论的一种植入方式。这种方式很常见，也是短视频主播经常用的一种广告植入形式。例如，发放某个品牌的优惠券、某个产品的代金券、将礼品送上门等。

图8-24　道具植入广告

图8-25　场景植入广告

3. 冠名广告

冠名广告是指在节目中加上赞助商或广告主的品牌进行广告宣传，通常用来扩大品牌影响力。这类广告的费用一般很高。像我们在看一些综艺节目的时候，节目开始之前或者最后，主持人会介绍本节目由××冠名播出。在短视频领域中，冠名广告对短视频创作者的内容有比较高的要求，因此，该方式适合有一定影响力的头部创作者。

4. 贴片广告

贴片广告是指在短视频的片头片尾专门插片播放的广告，是一种制作成本比较小的广告形式。一般广告内容会放在片尾5~10秒，不会影响短视频的内容。但是贴片广告的出现会让用户觉得有些突兀，有的甚至和短视频内容完全不相干，容易给观众带来不好的体验。

以上就是广告变现的四种方式。我们在做广告的时候，一定要关注用户的体验。如今的短视频很注重互动，互动性越强，你的短视频账号权重就越高，也就意味着你的短视频可以被更多的用户看见。因此，广告的产品是否正规会直接影响用户的体验，我们需要在变现的过程中时刻把控产品质量。

8.5.2 短视频创作者如何接广告

怎么接广告是许多短视频创作者都比较关心的一个问题，因为这是目前短视频创作者进行变现的主要模式之一。接广告有很多不同的方法，具体应该怎么选择，短视频创作者可以根据自身的实际情况进行选择。现在就来具体讲讲以下三种情况。

1. 等待商家主动联系

当短视频账号的粉丝数超过数万时，很多商家会私信短视频账号寻求合作，但寻求合作的信息可能会被淹没在粉丝的私信中。因此，短视频创作者最好在账号首页的个性化签名中添加专门针对商业合作的联系方式，以方便与商家联系，如图8-26所示。

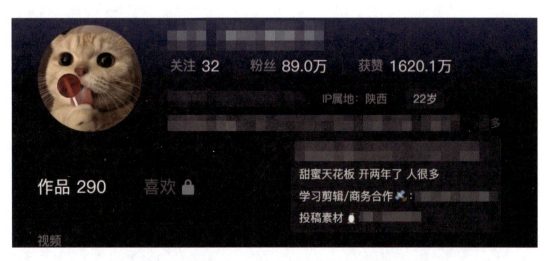

图8-26 在个性化签名中添加专门针对商业合作的联系方式

商家是否有信誉度、产品质量如何、商家是否靠谱、产品是否有保障等，都需要短视频创作者认真挑选和考量。一般商家都有自己的官方网站、官方旗舰店、微博或微信公众号等。短视频创作者可以通过这些渠道了解合作商家的信誉度，判断商家是否值得合作。

2. 加入官方广告接单平台

为了促进商家与短视频创作者的合作，很多平台都推出了官方接单平台或活动。比如，抖音推出的"星图"，快手推出的"快接单"，微博推出的"微任务"等。短视频创作者在拥有一定数量的优质短视频内容和大量粉丝后，就可以进入"星图"成为"达人"，并选择商家进行合作。

对于短视频创作者来说，官方广告订单平台可以拓宽他们的商业变现方式；对于商家来说，官方广告订单平台可以帮助他们实现精准的广告投放。双方互惠互利，通常都能达成大量商务合作。

3. 短视频圈互相推荐

事实上，广告的来源并不局限于短视频创作者和商家，还可以来自同行的推荐。比如，A是一个女装短视频团队，B是一个美食短视频团队。A收到一个美食制作类广告，发现该广告的目标用户群体更适合B，A就可以向B推荐这个广告，并从中收取一定的中介费或者进行资源交换。因此，短视频创作者在运营短视频时要与同行建立良好的关系，实现互利共赢。

总之，短视频广告的来源多种多样，精挑细选合作商家，与同行达成良好的共识，可以帮助短视频创作者在选择广告时少走弯路。

8.5.3 广告变现的注意事项

对于那些希望利用内容吸引用户的短视频账号来说，广告变现是有风险的。短视频创作者在进行广告合作时，必须遵循以下原则，才能降低合作的风险。

1. 不和虚假宣传的品牌合作

短视频创作者如果发现商家要求宣传的内容和产品实际情况不符，如存在夸大事实、虚假宣传等问题，这时要立即拒绝或停止合作。因为这种虚假宣传的行为不仅是欺骗用户，也违反了《中华人民共和国广告法》的规定。此类虚假广告一旦被举报，将被官方平台查处，严重的话会导致账号直接被封。

2. 不与禁止宣传、禁止出售的品类合作

短视频创作者在接广告时，一定要避开不允许通过网络平台宣传或销售的特殊产品，如烟草、医疗器械、金融产品、高仿产品等。短视频创作者不应以追求短期利益为目的，在短视频内容中推广此类产品。一旦平台发现这些产品广告，通常会立即对涉及的短视频账号做封号处理。严重的情况下，短视频创作者还会受到法律的制裁。

3. 不和不爱国的品牌合作

短视频创作者要有一颗赤热的爱国之心，在享受着社会福利的同时，也要为国家做一定的贡献。遇到不爱国的品牌时，直接拒绝合作，不要贪图眼前的小利，眼光要放长远。一个品牌如果只想在中国圈钱，还鄙视中国人的话，我们肯定不能去消费，要为中国人长骨气。作为短视频创作者，更要有一定的担当，宁愿不接这个广告，也不能丧失自己的良心。

4. 慎选消费者体验感差的产品

在选择广告合作的时候，短视频创作者一定要严把产品质量关，慎重选择不能保证质量的产品。比如，生鲜产品在运输过程中容易损坏，可能导致用户收到货后体验不佳。对于这类产品，短视频创作者就需要谨慎选择，以免影响短视频账号的口碑。

5. 不要频繁推送广告

短视频的核心永远是"内容"，短视频创作者不应该因小失大。频繁的广告投放很可能会导致短视频内容质量直线下降，造成用户群体的流失。短视频创作者应该在合适的时机推出高质量的广告，努力提高用户体验，让广告变现成为短视频盈利的稳定方式。

总而言之，短视频创作者对广告合作不能来者不拒，应该去选择质量有保证、品牌无负面影响、爱国、与自己账号用户群体匹配度高的产品或品牌合作。

8.6 如何通过私域流量变现

私域流量是相对于公域流量而言的，其中，"私"是指个人的、私人的、自己的意思，与公域流量的公开相反；"域"是指范围；"流量"指的是具体的数量，如人流数、车流数或者用户访问量等。私域流量可以极大地增强用户黏性，提高粉丝的购买率，通过私域流量变现是一种非常有效的短视频变现方式。

在公域流量平台上，用户就是流量，他们只是从你的身边流过，你需要付费去购买而且费用越来越贵；在私域流量池中，用户是你自己的，你不仅可以直接触达用户，还可以免费地反复利用。因此，我们要将公域流量导入私域流量池，通过微信来搭建自己的私域流量池。在短视频行业，将公域流量转化为私域流量的核心是，提高短视频的内容质量，做好用户运营工作，培养用户对短视频内容的价值认同感。

8.6.1 线上打造封闭市场，将用户引到微信

公域流量平台的最大特征就是流量是开放的，包括微博、今日头条和抖音等平台，用户的言论和行为都是不可控的，我们很难获得相关的用户数据。相应地，微信公众号的发展已经非常成熟，流量获取的成本也偏高。

因此，我们需要不断去挖掘新的低成本市场。在这方面，今日头条和抖音属于新的开放市场，而QQ、微信群和微信个人号则属于封闭市场，这些渠道的流量成本目前都比较低。尤其是微信个人号，是不错的封闭市场。

短视频创作者可以通过多种方法将用户导入自己的微信个人号，而且成本非常低。比如，可以在首页简介中留下自己的微信号，吸引用户添加你的微信，如图8-27所示。这样就可以跟用户单独沟通，而且可以通过发布朋友圈进行"种草"，不断提升用户对自己的信任度，同时可以进一步提高用户的忠诚度。

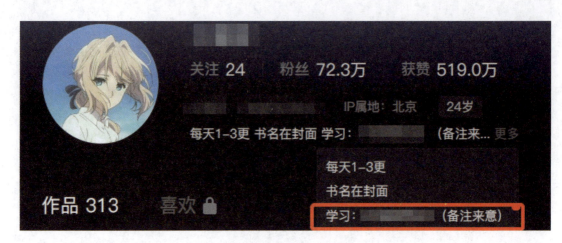

图8-27 带微信号的个人简介

8.6.2 搭建私域流量池，和用户建立关系和信任

微信个人号目前也进入了成熟期，早期入驻的用户已经收获了大量的流量红利。短视频创作者要尽快布局微信私域流量池，这样才有提高收益的可能性。私域流量的重点在于对用户流量池的培养，通过运营私域流量池来运营用户，能够加深和用户之间的联系，提高信任度，从而促进用户为你消费，实现变现。

8.6.3 形成公众号矩阵，邀请用户加入

有一些行业（如汽车、珠宝等），客单价较高，目标用户又比较少，这些行业具有一定的圈层性，专业性也比较强。虽然整体用户少，但是垂直领域的用户对这方面内容的需求很大，如果短视频创作者利用好私域流量池，可以达到很好的流量转化效果。所以，这些行业需要更加重视短视频的内容，针对用户普遍关心的痛点和行业热点问题，打造专业的短视频，以用户的切身利益为出发点，为用户提供建议和帮助，以获得用户的信任，吸引用户自愿加入私域流量池。

这些行业一般都有完整的线下经销和代理体系，短视频创作者可以在微信公众号等平台上主动搭建账号矩阵，由品牌方和经销商共同搭建矩阵进行运营。一方面，经销商可以在线上与用户保持稳定、长期的互动关系，打破时间和空间的限制，与用户分享品牌动态。另一方面，有品牌为经销商做背书，进一步增强了用户对经销商的信任。一个品牌在举办大型活动时，可以联动多个公众号，充分释放矩阵的优势，实现线上线下流量转化。

对于短视频创作者来说，用户是很重要的一个因素，如果你拥有成千上万的专属用户，那么，你的短视频账号将更容易成功。因此，不管是个人短视频创作者还是企业，都需要去打造自己的专属私域流量池。同时，不要忘记做好短视频内容，优秀短视频内容是实现变现的前提，要让内容能够引起大家的共鸣，更好地通过私域流量实现变现。

本章总结

1. 当你的短视频账号成熟后，就可以开始考虑进行变现，实现盈利。变现的方法有电商变现、直播变现、知识付费变现、广告变现、平台福利变现和私域流量变现。

2. 电商变现的方式有三种，分别是第三方自营电商变现、短视频平台自营变现和佣金变现。

3. 直播带货的时候，要注重选品，选择和自己短视频账号契合度高的产品，同时准备好直播话术和互动玩法。

4. 在进行广告变现的时候，要清楚地知道广告包括品牌广告、植入广告、冠名广告和贴片广告。

项目练习

1. 项目目标

掌握短视频流量变现的策略和技巧，可以活学活用。

2. 项目内容

发布短视频的时候，完成以下任务。

（1）选择三个短视频账号，找出其变现策略有哪些。

（2）结合账号定位、内容特点，为自己的短视频账号拟写一份变现计划书。

3. 项目要求

（1）选择分析的短视频账号粉丝数量在100万以上。

（2）对于初学者来说，短视频的变现运营是一个高阶运营项目，因此需要多观摩、多实践。

第9章

数据解析，赋能运营

短视频自诞生以来，用户规模迅速增长。中国互联网络信息中心（CNNIC）在京发布的第51次《中国互联网络发展状况统计报告》显示，截至2022年12月，我国网民规模达10.67亿，其中短视频用户规模首次突破10亿，用户使用率高达94.8%。2018—2022年的5年间，短视频用户规模从6.48亿增长至10.12亿，年新增用户均在6000万以上，其中2019年、2020年，受疫情、技术、平台发展策略等多重因素的影响，年新增用户均在1亿以上。迅猛的发展势头吸引了越来越多的企业和个人投入其中，面对短视频平台持续拓展的电商业务，短视频电商想要顺利发展，就必须有科学、有效的数据分析作为引导和支撑。

本章将从短视频数据分析的重要性、数据分析的工具运用以及数据思维与运营方法等角度进行讲解，以便大家在关注分析数据的同时利用好这些数据，在竞争激烈的电子商务市场站稳脚跟。

知识点目标：

- ☑ 熟悉短视频数据分析的渠道
- ☑ 熟悉短视频数据分析的维度
- ☑ 熟悉短视频数据分析的常用指标
- ☑ 熟悉短视频数据分析的常用方法

技能库目标：

- ☑ 掌握数据分析工具的使用方法
- ☑ 掌握数据化思维与运营方法

9.1 数据分析的重要性

对于电子商务运营者而言，数据分析是电子商务交易中不可缺少的一项重要工作，而对于短视频进行数据分析也是必不可少的。通过数据，企业可以获得消费者的偏好，组织商品实现更好转化，提高投放广告的效率等问题。基于数据分析的每一点改变，都有可能提升企业的盈利能力。

9.1.1 短视频数据分析的作用

不管做什么平台，对短视频进行数据分析都是必不可少的。在所有运营环节中，能够为决策提供客观依据的就是数据分析。数据分析就像拍摄短视频一样，短视频是通过手机或者相机将每一帧画面记录下来，而数据可以帮助短视频创作者将每一次用户观看短视频的行为及反馈记录下来。短视频创作者通过数据分析可以发现账号问题、调整运营策略，以便及时做出调整，如分析受众的活跃时间点、分析竞争对手账号的信息等，得到精准的用户画像和用户喜欢的内容，有针对性地优化内容。这样通过专业的分析制作的内容更能迎合用户的喜好，提高短视频的点击率和关注度，获得更多的流量，有助于短视频创作者创作短视频、运营短视频。

1. 指导短视频内容创作方向

在短视频创作初期，可以尽量选择自己喜欢的赛道，因为喜欢才能持续不断地输出内容。但是短视频创作者对短视频市场、短视频选题方向等的了解可能并不充分，因而并不清楚什么样的短视频内容更容易被用户接受，此时就需要用数据来指导短视频内容的创作方向。

前期数据分析的目标是先找到最适合内容创作的方向。短视频创作者可以先拍摄几条短视频并将其发布到某个短视频平台上，然后关注这些短视频在该平台的播放量、点赞量，这样短视频创作者就可以初步总结用户对哪些短视频比较感兴趣、用户感兴趣的短视频有哪些特点。之后，短视频创作者可以根据自己的总结去开展短视频的内容策划和拍摄工作，经过不断地总结、优化，短视频创作者的创作方向就会越来越清晰。

2. 确定短视频运营重心

确定了短视频的创作方向之后，下一步就要考虑发到哪个短视频平台比较好，抑或是短视频内容是多平台分发，还是只发一个平台更好？

短视频创作者如果实力有限，则可以考虑将有限的资源重点投放在某个数据表现好的平台上；短视频创作者如果实力雄厚，人力、物力、财力等资源充足，可以选择全网铺开。在运营初期，短视频创作者可以在多个平台上发布具有相同内容的短视频，然后跟踪并分析短视频在不同平台上的数据表现。对于数据表现较好的平台，短视频创作者可以将其作为自己重点运营的平台；对于数据表现不好的平台，则可以直接选择放弃。

不过要注意每个平台的尺度不一样，所以发布时要注意各大平台的规则是怎样的。如果是参与了某个平台活动的作品或独家签约账号，这种情况千万不要多平台分发，否则是违规。

短视频创作者明确了重点运营的平台后，需要利用数据分析充分了解该平台的创作环境、用户画像等特征，使用数据分析结果在该平台进行精细化运营，并且不断探索和研究在该平台上获得高流量的方法。

3. 指导短视频发布时间

不同的短视频平台具有不同的特性，有时候一份相似的内容在不同时间发布出去，出现的结果却是截然不同的。因为每个平台都有自己的流量高峰时间，短视频创作者一开始就要思考怎样能在流量高峰时间段获得更高的曝光量。例如，在抖音平台，创作者可以尝试在各个时间段发布短视频，同时需要记录短视频的发布时间和各个平台的数据表现，观察在哪些时间段能够获得高推荐量和播放量；在腾讯、爱奇艺等平台，可能刚发布时并不能马上获得较高的播放量，需要一周左右才可能看到数据增长。短视频创作者可以通过分析同类型创作者发布作品的时间来选取最适合自己的发布时间。当这些规律摸清楚之后，在下次发布短视频时就可以选在一些特定的时间段，增加曝光率，从而让自己的短视频获得更多的播放量。

4. 优化短视频运营方案

当短视频创作步入正轨后，需要对短视频运营方案进行优化改善。此时短视频创作者可以利用账号的运营数据进行分析，这样才能有针对性地采取有效措施，包括深度优化短视频内容创作、分析短视频用户画像等。

（1）深度优化短视频内容创作。短视频内容优化是一个关键的步骤，其中数据分析和策略优化是不可或缺的部分。首先，通过数据分析评估短视频的内容表现，这些数据包括播放量、完播率、点赞量、评论量、收藏量、分享量等指标，从而了解哪些内容更容易受到用户的欢迎，哪些内容表现效果较差等；其次，通过分析竞争对手的数据了解自身的优劣和差距；最后，根据分析后的结果由短视频创作者进行内容优化，包括短视频的选题、标题设计、拍摄方法、台词或解说设计等。

（2）分析短视频用户画像。短视频创作者要了解关注用户画像具备什么样的特征，如男女比例、年龄层次的分布、用户喜欢的内容类型、用户的观看习惯、互动行为等，根据用户画像的特征，深入了解用户数据，以提高内容的质量和吸引力，从而更好地把握用户需求、及时调整运营方式，让自己的短视频运营更加科学和高效。

9.1.2 短视频数据分析的渠道

搜集足够多的有效数据是开展数据分析的基础，短视频创作者可以通过以下两个渠道来搜集短视频的运营数据。

1. 利用账号官方后台进行运营

对于自己的账号，通过短视频账号后台可以查看详细的数据，会有各个短视频的数据统计，包括点赞量、评论量、转发量等。短视频创作者通过这些数据可以了解自己账号中各个短视频的运营情况，从而对目前短视频的内容、宣传效果以及目标受众有一定了解。

2. 第三方数据分析工具

利用第三方运营数据平台可以获得头部账号或高浏览量视频的数据，从而时刻紧追热点并学习运营技巧。在市场上有很多专门为用户提供短视频数据分析的第三方数据分析工具，如新榜、飞瓜数据、卡思数据、抖查查、蝉妈妈等，它们可为短视频创作者提供各类短视频"达人榜"、短视频播放排行榜、热门素材、爆款商品等数据，短视频创作者通过获得对自己有用的数据并进行分析来实现自身的成长。

9.1.3 短视频数据分析的维度

近年来，随着我国短视频用户规模的快速增长和短视频用户黏性的持续提升，短视频用户多元化需求也在不断升级，因此未来对于短视频作品的要求会越来越严格，短视频行业的竞争也会越来越激烈。短视频创作者要想在激烈的市场竞争中占据一席之地，就需要通过分析和研究竞争对手来合理地制定运营策略。

1. 自我剖析

自我剖析就是对自己运营的短视频账号进行全面的分析。短视频创作者可以通过对自己相同账号下的短视频数据进行分析、类比来认识自身账号的不足，从而调整运营重心。自我剖析包括单视频分析、横向对比分析和纵向对比分析三种方式。

（1）单视频分析。单视频分析是指通过视频自有的数据指标对自身进行一个诊断。短视频创作者对自己短视频账号中的某条短视频的数据进行分析，通过分析相关数据发现其是否存在问题，并寻找相关原因，从而解决问题。

（2）横向对比分析。横向对比分析是指短视频创作者将自己发布在不同平台上的短视频的数据进行整合、统计，分析这些短视频在不同平台上的运营情况。有些短视频创作者在条件允许的情况下，为了提高粉丝总量或寻找曝光量更大的短视频平台会选择对同一短视频进行全矩阵发放，即在多个平台上运营自己的短视频账号。同一条短视频在哪个平台上的数据表现更好，说明其比较符合该平台的用户需求，这样短视频创作者就可以确定适合自己的平台，将该平台作为自己的运营中心。

（3）纵向对比分析。纵向对比分析是指短视频创作者在运营过程中可以将自己账号中的短视频按照不同的类型进行细分，然后分析各种选题、各种拍摄风格的短视频数据，根据数据分析结果优化短视频的选题、短视频拍摄方法等。

2. 竞品分析

竞品，主要指竞争产品。竞品分析是指短视频创作者对竞争对手的短视频进行分析，了解竞争对手的短视频在哪些方面具有优势、自己的短视频存在哪些不足，不断优化自己的短视频内容。短视频创作者在做竞品分析时可以从主观和客观两个维度进行（图9-1）。

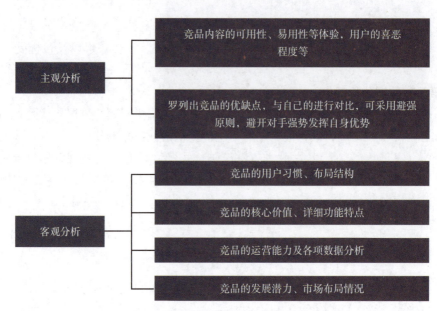

图9-1 从主观和客观两个维度分析竞品

用户在做竞品分析时，可以结合整个行业的发展状况进行全方位的梳理。除了从竞品的角度（如确定竞品、竞品对比、各方面数据表现、目标用户群体特征、账号盈利模式异同等方面）进行分析外，还需要从宏观角度（如市场状况、行业分析、需求分析、运营及推广策略、归纳和总结等）对标整个行业进行完善。

竞品分析的目的是帮助短视频创作者更好地找到内容的切入点，而不是纯粹地模仿竞争对手的内容，以免最终走向严重同质化内容的误区。用户要多观察同领域的热门账号，不断地学习，知己知彼，做好短视频定位和内容优化，并且持之以恒地去实践，这样才能持续有效提升自己账号的竞争优势。

9.1.4 短视频数据分析常用指标

分析短视频数据，离不开各种指标，短视频创作者只有对短视频各项数据指标有所了解，才能获得更加科学、有效的数据分析结果。为了便于理解，我们将短视频数据分析的常用指标分为固有数据指标、基础数据指标和关联数据指标三大类。

1. 固有数据指标

固有数据指标指短视频创作者在视频制作、发布的过程中产生的且不可通过外力进行改变的固定指标，如短视频时长、短视频发布时间、短视频发布渠道等与短视频发布相关的指标。

2. 基础数据指标

基础数据指标指在短视频拍摄完成之后，能简单区分这个视频表现的重要指标，包括播放量、评论量、点赞量、转发量和收藏量。这个指标通常是短视频创作者最关注的，主要用来衡量短视频发布后的整体运营状况。（表9-1）

表9-1 短视频基础数据指标

指标名称	释义	所代表的意义
播放量	短视频在某个时间段内被用户观看的次数，代表着短视频的曝光量	衡量用户观看行为的重要指标。短视频的播放量越高，说明短视频被用户观看的次数越多
点赞量	短视频被用户点赞的次数	该指标反映了短视频受用户欢迎的程度。短视频的点赞量越高，说明用户越喜欢这条短视频
评论量	短视频被用户评论的次数	该指标反映了短视频引发用户共鸣、引起用户关注和讨论的程度
转发量	短视频被用户分享的次数	该指标反映了短视频的传播度。短视频被转发的次数越多，获得的曝光机会就越多，播放量也会增长
收藏量	短视频被用户收藏的次数	该指标反映了用户对短视频内容的喜爱程度，体现了短视频对用户的价值。用户在收藏短视频后很可能会再次观看，从而提高短视频的播放量

3. 关联数据指标

关联数据指标是指由两个基础数据相互作用而产生的数据反馈。其中，重要的关联数据指标包括完播率、点赞率、评论率、转发率、收藏率、加粉率等。在进行关联数据分析工作时，利用这些比率性数据的细化和分析，可以提高数据分析效率，全面评估数据结果，衡量价值转化效率，让短视频创作者有技巧地将短视频账号权重越做越高。（表9-2）

表9-2 短视频关联数据指标

指标名称	计算公式	所代表的意义
完播率	完播率 = $\dfrac{短视频的完整播放次数}{播放量} \times 100\%$	短视频完播率越高，获得系统推荐的概率就越高
点赞率	点赞率 = $\dfrac{点赞量}{播放量} \times 100\%$	该指标反映了短视频受用户欢迎的程度。短视频的点赞率越高，所获得的推荐量就越多，进而提高短视频的播放量
评论率	评论率 = $\dfrac{评论量}{播放量} \times 100\%$	该指标反映了用户在观看短视频后进行互动的意愿
转发率	转发率 = $\dfrac{转发量}{播放量} \times 100\%$	该指标反映了用户在观看短视频后向外推荐、分享短视频的欲望。通常，转发率越高，为短视频带来的流量就越多
收藏率	收藏率 = $\dfrac{收藏量}{播放量} \times 100\%$	该指标反映了用户对短视频内容的肯定程度
加粉率	加粉率 = $\dfrac{粉丝数}{播放量} \times 100\%$	该指标反映了用户对此类短视频内容的肯定以及希望后续能看到更多类似短视频的意愿

9.1.5 短视频数据分析常用方法

在进行短视频数据分析时，短视频创作者可以根据对数据的不同需求，采用不同的方法对短视频数据进行分析。下面介绍三种常用的分析方法。

1. 直接观察法

直接观察法指利用短视频平台和第三方数据分析工具对数据的分析功能，直接观察出数据的发展趋势，分析现有数据、找出异常数据，从而对短视频进行优化。借助于强大的数据分析工具，短视频创作者可以有效提升信息处理的效率。通过直观查看数字或趋势图表，短视频创作者能够迅速了解粉丝趋势、点赞趋势、评论数量等，从而获取信息，以利于后期做出决策。（图9-2）

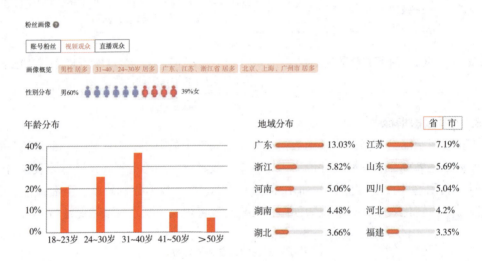

图9-2 短视频关联数据指标

短视频创作者从中可以直接观察到粉丝的性别分布、年龄分布、地域分布情况等信息，从而可以了解该店铺受哪类人群欢迎，进而可以针对该人群制定相应的营销策略。

2. AB测试法

AB测试法通常是指设计两个或多个版本，通过测试比较这些版本的不同，短视频创作者可以最终选择出最好的版本。例如，短视频创作者在创作初期构思了两种不同创意方向的视频内容，而并不确定在哪一种创意方向上持续输出，此时就可以将两组视频进行播放测试，经过一段时间后就可以提取测试数据，如完播率、点赞率、转发率、收藏率、加粉率等，并分析和总结数据表现结果，以明确最终的创意方向。

AB测试法的优点在于"可控"，它建立在现有短视频创作的基础之上，即便新方案不行，也会有旧方案加持，直到新方案可取后才进行替换，不至于没有方案执行。与此同时，AB测试法也有一定的风险，需要短视频创作者及时观察用户的反馈表现，以免过度测试造成粉丝流失。

3. 对比分析法

对比分析法是短视频创作者将两个或两个以上的数据进行比较，并查看不同数据的差异，以了解各方面数据指标的分析方法。对比分析法可以从向内对比和向外对比两个方向进行。

（1）向内对比。向内对比指的是短视频创作者从自身账号入手，对比自身存在的问题。可以从三个方向入手：不同时期对比、优化前后对比和活动前后对比等。

① 不同时期对比。对不同时期的数据往往可以采用环比和同比的对比分析方法。例如，使用本期水平的数据与其前一期水平数据进行对比，就能知道本期水平的数据增减情况，此为环比分析；使用今年第N月与去年第N月数据进行对比，就能知道今年第N月的数据增减幅度，此为同比分析。

② 优化前后对比。在短视频创作中，短视频创作者可能会对短视频内容或拍摄角度进行一定程度的调整工作，此时就需要进行优化前后对比，判断调整是否有效，或者效果是否明显等。

③ 活动前后对比。为促进销量、提升销售额，短视频直播过程中往往都会不定期地开展各种活动，因此就需要短视频创作者对活动前后的各项数据指标进行对比，判断活动开展是否有效，活动策划的优点和问题各在哪些地方，以便为下一次活动提供更好的数据支持，进一步提高活动的质量和效果。

（2）向外对比。向外对比是指短视频创作者与竞争对手或行业大盘对比。通过与竞争对手对比，短视频创作者可以了解自身与竞争对手的差距，找出对方的优点和自身的不足，不断学习，提高自己的账号运营能力。比如，发现自己的视频点赞率比竞争对手低很多，就可以分析影响点赞率过低的各种原因，找到原因并提高点赞率。通过行业内对比，企业可以了解自身在某一方面或各方面的发展水平在行业内处于什么样的位置，知道自己有哪些指标是领先的，哪些指标是落后的，从而找到下一步的发展方向和目标。

9.2　数据分析的工具运用

当前，随着短视频行业的飞速发展，诞生了许多短视频领域的创业者。众所周知，要想做好一个短视频账号，除了内容质量方面必须高之外，日常的数据分析也极为重要，用好数据分析工具，短视频账号的运营会事半功倍。常见的数据分析工具有卡思数据（暂停服务）、飞瓜数据、抖查查、蝉妈妈、新抖等，能够为短视频创作者提供详细、全面的短视频数据分析。下面以飞瓜数据（果集·飞瓜-抖音版）为例，介绍第三方短视频数据分析工具在短视频运营中的应用。

飞瓜数据是一个专业的短视频数据分析平台。它功能齐全，具有各行各业短视频的排行数据。飞瓜数据可以做单个抖音号的数据管理，查看日常的运营情况；也可以对单个视频做数据追踪，了解它的传播情况。通过飞瓜数据，用户还能搜集到热门视频、音乐、主播等。除此之外，其完善的带货视频分析功能无论对于提升视频质量，还是选择最火爆的商品，都大有帮助。

9.2.1 短视频账号监管

打开飞瓜数据官网（图9-3）后，点击"进入工作台"，即可进入管理"达人"短视频账号的工具界面。然后点击"添加抖音号"，可将打算关注的短视频账号添加进数据监测界面。点击"数据监测"界面中添加进来的短视频账号名称，即可查看该账号的各项运营数据，如账号数据、视频数据、直播数据、带货数据以及每日数据详情等，如图9-4所示。

图9-3 飞瓜数据官网

图9-4 添加抖音号

9.2.2 优化发布时间

不同的短视频账号，其发布短视频的最佳时间也是不同的。短视频创作者应该选择在自己账号粉丝最活跃的时间点发布短视频，这样更容易让短视频获得较好的数据表现。使用飞瓜数据分析短视频账号的粉丝活跃时间的方法如下。

先将要关注的短视频账号添加进"数据监测"界面（上文已介绍方法），单击添加进来的短视频账号名称，然后点击"粉丝分析"选项卡，即可在粉丝列表画像中查看到粉丝活跃时间分布情况。从图9-5中我们可以发现，该账号的粉丝在每天的22点和每周的周日最活跃，所以该账号可以选择在每周周日的22点发布短视频。

图9-5　粉丝账号活跃时间分布情况

9.2.3　查找热门素材

"蹭"热点是帮助短视频吸引流量的有效方法之一。热点可以引起用户的阅读兴趣，同时可以提高品牌宣传度，所以很多短视频拍摄者和写手都喜欢蹭热点。短视频创作者可以通过飞瓜数据来观察抖音平台上的实时热点、热门话题、热门视频、热门音乐、热点词云等，并结合热点进行短视频创作。

下面以查找实时热点和热门话题为例，介绍运用飞瓜数据查找热点的方法。

1. 查找热门视频

鼠标放在左侧"视频/素材"选项卡，即可出现"视频库聚焦实时热点"按钮，然后单击该按钮，可以实时查看并追踪当前热点，如图9-6所示。短视频创作者可以根据追踪到的热点进行短视频内容的策划。

2. 查找热门话题

短视频创作者在短视频的标题中可以关联当前热门话题，以借助热门话题帮助短视频获得更多曝光的机会。短视频创作者运用飞瓜数据查找热门话题的方法如下。

单击页面左侧的"视频/素材"选项卡，然后点击"热门话题"按钮，进入"热门话题"页面，如图9-7所示。

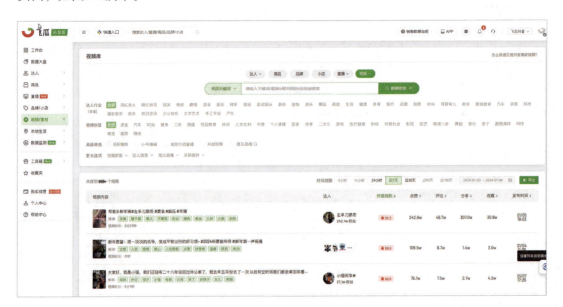

图9-6　实时热点追踪

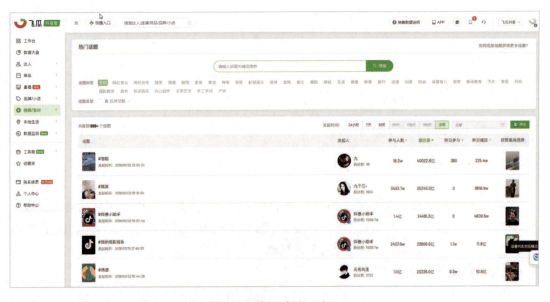

图9-7　"热门话题"页面

短视频创作者可以按照发起者来筛选热门话题，从而快速找到抖音中的热门话题，也可以在搜索框中输入想要查找的话题进行检索。

在"发起时间"项选择"24小时""近7天""近30天""近90天""全部"选项中的任一选项卡，单击自己打算查找的时间范围，选择自己感兴趣的话题，然后单击该话题后面的"#"，即"话题详情"按钮，如图9-8所示。

进入"话题详情"页面后，短视频创作者可以查看该话题的详细数据，包括热度分析、关联视频、观众画像等详细数据，如图9-9～图9-11所示。

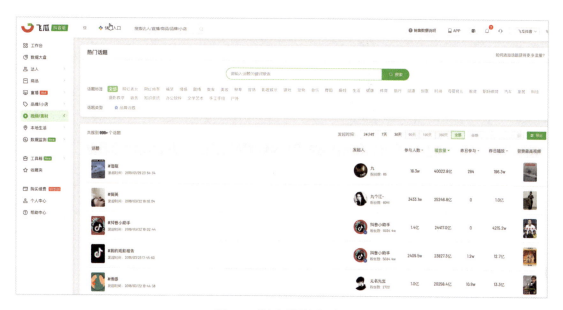

图9-8　热门话题搜索页面

图9-9　热度分析

图9-10 关联视频

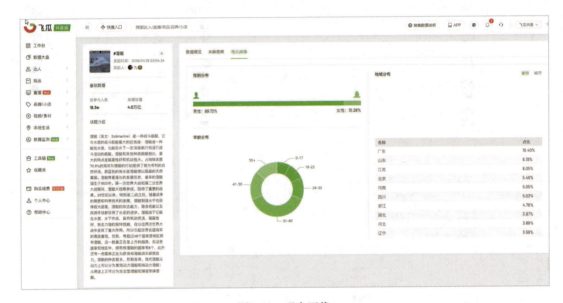

图9-11 观众画像

9.2.4 分析同行业标杆账号

短视频创作者可以通过分析并学习同行业标杆账号及其成功经验来提高自己短视频账号的内容质量和竞争力。

以宠物类短视频为例,使用飞瓜数据分析同行业标杆账号的方法如下。

(1)单击页面左侧"达人"列表下的"行业排行榜"选项,然后在"所属行业"中单击"宠物"选项卡,如图9-12所示。

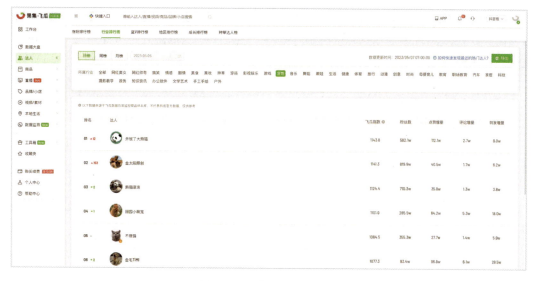

图9-12 查找"达人"页面

（2）在"搜索结果"页面单击想要了解的"达人"账号，如单击"开饭了大熊猫"账号，进入"达人"账号数据分析详情页面，如图9-13所示。短视频创作者可以分别查看"开饭了大熊猫"账号的数据概览、视频作品、种草视频、直播记录、带货商品、粉丝分析的详情数据，然后根据这些数据的表现进行分析和学习，以优化自己的短视频内容。

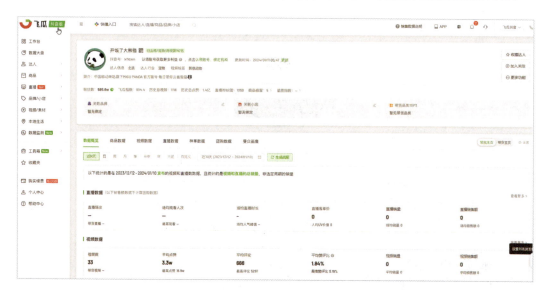

图9-13 "达人"账号数据分析详情页面

9.3 数据思维与运营方法

在短视频领域乃至当前的整个电子商务大环境中，数据分析最大的特点就是可以通过数据化来监控和改进。数据思维越强大的运营者，胜出的概率就越大。无论是洞察头部账号动向，还是聚焦自身账号状态都离不开数据。通过短视频数据分析可以帮助品牌和机构优化投放策略，助力短视频创作者的运营与变现。

9.3.1 挖掘细分领域潜力，洞察头部账号动向

随着当前短视频平台的蓬勃发展以及智能推荐算法机制的融入，内容竞争与变现挑战愈演愈烈。作为短视频运营者，面对日渐增多的竞争者，除了需要增强自身的数据思维能力之外，更需要根据数据表现做出正确的风险判断。

短视频运营需要抓热点领域，因为高热度通常意味着带来大流量。经常刷抖音的用户一定能在第一时间说出好几个热点领域，如美食、搞笑、情感、美妆、影视娱乐等。热度略低一些的细分领域也有很多，其中不乏发展潜力很大的细分领域，如科普、母婴、手工等。如果将抖音上所有的细分领域罗列出来，数量大概可以达到几百个。虽然抓热点领域很重要，但也并非只有热门领域才可以被选择。没有常开不败的花，小众领域也未必没有做出爆款短视频的可能性，短视频运营者不能被表面的繁荣所迷惑，而要根据客观数据制订运营方案。

下面以抖音平台为例，简要说明如何分析各细分领域的潜力，以及分析时要考虑的要素。（图9-14）。

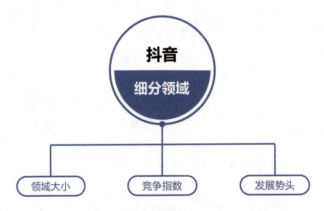

图9-14 分析抖音各细分领域潜力时要考虑的要素

1. 领域大小

领域大小是指某个领域在整个平台所占规模的大小。规模大，说明该领域比较受用户欢迎，那么它的上升空间就很大；规模小，说明该领域相对较容易触碰天花板。但是我们不能就以领域大小来判断该领域是否可以选择，毕竟平台背后的用户群体足够庞大，能在小众领域做出优异的成绩，相较很多短视频运营者也是一项很大的成就。而且在信息化时代，事态的格局随时都有可能发生变化，小众领域在短时期看不到成绩不代表日后不会壮大，所以短视频运营者需要平衡好潜力与风险之间的关系。

2. 竞争指数

竞争指数是综合体现短视频账号目前、将来整体竞争实力的一项重要指标，它是通过

对多个指标检测后进行综合分析而得到的指数。那么，对于短视频运营者来说如何衡量某个领域的竞争指数呢？短视频运营者应该关注以下三个要素。

（1）竞争者数量。众所周知，在同一领域，竞争者数量越少，短视频运营者的压力就越小，在该领域取得成功的概率就越大。但是我们也需要辩证地看待这个问题，如果竞争者数量少的原因是该领域热度不够高，市场尚不成熟，那么如何选择、具体如何实施还要看短视频运营者自己的规划。如果竞争者数量少的原因是内容创作难度大，那么短视频运营者需要面临更多的考验和投入才有可能让自己在行业占据一席之地，但一旦成功也很难被超越。

（2）运营成本。运营成本越高，竞争指数相对来说就越低，运营的风险也就越大。但是大多数热门领域的运营成本并不算很高，毕竟短视频之所以受欢迎，根本原因主要还是创意新颖或者能够与用户产生共鸣。当然，也不排除有一些短视频需要耗费一定的成本才能完成制作，如产品测评、美食探店等。

（3）风险大小。风险大小与竞争指数一般成反比关系。风险越大，竞争指数就越低；反之，风险越小，竞争指数就越高。但是，有时候高风险也有可能会带来高回报。每个领域都有一定的风险，所以运营者在风险判断方面一定要有足够的经验和善后能力。

3. 发展势头

任何事物都有其发展规律，然而并不是一成不变的，短视频领域也是如此。短视频运营者若想找准发展方向，抓住时机，掌握主动权，必须随时注意观察实时热度以及自身领域的发展趋势，洞察头部账号的动向。

例如，抖音爆火的"围炉煮茶"：一个清凉的午后，一张小桌，一口炭炉，三两好友围炉而坐，烤上红枣、花生、橘子、板栗等小食，烟火弥漫、茶香四溢。原本这是小众领域的生活方式，但这种新的茶饮风潮却突然之间以席卷之势迅速走红，成为多数茶馆、民宿、餐吧、景区的新招牌，话题热度也在各大社交平台上持续高涨。而在短视频平台，不管是同领域的短视频创作者，抑或是手工、美食领域，都有一部分人在这个话题热度的最佳时期分到一杯羹。所以，当新的热度出现时，作为短视频运营者一定要有敏锐的观察能力和"蹭"热度的能力。

对于头部账号，其运营手法有很多可以学习和借鉴的地方。我们虽然无法掌握详细的数据资料，但依然可以轻松获取到一些公开数据。通常在没有特殊情况的时候，头部账号都不会有特别明显的数据变化。但如果这些账号突然有一天数据异动，与平常有较大不同，那我们就需要对数据进行对比分析，判断数据异常的原因，得出分析结论。究竟是因为头部账号在尝试转型，试探粉丝反应，还是由于出现了更有潜力的新领域在尝试抢占先机？这些对于短视频运营者来说是非常重要的信息，一定要及时抓住机会，尽早做出决断。

9.3.2 聚焦自身账号状态，优化数据运营计划

火爆的抖音平台让很多短视频运营者成功实现变现。在短视频运营过程中，除了洞察头部账号动向之外，更重要的是多关注自身账号的状态。因此，如何正确地运营短视频账号，甚至带来不菲的收入，是需要讲究方式方法的。短视频运营者尤其要注意相关数据的

收集、分析，并进行运营方案优化。短视频数据分析的三个重要指标如图9-15所示。

1. 点赞量

点赞量是评判短视频是否被用户喜欢的非常直观的一种数据表现。所以，短视频创作者如果想了解什么样的短视频更受到用户欢迎，可以多看一下榜单中点赞量高的视频，从中总结经验。与此同时，短视频运营者也可以拿自己的视频与点赞量高的同类视频做对比，找出自身原因，进行必要的总结和反思，最终拿出来一个切实可行的改善方案。

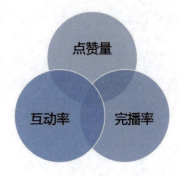

图9-15　短视频数据分析的三个重要指标

提升短视频点赞量的方法有很多，包括改善短视频内容质量（如新颖的短视频内容）、紧跟时事热点、完善拍摄技巧、制造用户记忆点、解决用户痛点等。对于短视频创作者来说，需要根据自身账号的特点让用户真正提起兴趣，心甘情愿地为视频点赞。

当然，短视频点赞量不高，除了内容质量方面的原因外，还有可能是因为短视频曝光不足。那么短视频运营者需要考虑是不是因为关键词和封面的设置问题，抑或是因为发布时间点的问题，然后根据最终的判定结果完善短视频运营方案。

2. 互动率

互动率体现了短视频发布后，粉丝在评论区交流的意愿。短视频的互动率越高，表明短视频的质量越高，或者短视频比较能引起用户共鸣。通常情况下，互动率高的短视频，粉丝黏性也越高，用户更愿意相互分享，同时更容易被平台进行分享。以下介绍几种提升短视频互动率的方法。

（1）自创话题。对于短视频新账号，短视频运营者可以通过自创话题的方式引发用户进行讨论，而不是被动地等待用户评论。为了提升用户讨论欲望，短视频运营者需要对自己的观点仔细斟酌，并且话题要尽可能有趣或者具有争议性。当然，对于争议性话题，短视频运营者不要急于给出观点或者标准答案，否则有可能适得其反。

（2）用"神评"引发讨论。短视频评论区经常会发现有一些"神评"。对于短视频新账号来说，获得许多"神评"的可能性较低，这个时候短视频运营者就需要自己进行准备了。比如，当视频发布一段时间后，利用自己的小号发布提前准备好的"神评"，从而引导粉丝点赞、跟帖和交流。实际上，很多时候大家会发现评论区的内容有时候甚至比视频本身更精彩。

（3）内容引导。短视频运营者可以在短视频当中进行适当的内容引导。比如，加入一些可能引发互动的小设计，类似于"如果是你，你怎么做"这样的提问来引发用户评论；在视频中故意留下一些破绽，如故意拿错东西、故意说错话或做错事情，从而留下一些槽点供用户讨论。

3. 完播率

完播率指的是看完这个视频的人，占所有看到这个视频的人的比例。完播率是提升短视频流量的一项重要指标。短视频运营者如果想要获取更多的流量，那么必须关注完播率指标。

短视频的完播率与内容、时长都有一定的关系。对新手来说，可以先创作15~20秒的短视频，因为这个时长区间内的短视频难度不算太高。如果短视频时长较长，内容就需要更充实，考虑更多的细节，创作难度也就越大。

短视频的完播率越高，说明短视频的质量就越高，平台就会认为这是个值得推荐的短视频。归根结底，想要提升短视频完播率，还是要努力提高短视频内容质量。

9.3.3 增强风险判断能力，制订预算推广方案

推广引流对于短视频运营者来说是一项至关重要的工作，而且需要在这方面投入更多的精力与费用。短视频运营者在做推广前，可能会面临一个问题：究竟制订什么样的预算推广方案才能达到预期的效果呢？

在解决这个问题之前，短视频运营者需要先了解一个问题，那就是我们为什么要推广。运营者进行推广引流通常基于两个原因：一是获取更多的流量来提升短视频的播放量，二是通过获取更多的流量来提升转化率。前者，推广前短视频运营者需要考虑的主要因素是短视频的播放量、互动量及粉丝涨幅；而后者，短视频运营者需要考虑的主要因素则是销售额与成本额。考虑清楚这些根本原因并认真分析数据表现之后，短视频运营者自然能够制订出一套切合实际的推广方案。

在运营推广的过程中，短视频运营者依然会面临另一个问题：在推广了一个阶段后，我们是继续追加投入还是果断放弃？

短视频运营者在做推广时，需要分析当下的数据状况：如果各项数据增长明显，短视频整体热度节节攀升，粉丝规模也在迅速扩大，那么最好继续追加投放。因为错过最佳追加时期，增长趋势可能就会扭转。如果阶段推广效果不好，那么短视频运营者也不要单纯地认为继续追加投入会扭转局势，这会浪费很多的资金和资源，在综合判定后可以果断放弃或寻找下一个"潜力股"。

因而，对于短视频运营者而言，在进行推广的时候，风险判断能力是尤为重要的。如果想要用尽可能少的费用获取最大化的回报，短视频运营者需要在推广过程中注意以下事项（图9-16）。

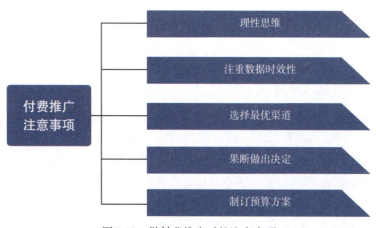

图9-16 做付费推广时的注意事项

1. 理性思维

短视频运营者在做短视频运营推广时，一定要有充分的推广依据和思维方向，能够对事态发展进行全面的观察、对比、分析、综合和决策。推广成效良好时不要一时得意忘形，没有进行慎重考虑就加大投放力度，这样有可能会遭受巨大损失。同时，短视频运营者不能因为一时的数据变动不大就退缩或放弃，这说明短视频运营者的数据思维能力不够强。

2. 注重数据时效性

数据的时效性决定了很多事物的发展结果。短视频运营者需要根据自身的需求来确定时效性信息的选择。如果是较早的信息数据，那么对这些数据的分析就没有太大的意义，过时的信息对我们的决策不会产生太大的影响。与此同时，当掌握到了需要的最新数据时，短视频运营者需要快速分析、做出决策。

3. 选择最优渠道

对于渠道的选择，仁者见仁，智者见智。但归根结底，短视频运营者要根据自身账号情况合理选择。如果短视频运营者精力、资金能力有限，那么选择单一渠道，面对的问题就相对少一些，数据量也不会太大，更容易对账号数据进行分析、统计和优化。相反，如果短视频运营者有更多的时间、精力、资金或者团队协作来进行短视频推广，那么选择多个渠道推广也不失为一种快速获得曝光的方法。当然，并不是推广渠道越多越好，因为多渠道意味着更多的投入成本，此时短视频运营者要做的就是考虑最优渠道组合，让不同的渠道进行优劣互补。

4. 果断做出决定

只要数据表现结果足够清晰，短视频运营者就要尽可能按照既定方案果断做出决定。因为犹豫不决很有可能错失良机。不管是在推广状况良好的情况下，抑或推广阶段效果不佳时，短视频运营者都需要在谨慎思考过后当机立断，不能抱着"万一有好转"这种想法，这会让自己陷入被动局面。

5. 制订预算方案

预算方案是短视频运营者进行推广之前根据自身账号情况进行慎重考虑的结果。推广方案可以是阶段性的，也可以是贯穿全局的，但不管是哪一种类型，都需要针对各种突发情况进行详细预判和提出解决方案。比如，在推广过程中出现了超出预算这种情况，这需要在预算方案里有所体现，保留一定的操作空间。但是凡事要有度，短视频运营者自身需要具备较强的预测、判断能力。所以，有一些账号的走红并不一定是靠运气，而是背后有一个强大的运营能力做支撑。

9.3.4 做好前期推广测试，提升爆款成功概率

所有短视频运营者都希望做一件事，那就是打造更多的爆款短视频，提升店铺的权重和转化率。虽然我们可以根据事物的发展规律和数据的分析结果对一些短视频进行预判，但是没有人能够保证最终结论一定和预判的结果一致，因为事态的发展有可能是瞬息万变的。所以，现实世界中，短视频运营者如果想要判断哪条短视频更有潜力成为爆款，除了

要依靠现有的数据进行分析判断外，还要降低判断的风险系数，做好前期的推广测试。抖音上的爆款主要是指短视频与产品两大类。短视频相对操作空间比较大，而产品局限性就相对比较明显。

如果是短视频，短视频运营者就应该将目光锁定在关键数据上，将点赞量、完播率、关键数据调整到最优状态。虽然这样做不能保证该短视频一定成为爆款，但提高了其成为爆款的概率，而且很容易获得更大的流量池。同时，在进行数据分析时，短视频运营者也要具备收集标准数据的能力，以提升分析结果的精准度。在短视频做初期测试时，短视频运营者如果抱着打造爆款的想法，就需要将重心适当向转发、互动量上倾斜，这样更容易获得曝光。

如果是产品测试，短视频运营者采取的方式通常比较直接。但是有经验的运营者不会直接就进入大批量测试的环节，而是会先列出一个参考价值较高的产品名单，然后在这些名单里进行选品分析，缩小产品测试范围。这是因为产品测试数量越多，预算就越高，且产品测试数量过多容易导致测试方向凌乱以及工作量的增加。缩小产品测试范围的两个原因如图9-17所示。

图9-17　缩小产品测试范围的两个原因

对于爆款产品来说，可以将订单量作为评判标准；对于尚未成为爆款的产品来说，不能单纯地用当前订单量作为评判标准了。此时，短视频运营者需要通过分析产品的热度提升幅度来进行判定。如果某款产品在经过了推广测试后，热度依然没有呈现出上升趋势，短视频运营者就不需要继续在该产品上耗费精力了。

短视频运营者可以根据手中已经有的初步的测试名单来进行前期推广测试工作。在测试的过程中，可能会出现各种各样的问题，此时短视频运营者就要发挥决策的作用，当机立断做出合适的决定。短视频运营者需要遵循以下原则来进行前期的测试工作。（图9-18）

1. 预算限定，适度原则

（1）短视频运营者必须卡预算，没有计划的投入是很有风险的。

（2）在进行推广投入时不要一次性投入太多，最好使用相对保险的小额度投放，毕竟无论预算多少，能省还是要省的。以短视频为例，短视频运营者如果在第一天进行推广后发现各项数据都呈上升趋势，而且增加的粉丝多为精准粉丝、优质粉丝，就可以多留心该短视频。不过，一两天的涨幅并不能证明什么，短视频运营者还要拉长时间继续观察，给自己留一条后路。

2. 及时评定，筛选优化

测试过程其实就是筛选优化的过程。短视频运营者前期进行的测试没有立刻选定目标就是因为不确定性太强了，如观众的喜好、环境的变化、突发事件的产生等，这些都有可能改变事态的发展结果。有可能某个"潜力股"短视频在初期测试阶段变现并不好，而原本没被寄予希望的短视频或产品却在测试过程中大放异彩，这些都是有可能会出现的情况。短视频运营者要灵活应对各类情况的发生，根据当前的数据表现及时进行评定，不要执着于最初的目标，而要根据测试情况及时调整自己的方案。

3. 分析数据，做出决策

短视频测试工作在接近尾声的时候，很多答案都已逐渐呈现出来，我们通过点击率、转化率、完播率、转发率、评论量等数据表现可以分析出哪个视频最具潜力，哪个短视频可以继续发力，哪个短视频是应该立刻淘汰的。短视频运营者要避免根据个人喜好做决定。做出决策后，短视频运营者也不能松懈下来，毕竟最终筛选出来的短视频只是具备成为爆款的潜力，并没有成为爆款。短视频运营者需要做两手准备，既要培养这些有潜力的短视频，使其能被更多的用户注意到，也要思考其所处的领域、风格特点等，揣摩用户的新需求。短视频运营者需要依托数据来预判短视频发展动向，明确投放目标，助力营销增长。

图9-18　前期测试遵循的原则

9.3.5 复盘数据

复盘数据是整个短视频运营中非常重要的一个环节。每个短视频从开始发布到最后上热点，这个过程中或多或少会出现一些问题，短视频运营者要做的是对于短视频运营推广过后超过预期计划部分，分析总结每个环节成功或失败的经验，在下一次短视频运营推广的时候，把之前的优点进行发扬，不足加以改正，避免在同样的地方发生类似失误，这样才能在成长中获得更多的进步。

1. 什么是短视频运营复盘

短视频运营的复盘是指在短视频运营一定阶段后，再静态地看一遍运营推广全过程。

主要由运营人员和整个团队人员，针对此次运营结果，从不同的角度进行数据分析、经验总结，汇总短视频运营推广过程中存在的问题及成功的原因，从而达到查漏补缺、积累经验的目的。复盘的核心是反省与学习，通过总结过去成功的经验和失败的教训，启发和指导未来的投资，帮助防范未来投资时可能面对的错误风险。

短视频运营复盘包括数据分析和运营过程总结。数据分析主要是通过客观可量化的数据进行复盘分析，运营过程总结则是由团队成员在主观层面上对直播过程进行剖析与总结，但短视频复盘又不仅仅是数据分析与经验总结，一个有效的短视频复盘需要对短视频运营的全过程进行深度的剖析，对一场推广活动所设计的每个环节的具体工作都要进行分解，包括：详细回顾过程是否顺利，主要问题有哪些，出现问题的原因是什么，接下来应该如何避免和优化，等等。

2. 如何进行数据复盘

短视频数据复盘就是对短视频进行目标对比分析，将短视频运营的结果、过程和策划时制订的目标计划相对比，找出其中的差异点，并与期望的结果，如点赞量、新增粉丝、订单量、成交额、用户体验等进行对比，哪些实现了、哪些还有差距、哪些超额完成了任务等，然后对整个过程进行层层梳理和分析，找到其中存在差异的原因。

（1）目标回顾。短视频运营者需要针对最初的目标进行回顾，如运营的目的是什么、预期的结果是否达到、原定计划执行情况如何等。只有针对过去的目标不断回顾，分析得失，才能进行改进，制订更科学的方案。

（2）结果评价。将最终结果与最初目标进行对比，我们可以发现很多问题，也能够找到结果和目标之间的差距。对比结果，除了发现问题之外，最主要的是为了解决问题。

（3）过程反思。古人曰，"吾日三省吾身"，运营复盘也是如此。我们需要针对自己的做法进行反思，找到问题所在，除了数据化的分析外，还可以站在用户的角度进行深度思考，如怎么做才能不忘初心，什么样的视频内容是用户真正有意愿观看的，等等。

（4）经验总结。运营数据的复盘，实际上也是经验总结非常重要的一环，短视频运营者通过对过去各项数据的分析对比，总结不足，然后有计划地进行改进。作为短视频运营者，要时刻关注视频发布后的数据表现，如点赞率、转发率、评论量、完播率等数据，找到效果不佳的原因，弥补不足，做出优化。

本章总结

本章从短视频数据分析的重要性、数据分析的工具运用以及数据思维与运营方法等角度进行了全方位讲解，旨在帮助短视频运营者了解数据分析的重要性，熟悉短视频数据分析的渠道、维度、常用指标、常用方法等，掌握数据分析工具的使用方法和数据化思维与运营方法，从而科学、有效地对短视频进行分析和运营。

1. 通过数据分析，企业可以获得消费者的偏好，组织商品实现更好转化，提高投放广告的效率、提升企业的盈利能力。

2. 第三方短视频数据分析工具能够为短视频创作者提供详细、全面的短视频数据分析，可以更加科学有效地对短视频账号进行监管、优化发布时间、查找热门素材等。

3. 数据分析最大的特点就是可以通过数据化来监控和改进。通过短视频数据分析可以帮助品牌和机构优化投放策略，助力短视频创作者的运营与变现。

项目练习

美食行业在短视频营销方面起步较早，早在2017年，就有很多美食类"达人"在抖音、哔哩哔哩等平台发布探店短视频。从2019年开始，各地的探店类账号大量崛起，美食类型也逐渐丰富。纵观不同平台、不同种类的美食类短视频营销，请分别从用户特点、内容特点、账号特点等方面总结美食行业的营销策略。

从短视频平台找到一位美食"达人"的账号，对其进行数据概览、视频作品、粉丝画像等方面的数据分析。

1. 项目目标

通过具体案例，了解短视频数据分析的常用指标，掌握短视频分析的常用方法，认识到具备数据化思维与运营方法的必要性。

2. 项目内容

选择2～3个短视频账号，完成以下任务。

（1）分析短视频"达人"账号的用户特点。

（2）分析短视频"达人"账号的内容特点。

（3）分析短视频"达人"账号的账号特点。

（4）对短视频"达人"账号进行数据分析，分析内容包括但不限于数据概览、视频作品、粉丝画像等。

3. 项目要求

（1）要求调查的短视频"达人"账号粉丝数量在100万以上。

（2）查找的数据或资料应为最新信息。

第 10 章

案例分析，破解秘诀

短视频的发展有目共睹，它作为移动互联网世界的流量担当已经是一个不争的事实。随着短视频行业的不断发展，越来越多的人参与到了短视频创作和变现的工作中，爆款案例和热门账号也层出不穷。这些爆款短视频之所以受到大众的喜欢和追捧，有其独到的优势和策略，本章对三个不同领域具有代表性的短视频账号进行分析，帮助读者了解短视频是如何从定位、拍摄、剪辑到运营，再到品牌营销，最终引流变现的。

知识点目标：

- ☑ 熟悉短视频案例运营分析的基本流程
- ☑ 熟悉达人账号视频特色风格与拍摄剪辑方法
- ☑ 熟悉达人账号的定位方法

技能库目标：

- ☑ 掌握账号运营现状分析的方法
- ☑ 掌握短视频商业变现的方法

10.1 "黑脸V"账号运营分析

我国短视频内容涵盖了各个领域，从搞笑、美食、旅游到音乐、时尚、美妆等，大众尝试在短视频平台分享各种各样的内容，许多领域也在这些尝试中崭露头角。每个短视频账号走红的方式不同，有的靠颜值、有的靠歌声、有的靠专业知识、有的靠超高的剪辑技术。下面以"黑脸V"账号为例分析其运营模式。

10.1.1 账号运营现状

自2017年12月24日在抖音发布第一条作品开始，截至2014年1月11日19点，"黑脸V"账号拥有粉丝数量约2353万，获赞3.0亿次。（图10-1、图10-2）

图10-1 "黑脸V"账号概况

图10-2 "黑脸V"账号数据概览

10.1.2　账号定位

在抖音平台，账号定位是非常重要的，账号定位越垂直，账号权重也就越高，一个良好的定位可以帮助我们精准吸粉、快速涨粉。如何找到适合自己的定位，一定程度上也取决于自己有什么特长或者资源。"黑脸V"作为抖音平台技术流中的佼佼者，其账号定位就比较精准。"黑脸V"的定位是"创意特效"，而其主页也明确地表达一种创意，一种态度。

1. 用户定位

"黑脸V"的主要用户群体分布如下：在性别分布上表现为男性占比54.09%，较女性多。在年龄分布上，31～40岁年龄人群占比最高，为33.65%；18～23岁年龄人群次之，为28.17%；24～30岁人群占比为27.41%，如图10-3所示。

图10-3　"黑脸V"粉丝基础画像

2. 内容和形式定位

"黑脸V"是抖音短视频达人，也是为数不多的技术流玩家。"黑脸V"在2017年底在抖音平台发布了自己的第一条短视频，凭着炫酷的特效和良好的拍摄技术，第一条短视频就成功爆火。因为首条短视频反响很不错，所以他便开始了他的创意网红之路，继续更新同类短视频。（图10-4）

3. 人设定位

人设是指人物设定，又称角色设定，是指对人物特定方面的设计、制定。短视频账号的人设是相当重要的，尤其是真人出镜这一类，镜头前如何打造人物IP，如何通过短视频把信息传输给用户并让用户印象深刻，是短视频创作者应该慎重考虑的问题。

"黑脸V"的人设比较具备自身的特点。其短视频镜头中的人物由真人出镜，戴着黑色口罩、鸭舌帽，而且最重要的一个特点是无论哪个镜头都看不到他的脸。这种酷帅、神秘、充满奇幻色彩的形象不仅让"黑脸V"的IP很有辨识度，而且充分调动了用户的好奇心。（图10-5）

图10-4 "黑脸V"在抖音发布的第一条短视频截图

图10-5 "黑脸V"置顶的视频截图

10.1.3 视频特色风格与拍摄剪辑

"黑脸V"的作品之所以在抖音上这么受欢迎，与他的视频特色风格和拍摄剪辑有很大的关系。他的短视频作品均为原创，通过把有趣的故事情节、精良的拍摄技术和视频后期合成到一起，将现实中无法实现的效果通过短视频来呈现。这种通过短视频将内容和技巧巧妙结合的方式给用户呈现了一种强烈的反差冲击感，加上"黑脸V"至今没露过脸，这种形象也让其蒙上了一层神秘色彩，给用户带来了很多的想象、猜测和讨论的空间。

10.1.4 运营方式

抖音上能够一夜爆火的短视频账号不胜枚举，但是能经过时间的验证，一直稳定火下去的却相对有限。那为何"黑脸V"账号做的短视频能在抖音持续爆火呢？从账号运营的角度分析，"黑脸V"除了其特有的定位和人设外，其短视频账号还具备许多优质的特点。下面我们从稳定更新、粉丝互动、紧跟热点和优质内容这四个角度来进行分析。

1. 稳定更新

"黑脸V"在发布第一条短视频爆火后，便抓住机会，开始坚持不懈地尽量保持短视频日更。因为如果不做日更就会产生一个问题：用户容易忘记你。对于一个刚开始运营的账号来说更是如此。用户在养成了每天看你短视频的习惯后就会每天来看你，渐渐地就能成为你的忠实粉丝。这也是"黑脸V"为何能拥有这么多粉丝的一个很重要的原因，稳定更新也使得粉丝的黏性更高。

但日更对于大多数短视频创作者来说都是一大难事，因为内容创作的过程漫长且艰辛，也很容易遇到瓶颈，非常考验短视频创作者的创作能力。所以对于短视频创作者来说，在想好自己的定位之后，便可以着手准备一定储备量的短视频，以应对后续可能出现的不能日更的问题。

同时，"黑脸V"的账号也在不变中寻求着突破，从各个角度进行短视频内容的完善。比如，公益事业类、正能量类短视频的加入，都在一定程度上丰富了该账号的内容。毕竟大众对内容的需求在不断提升，如果"黑脸V"的内容始终一成不变，不提升自己，那么最终也会被淘汰。

2. 粉丝互动

评论区互动是当前与粉丝互动非常常见的方法之一，不过"黑脸V"并不局限于在评论区与粉丝互动，他还经常在微博和粉丝互动，建立粉丝群，经常与粉丝进行游戏抽奖，给粉丝发福利，回应粉丝的互动，这些更使他与粉丝之间的黏性大大增加。

"黑脸V"注重粉丝互动还表现在方方面面，如他经常发布一些和评论区有关的视频，这个暖心的举动不光让粉丝觉得自己被重视，也让粉丝感觉自己似乎间接参与了短视频的创作，除了获得一众好评以外，更多的粉丝参与到了互动中来。"黑脸V"通过回应粉丝不仅提升了自己的人气，还为自己找到了好的创意素材，实在是一举多得。（图10-6）

3. 紧跟热点

虽然"黑脸V"是较早做特效类视频的技术流，但他的短视频并不是都特别复杂，最关键的一点是符合用户的口味。这就需要短视频创作者具备敏锐的洞察能力，而且要跟上实时热点。毕竟蹭热点对于任何一个短视频账号来说都是一个可遇而不可求的机会。

热点展示区域通常都会在短视频平台比较显眼的位置，会实时进行内容的更新，每个用户都可以方便地查看到。作为短视频创作者，需要具备敏锐的视角，但绝不是抄袭或简单地模仿别人的热点视频，而是观察哪个热点更容易与自己的创作契合，在此基础上加一些自己的创意，那这个短视频就很有可能借助其他热点的"东风"，成为爆款视频。

例如，2020年，"黑脸V"使用视频加特效的技巧做了一个白衣天使战胜病毒的短视频，一下就爆火，不仅获得了点赞还收获了良好的口碑。（图10-7）

图10-6 "黑脸V"粉丝互动截图　　　图10-7 "黑脸V"公益类短视频截图

4. 优质内容

抖音平台里最不缺乏的就是那些具备爆火短视频复制能力的人，同时不乏后来居上的短视频账号。由于部分短视频创作者认为原创短视频涨粉缓慢，而热门短视频数据已经经过了市场验证，所以与其绞尽脑汁思考怎么去创作，倒不如借助热门短视频这一风口实现快速涨粉。于是后来出现了众多的模仿视频，有些模仿类短视频甚至抢了原创账号的风头。

"黑脸V"也遇到过类似的问题。原本"黑脸V"在抖音平台同类视频中一枝独秀，随着后来抖音上特效达人的不断涌现，抄袭事件也层出不穷。面对不断地"被模仿"，"黑脸V"没有动摇，他知道在这个平台上立根的根本方法不是靠一劳永逸，而是需要精益求精，不断提升和超越自己，不断输出优质内容。当创意匮乏的时候，去感受生活，去聆听大众的声音，从生活中取材。正如他的账号简介：一个创意，一种态度。

10.1.5 商业变现

抖音短视频账号进行商业变现的方式有直播带货、直播打赏、视频广告、橱窗带货、知识付费等，但是不管用哪一种形式进行变现，都有一个前提，就是先把自己的抖音账号做好，然后根据自身的发展定位进行对应的商业活动。

"黑脸V"目前的商业变现方式相对单一，主要是通过视频广告方面的收入进行变现。当然，前期"黑脸V"也曾尝试过直播带货。2020年5月28日晚8点，"黑脸V"进行了他的直播带货首秀，直播持续了4个多小时，直播间人数最高峰值达68.1万，音浪收入达293.2万，商品总销售额达449.4万元，累计涨粉14万。直播间人数众多，有很大一部分原因是用户对"黑脸V"真容的好奇。直播过程中，"黑脸V"在团队的安排下有条不紊地带货，取得了不小的成绩，但是后期"黑脸V"就很少直播带货了。

在视频广告方面，"黑脸V"曾和许多大品牌进行过合作，如汽车品牌中的IM智己、别克、沃尔沃、大众等，通过在短视频中推广某个产品或者推广某个活动而实现账号的商业变现，且视频广告的收入不菲。（图10-8）

图10-8 "黑脸V"沃尔沃汽车短视频广告截图

10.2 "二百者也"账号运营分析

众所周知，美食类短视频一般不会缺少粉丝。随着近几年美食类短视频的大热，从业者越来越多，行业竞争压力也越来越大，美食类短视频可谓百花齐放。在美食领域的市场基本上趋于饱和的情况下，"二百者也"账号却成功地在美食领域脱颖而出，取得不菲的成绩，粉丝数量也相当可观。

10.2.1 账号运营现状

从当前抖音平台中"二百者也"发布的视频可以查到，自2022年4月25日发布第一条视频开始，截至2023年5月22日22时30分，"二百者也"在抖音平台共发布视频264条，拥有粉丝数量1243.3万，获赞1.4亿次，平均点赞数约50.6万。（图10-9、图10-10）

图10-9 "二百者也"账号概况

图10-10 "二百者也"账号数据概览

10.2.2 账号定位

"二百者也"是一名美食探店主播,原账号名叫"饕餮者也",后来在粉丝的出谋划策和见证下将账号名称改为"二百者也"。他拍摄的短视频内容很固定,就是花200元去饭店吃饭,不管是高大上的五星级酒店,还是胡同里的苍蝇小馆,老板上啥他吃啥,最后让粉丝判断这顿饭吃得值不值。这种新颖的形式很快受到美食爱好者的好评,一年时间快速涨粉1000多万,成为美食探店类别中的大网红。

1. 用户定位

"二百者也"的主要用户群体分布如下:在性别分布上,男性占比73.75%,占粉丝人群的大多数,女性占比26.25%;在年龄分布上,31~40岁年龄人群占比最高,占40.87%;18~23岁年龄人群次之,占24.99%。以上数据表明,"二百者也"的主要用户群体集中在男青年人群,而视频观众画像也与整体粉丝画像占比相近,说明其用户整体状况相对稳定。(图10-11、图10-12)

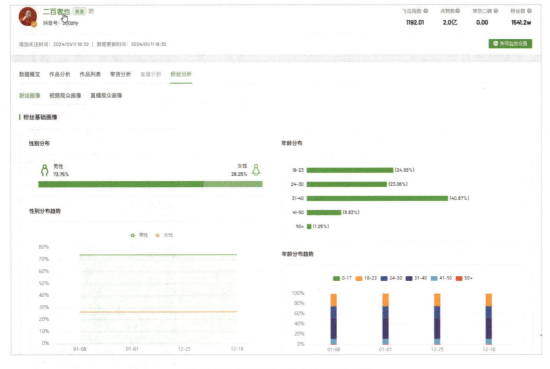

图10-11 "二百者也"粉丝基础画像

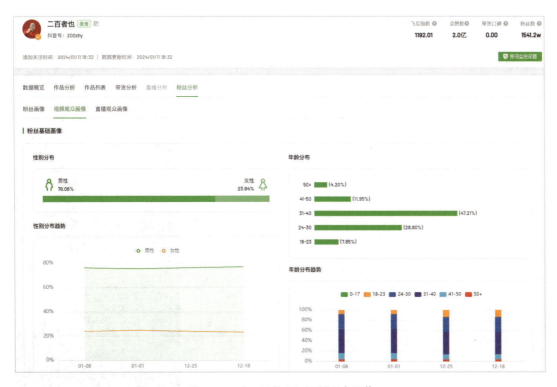

图10-12 "二百者也"视频观众画像

2. 内容和形式定位

"200元饭店开盲盒，商家上啥我吃啥。"这是"二百者也"短视频开头经常出现的一句话。这句话简明扼要地概括了该账号的内容特点和基本定位。然而，"二百者也"的账号并非一开始就找准了自身的定位，之所以能够迎来起色，最大的原因就是找到了极具风格特色的差异化切口，由此提高了自己的辨识度和记忆度，从而得以在一众同类型账号中脱颖而出。

"二百者也"早期发布过一条"200元挑战希尔顿"的短视频（图10-13）。在短视频中，他拿着200元挑战去希尔顿酒店吃饭，在点了几个菜之后，成功将成本控制在了197.8元。该短视频一经发出，就收获了众多用户的关注，获赞11.9万，数据明显好于此前发布的作品。自此开始，在常规的探店测评内容之外，"二百者也"又开创了"定额探店"玩法，即拿着200元四处开盲盒，"店家上啥我吃啥"，账号也借此迎来了高速增长期。

3. 人设定位

单看"二百者也"本人，相貌大众化，在短视频中也不走娱乐搞怪的风格，怎么就悄悄成了粉丝超1000万的美食领域头部主播呢？

因为"二百者也"除了在选题上有亮点之外，还记录了人间烟火，这其中有啃树皮大哥的辛酸生活，有传奇烤鸭店创始人的传奇人生。"二百者也"总是以朴素、低调、幽默又接地气的人设给用户送去了欢乐和感动。（图10-14）

另外，网上还热传"二百者也"是"纯爱战士"的消息。这种深情人设主要是因为"二百者也"在探店刚好第200次的时候，去了一位老朋友开的饭店，而据"二百者也"主播本人介绍，这位饭店的老板娘年少时曾经喜欢他，但他却把对方给耽误了。而后续老板娘也在直播中表示，自己和"二百者也"曾经谈过5年恋爱，但是因为父母不同意分手了。这件事情在网上发酵后也迅速冲上了热搜。有网友感动，也有不少网友质疑。但其实不管是营销手段还是真的是巧合，这件事情都值得人们思考。

10.2.3 视频特色风格与拍摄剪辑

在抖音美食领域"百花齐放"的时刻，"二百者也"的

图10-13 "二百者也""200元挑战希尔顿"视频截图

图10-14 "二百者也"巧遇啃树皮大哥视频截图

作品能够具有如此强的辨识度,除了与其别出心裁的"200元饭店开盲盒"题材和接地气的风格有关以外,与其特定的视频特色风格和拍摄剪辑也有一定关系。

1. 鲜明的拍摄逻辑

"二百者也"的拍摄风格很简单且流程化,其在视频开篇、视频拍摄中、视频拍摄尾都有鲜明的拍摄逻辑,让人印象深刻。

(1)视频开篇。"二百者也"在视频开始通常会用先几秒简短的视频来展示整个作品的亮点,用来留住观众。然后会用扼要的语言概括自己探店的原因,激发用户的好奇心。接着会用标志性的一句话作为探店的开始:"200元饭店开盲盒,店家上啥我吃啥"。再往后会在探店正式开始的间隙,在视频中间显眼的位置显示"片尾附小票"几个字,充分调动用户的探索欲。(图10-15)

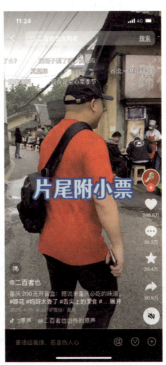

图10-15 "二百者也"视频开篇截图

(2)视频拍摄中。与店家互动是"二百者也"短视频中的又一亮点。毕竟"200元饭店开盲盒"式的吃法在日常生活中很难遇到,所以当遇到有特殊需求的消费者时店家作何反应?对此,观众是非常感兴趣的。"二百者也"当然不会放过短视频的这一特色。

当然,在短视频拍摄中相对客观且接地气的点评,是"二百者也"能够留住粉丝的原因之一。不夸张、不做作的吃播形象让很多用户对其有较强的好感和信任度,果然应了那句话:真诚永远是必杀技。

(3)视频拍摄尾。"二百者也"的整个短视频拍摄过程给人一种很完整的感觉,无外乎在于其最终中肯又完整的点评和"片尾附小票"环节,让用户对其信任度拉满。(图10-16)

2. 人性化封面设计

人们遇到有趣的事情后很容易会产生一种分享的欲望。短视频具备便于传播和分享的特点。分享率越高就意味着短视频受欢迎程度越高，同样，较高的分享率也会给账号带来更多的流量。

随着某些短视频账号里的作品越来越多，用户找到自己曾经感兴趣的作品就越来越有难度了。抖音平台为了方便用户在短视频账号找到相应的内容提供了直接跳转到当前视频的功能，即在账号作品页面右下角点击"刚刚看过"即可跳转到当前观看视频。（图10-17）

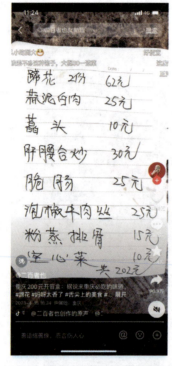

图10-16　"二百者也"视频片尾附小票

图10-17　跳转当前视频界面

这从侧面说明用户是有查找短视频出处的需求的。那么针对用户的需求进行更加方便查找短视频内容的设计显然是能够得到用户好评的，"二百者也"在这方面做得就比较到位。在其作品界面，用户可以清晰明了地找到自己感兴趣的作品。（图10-18）

3. 真实质朴的拍摄场景

有的短视频作品是凭借古朴的风格出圈的，有的是通过高超的摄影摄像技术被观众喜爱的，还有的是摄影和剪辑结合的与众不同的风格。不管是哪一种拍摄方式，被用户接受的就是适合自己的。众多短视频创造者在尝试各种不同的滤镜、特效的时候，"二百者也"却通过这种朴素、自然的视频拍摄风格让用户对其好感倍增。究其原因，无疑与其真诚、朴素、接地气的账号定位有着千丝万缕的联系。

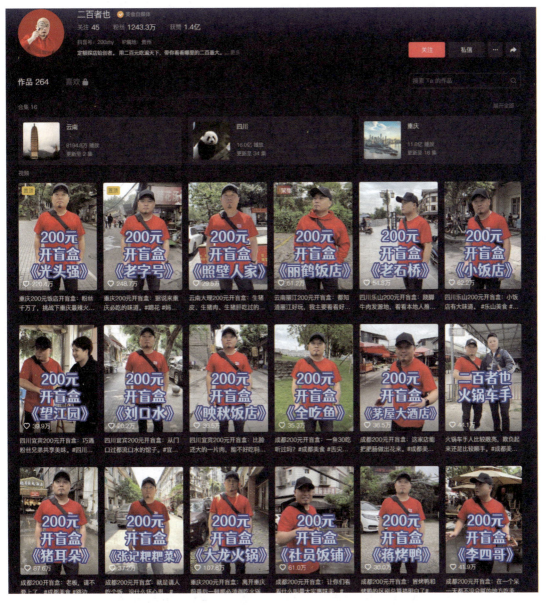

图10-18 "二百者也"电脑端作品界面

10.2.4 运营方式

1. 引导式互动

抖音上能够持续爆火的账号通常都不是偶然。有些短视频账号的拍摄方式看似很简单,但实际我们从账号运营的角度可以分析总结一些它们的共通之处和优点。比如,评论区的引导式互动这种形式现在已经被很多短视频运营者掌握了。"二百者也"账号也同样具备这个优质的特点。我们随意点开"二百者也"的某个作品就会发现评论区总能找到作者的一些影子,并且他总会以一种亲切、舒服的语气拉近和粉丝的距离。(图10-19)

同时,"二百者也"也会在视频当中对粉丝关注的话题进行解释和回答,这种被回应的感觉会让粉丝有一种被主播关注的成就感。

2. 定位明确

在"二百者也"账号中,让人印象深刻的一点当属其不断重复强调的"二百"这一特色了。"二百者也"自称定额探店创始者。为了促成用户记忆,"二百者也"不断强调这一属性,强调自身的定位。单从账号主页就能够让一个没有看过其视频的人找到亮点。除此之外,"二百者也"在视频当中也不断通过标题文字和解说的形式进行强调,让用户记不住都难,这也是"二百者也"的高明之处。(图10-20)

图10-19 "二百者也"评论区互动截图

图10-20 "二百者也"账号主页

10.3 "李子柒"账号运营分析

对"李子柒"这个名字,相信许多人都不陌生。纵观"李子柒"的发展历程,不可谓不精彩。

10.3.1 账号运营现状

从2015年开始拍摄美食短视频,一直到2022年,其间"李子柒"不仅创立了个人品牌,还斩获了各大奖项,受到了国内外的广泛关注。她几乎每一条短视频都有几十万甚至上百万的点赞量,其海外文化的影响力更是很多人望尘莫及的。虽然"李子柒"因为种种原因被迫停播,但在红人"李子柒"背后,"李子柒"品牌从个人品牌逐渐成为企业品牌的品牌运营之道，值得所有品牌学习。

10.3.2 账号定位

"李子柒"账号在众多平台都进行了发展，如短视频平台、长视频平台、社交平台、咨询平台以及电商平台等。发布的视频内容包含做菜、酿酒、造纸、纳布鞋、做汉装、编篮子、砌炉灶、盖凉亭等众多种类。其中，在美食领域的突破尤为突出。"李子柒"当前在抖音平台的认证是美食自媒体，微博认证是李子柒品牌创始人，哔哩哔哩认证为知名美食UP主，今日头条认证为知名美食领域创作者。

1. 用户定位

以抖音平台为例，可以看到"李子柒"的用户群体分布如下：在性别分布上，女性占比59.54%，男性占比40.46%，性别差异不大；在年龄分布上，31～40岁年龄人群占比最高，占46.37%；24～30岁年龄人群次之，占26.68%；18～23岁占比15.32%，如图10-21所示。

图10-21 "李子柒"粉丝基础画像

2. 内容和形式定位

"李子柒"品牌以中国传统饮食文化为背景，目的是打造具有东方风情的新传统美食品牌。持续不断地输出高质量的原创内容是"李子柒"巨大流量的一大源头。根据目前的数据统计，"李子柒"在当前国内两大主流短视频平台发布了很多作品，其中抖音平台共发布了772个作品，快手平台共发布了571个作品；在国外的YouTube上共发布了128个作品。她不仅做到了持续不断地输出内容，而且每一个短视频质量都非常高，如2017年所发布的短视频累计播放量就已经超过了30亿次。

另外，"李子柒"品牌针对用户的精细化需求，发布的内容除了美食以外，还包括民生，如纳布鞋、做汉装、编篮子、砌炉灶等，以及中国的传统技艺类，如造纸术、木活字印刷术等。这些精确而独特的内容定位对其塑造品牌差异性具有促进作用。

3. IP定位

"李子柒"的人设是中国古风传统美食主播，这一IP的打造是当前很难被超越的。作为一个"美食主播"，"李子柒"的视频都是以中国传统美食文化为主线，围绕中国农家的衣食住行展开，在视频当中我们能够感受到生活的恬静、淡泊和美好。

从人物形象上来看，"李子柒"以一种恬静淡雅的邻家女孩形象出现在荧幕上，着装多以中国风为主，如旗袍、汉代的裙袍以及一些带有中国传统风格的棉麻套装，简单、朴素，用户一下子就被带入到了那个让人向往的田园生活中。清晰的人设定位和极具中国传统文化色彩的特点，对于非常爱国的粉丝用户来说，这样的人设极讨巧，一下子就拉近了与用户之间的距离。（图10-22）

图10-22 "李子柒"人物形象

10.3.3 视频特色风格与拍摄剪辑

"李子柒"的视频拍摄效果可谓是教科书般的存在。纵观其拍摄手法，我们还是能发现某些规律的。以下简单总结了一些"李子柒"视频的拍摄技巧。

1. 设计好片头和片尾

"李子柒"视频开头，大多是风景或延时摄影以及符合主题的画面。对于快节奏生活的城市人来说，无疑会被这样美丽的画面惊艳到。而结尾部分，基本是和奶奶吃饭的镜头，或天空的延时拍摄，或符合时间意境的画面。这样白天到黑夜，有一个时间线贯穿，记录了最真实的生活，结束的氛围自然且有意境，给人留下了遐想的空间。（图10-23、图10-24）

图10-23 "李子柒"视频开头镜头

图10-24 "李子柒"视频结尾镜头

2. 多景别拍摄视频

"李子柒"的视频通常会结合多景别进行拍摄。比如，视频中经常会用远景来拍摄清幽的风景或美好的家乡风光，体现震撼的场景；全景拍摄建筑外貌、人物出场、场景展现等来交代环境和人物的关系；中景多在对话以及时间变化的时候出现，通过肢体语言表达情绪，通过场景表达变化；近景用来强调人物情绪；特写则用来表现丰富的心理活动和细腻的展示效果。这种多景别的结合可以提升视频的层次感，不会让用户产生视觉疲劳，同时丰富了观者的视觉感受。

3. 多角度拍摄视频

我们在拍视频的时候，不同的角度拍摄到的画面意境也不同，常见的取景角度有平拍、俯拍和仰拍。在"李子柒"视频中，取景角度以平拍和俯拍为主。选择好了取景角度，再加上巧妙的构图，增加视频层次感的同时也让观者有种窥探的感觉，相信"李子柒"在拍摄脚本和后期剪辑上都下了不少功夫，很值得我们揣摩。

4. 增加延时摄影画面

"李子柒"视频中的延时摄影非常具有美感和吸引力。这种拍摄周期很长的视频用延时摄影可以很好地记录时光的变化，如由白天转入黑夜、花朵的开放、幼苗破土、风云变化等场景，这些画面在视频中大大增强了趣味感，也有很棒的视觉冲击。

5. 融入动人场景

在"李子柒"的视频中，奶奶出镜的画面很多，老人慈祥的笑容温暖了很多观众。李子柒和奶奶之间的互动也让视频更有爱与温度，更加打动观者。加上李子柒与奶奶之间用方言对话，接地气、感情流露自然，让观者看到视频更加真实的一面，更加贴近大众的日常生活。

同时，"李子柒"的视频中有很多猫咪、小狗的画面，猫咪慵懒的瞬间、小狗调皮的动作、人物与动物之间的互动等画面能够在一定程度上让视频看起来更有生活氛围，观者看到这些画面也会更加轻松。所以，可以在自己的视频中加入一些动物的画面，拍摄动物的特写、动作、神态等画面，也能给视频加分。

6. 转场方式

转场，也就是前后两个画面的切换方式，而转场的目的通常是让前后画面的切换变得更加自然顺畅。"李子柒"视频的转场从剪辑技术上来看并没有过多的转场技巧，却给观者呈现了一种非常自然的画面，原因就是画面内容的关联性较大且与背景音乐节奏的搭配比较契合。我们在进行视频剪辑的时候可以汲取这些优点，让自己的视频剪辑更加从容自然。

10.3.4 运营变现方式

1. 全媒体矩阵布局

全媒体矩阵直白地说就是企业需要在各个平台创建账号，形成矩阵，用户不管在哪个平台搜索，都能够看到你。"李子柒"账号就是用这种全媒体矩阵布局的典型代表。"李子柒"短视频在多个平台上发布，基本覆盖了当下各大主流渠道，如长视频平台（爱奇艺、优酷、腾讯、B站）、短视频平台（抖音、快手）、社交类平台（微博、微信公众号）、资讯类平台（学习强国）、电商平台（淘宝、天猫）。该团队根据多维度的媒体矩阵进行精准的内容投放，并将社交传播与短视频传播结合起来，以最大限度地积聚粉丝和流量。

2. 跨行业变现

现有的"达人"变现模式主要有广告、付费内容、电商三大模式，而"李子柒"目前采用的变现模式是在电商平台进行自主品牌的打造。"李子柒"天猫旗舰店上线3天，5款产品销售额破千万元。同时，她的淘宝同名店铺开售不到1个星期，已有15万元的销量，营业额破了千万元，这对于初次电商创业的人来说，无疑是十分出色的成绩。（图10-25、图10-26）

3. 社群营销模式

社群营销模式是指经营者针对自己的社群用户，用输出信息、收获认同感的方式来实施营销策略，以扩大品牌的影响力、获得实际利润的营销模式。在社群营销中，经营者通过与社群成员之间的交流沟通来达到宣传品牌和产品的目的，并在这个过程中使用某些营销策略来使目标客户群体将兴趣爱好成功转化为对相关产品的购买欲望。

"李子柒"多平台的传播矩阵融合了各个平台的粉丝社群，并在与其他品牌跨界合作的过程中融合了各个品牌的粉丝社群，这不仅提升了粉丝的丰富程度，还增强了粉丝黏性，促使品牌与粉丝形成长久、友好的互动关系。

图10-25 "李子柒"天猫旗舰店

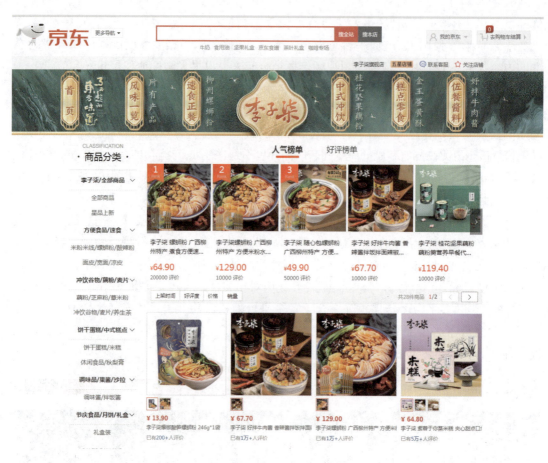

图10-26 "李子柒"京东旗舰店

本章总结

  本章通过对三个"达人"账号的运营方法、账号运营现状、账号定位、视频特色风格与拍摄剪辑、运营方式、商业变现等多角度进行分析和讲解,旨在帮助短视频运营者了解"达人"账号的优点和运营策略,从而掌握短视频账号运营现状的分析方法和商业变现的方法,进而对自身账号进行完善,实现账号的商业价值。

  1. 通过分析"达人"的账号运营情况,了解"达人"是如何选择自己的短视频领域,又是怎样在自己的领域脱颖而出的。

  2. 在抖音平台,短视频运营者需做好自身账号定位,账号定位越垂直,账号权重也就越高,这样才可以实现精准吸粉,快速涨粉。

  3. 从账号运营的角度分析,我们可以总结出来优秀的短视频账号具备许多共同的特点,如持续稳定地更新、粉丝互动、紧跟热点和优质内容等。

项目练习

短视频平台涵盖的领域广泛，如搞笑、美食、旅游、音乐、时尚、美妆等。众多领域的短视频账号百花齐放。大家找到对应自身短视频领域的1个"达人"账号，对其进行账号运营现状、定位、视频特色风格和拍摄剪辑、运营方式、商业变现等方向的分析，从而实现对自身账号的完善。

1. 项目目标

通过对"达人"短视频账号进行分析，了解其账号运营成功的原因，并对自己的短视频账号进行完善。

2. 项目内容

选择1个"达人"短视频账号，完成以下任务。

（1）分析"达人"账号的运营现状。

（2）分析"达人"短视频账号的定位。

（3）分析"达人"短视频账号的视频特色风格和拍摄剪辑。

（4）分析"达人"短视频账号的运营方式。

（5）分析"达人"短视频账号的商业变现方法。

3. 项目要求

（1）要求调查的短视频账号粉丝数量在100万以上。

（2）查找的数据或资料应该为最新的信息。

参考文献

[1] 林新伟. 短视频运营：从0到1玩转抖音和快手［M］. 北京：电子工业出版社，2019.

[2] 秋叶. 短视频实战一本通：内容策划 拍摄制作 营销运营 流量变现［M］. 北京：人民邮电出版社，2020.

[3] 谢怡婷，隗静秋. 短视频运营：定位 制作 引流［M］. 北京：人民邮电出版社，2023.

[4] 李朝阳，程兆兆，郝倩. 短视频营销与运营：视频指导版［M］. 北京：人民邮电出版社，2023.

[5] 韩智华. 抖音运营实战一本通［M］. 北京：人民邮电出版社，2020.

[6] 姜自立，王琳. 短视频策划+拍摄+制作+运营［M］. 北京：人民邮电出版社，2022.

[7] 王冠宁，张光，张瀛，等. 短视频创作实战：微课版［M］. 北京：人民邮电出版社，2022.

[8] 潘兴华. 短视频运营：编导拍摄+后期制作+引流推广+流量转化［M］. 北京：中国铁道出版社，2021.

[9] 刘庆振，安琪，郭鹏. 短视频运营：从入门到精通：微课版［M］. 北京：人民邮电出版社，2022.